项目资助：教育部人文社会科学研究基地重大项目"长江三角洲全面建设小康社会中的开放发展研究"（16JJD790025）

经济管理学术文库·经济类

全球要素分工：经济影响及中国对策

Global Factor Division of Labor: Economic Impact and China's Countermeasures

张　雨　戴　翔　吴松强／著

图书在版编目（CIP）数据

全球要素分工：经济影响及中国对策/张雨，戴翔，吴松强著 . —北京：经济管理出版社，2020.1
ISBN 978－7－5096－7039－2

Ⅰ.①全… Ⅱ.①张… ②戴… ③吴… Ⅲ.①国际分工—影响—中国经济—研究 Ⅳ.①F12

中国版本图书馆 CIP 数据核字（2020）第 021989 号

组稿编辑：张巧梅
责任编辑：张巧梅
责任印制：黄章平
责任校对：陈晓霞

出版发行：经济管理出版社
　　　　　（北京市海淀区北蜂窝 8 号中雅大厦 A 座 11 层　100038）
网　　址：www.E－mp.com.cn
电　　话：（010）51915602
印　　刷：三河市延风印装有限公司
经　　销：新华书店
开　　本：720mm×1000mm/16
印　　张：13.5
字　　数：234 千字
版　　次：2020 年 5 月第 1 版　2020 年 5 月第 1 次印刷
书　　号：ISBN 978－7－5096－7039－2
定　　价：78.00 元

·版权所有　翻印必究·
凡购本社图书，如有印装错误，由本社读者服务部负责调换。
联系地址：北京阜外月坛北小街 2 号
电话：（010）68022974　　邮编：100836

目 录

第一章 总论 ... 1

- 第一节 国际分工演进与全球要素分工 ... 3
- 第二节 全球要素分工的实质 ... 7
- 第三节 全球要素分工的基本特征 ... 9
- 第四节 全球要素分工成为当今世界经济的突出特征 ... 12
- 第五节 全球要素分工发展与全球贸易新格局 ... 18
- 第六节 本章小结 ... 21

第二章 要素分工条件下贸易驱动经济增长的新机制 ... 23

- 第一节 文献回顾 ... 26
- 第二节 两国两产业单循环贸易模型 ... 29
- 第三节 两国多产业多循环贸易模型 ... 32
- 第四节 多国多产业多循环贸易模型 ... 41
- 第五节 结论性评述 ... 48

第三章 全球要素分工背景下的中国产业转型升级 ... 51

- 第一节 全球要素分工成为当前国际分工的主要形式 ... 52
- 第二节 全球要素分工背景下中国产业结构的演进 ... 55
- 第三节 全球要素分工促进产业转型升级的作用机制 ... 58
- 第四节 中国产业转型升级需深度融入全球要素分工 ... 61
- 第五节 结论及对策思考 ... 66

第四章 全球要素分工条件下我国本土企业升级能力的影响因素 …… 71

- 第一节 文献综述 …… 73
- 第二节 全球要素分工条件下本土企业升级：昆山经验的简要描述 …… 76
- 第三节 数据来源、变量设计与模型设定 …… 78
- 第四节 实证结果及分析 …… 85
- 第五节 简要结论及启示 …… 96

第五章 融入全球要素分工对经济增长质量影响 …… 99

- 第一节 文献综述 …… 100
- 第二节 模型设定与数据说明 …… 102
- 第三节 实证结果及分析 …… 106
- 第四节 简要结论及启示 …… 112

第六章 全球要素分工、制度质量与出口技术复杂度 …… 114

- 第一节 问题提出 …… 114
- 第二节 文献回顾 …… 116
- 第三节 理论分析与待检验假说 …… 118
- 第四节 变量选取、计量模型及数据说明 …… 120
- 第五节 实证结果及分析 …… 123
- 第六节 简要结论及启示 …… 132

第七章 全球要素分工下中国制造业国际竞争力再评估 …… 135

- 第一节 问题提出 …… 135
- 第二节 文献综述 …… 137
- 第三节 方法与数据 …… 139
- 第四节 测算结果及分析 …… 143
- 第五节 简要结论及启示 …… 149

第八章 要素分工下中国高质量开放型经济特征、要素及路径 …… 152

- 第一节 平衡和充分：发展高质量开放型经济的基本特征 …… 153

第二节 匹配性升级：发展高质量开放型经济的要素条件……………… 157
第三节 改革和开放：发展高质量开放型经济的实现路径……………… 163

第九章 中国制造业能否摘取全球要素分工中"高悬的果实"………… 168

第一节 问题提出………………………………………………………… 168
第二节 中国制造业是否面临摘取"高悬的果实"的新机遇…………… 170
第三节 中国制造业可否形成摘取"高悬的果实"的新优势…………… 173
第四节 中国制造业如何走上摘取"高悬的果实"的新途径…………… 176
第五节 结论性评述……………………………………………………… 178

第十章 全球要素分工新趋势下中国应对全球化的战略转变…………… 180

第一节 融入全球化：中国在扩大开放中获得巨大发展成就…………… 180
第二节 全球化新格局：中国面临的新挑战新机遇……………………… 185
第三节 推动全球化：中国对外开放的战略转变………………………… 189

参考文献……………………………………………………………………… 193

第一章 总论

20世纪90年代以来，经济全球化的深入发展使得国际贸易的功能、目的及结构发生了巨大的变化，这突出表现为生产要素尤其是资本要素的跨国流动不断增强[①]，以及全球中间产品贸易的迅猛发展[②]。与此同时，国际贸易商品中传统意义上的"美国制造""日本制造""中国制造"等产品几乎不存在[③]，大部分贸易参与国不再仅出口最终产品或完全由本国生产的产品，转而专注于与其禀赋优势相关的生产过程中部分特定阶段，并通过国际贸易实现生产链（价值链）的国际衔接。最终产品的生产通常不再由任何一个国家独立完成，"世界制造"（Made in the World）成为当代国际贸易商品的本质特征。对于这些全球化和国际贸易中的新变化，学术界赋予了不同的名称，如价值链切片（Slicing the Value

---

① 据联合国贸发会议（UNCTAD）统计数据库资料显示，全球对外直接投资（Outward FDI）存量已从1980年的5489.36亿美元迅速攀升到2010年的204082.57亿美元。

② 据联合国贸发会议 Comtrade 统计数据测算，自1995年以来，全球中间产品出口额占全球总出口额的比重一直在50%以上，2010年更是高达68.59%。

③ Feenstra 和 Hanson（1996）根据美国投入产出表的数据推断美国进口的中间投入品，发现美国进口的中间品比例从1972年的5.3%增加到1990年的11.6%。Campa 和 Goldberg（1997）的研究表明英国和加拿大都有相同的证据。平新乔（2005）以及刘志彪和吴福象（2005，2006）的实证研究表明，在我国的出口产品中，来自国外的中间投入部分也呈逐年递增之势。（参见 Feenstra, R. C. and G. H. Hanson, Foreign Investment, Outsourcing and Relative Wages, in R. C. Feenstra, G. M. Grossman and D. A. Irwin, eds., Political Economy of Trade Policy: Essays in Honor of Jagdish Bhagwati, Cambridge: MIT Press, 1996: 89 – 127; Campa, Jose and Linda Goldberg, The Evolving External Orientation of Manufacturing: Evidence from Four Countries. [J]. Economic Policy Review, 1997, 3 (2): 53 – 81; 平新乔. 产业内贸易理论与中美贸易关系 [J]. 国际经济评论，2005（5）；刘志彪，吴福象. 全球化经济中的生产非一体化 [J]. 中国工业经济，2005（7）；刘志彪，吴福象. 贸易一体化与生产非一体化：基于经济全球化两个重要假说的实证研究[J]. 中国社会科学，2006（2））

Chain)①、地点分散化（Delocalization）②、垂直专业化（Vertical Specializing）③、产品内分工（Intra - product Specialization）④、中间品贸易（Intra - mediate Trade）⑤，以及片段化生产（Fragmentation）⑥等。尽管上述称呼不同，但都旨在描述一个共同现象，那就是国际贸易在连接生产和消费跨国分离的同时⑦，不断实现着生产过程自身的跨国分离，国际分工的基本层面已经从产品间深入产品生产环节。我们认为，上述变化意味着国际分工在当代有了新特征，即：各国参与国际分工，不再以"产品"为界限，而是以"要素"为界限了。因为一件最终产品的全部价值已不再完全由任何一个国家的本土要素所独自创造，而是由多国以"优势要素"共同参与生产。换言之，从本质上看，这种新的国际分工形式可称之为"全球要素分工"。

"全球要素分工"的兴起对国际贸易的基础、国际贸易格局以及国际贸易的利益分配等诸多问题都产生了深远的影响，我们甚至无法使用传统意义上的国际贸易和国际收支统计量，如原产地、顺差和逆差、贸易条件等诸多概念来准确地度量贸易流的真实状况，依托传统理论和传统统计工具所制定的贸易政策和竞争政策往往适得其反。一个典型的例证就是，以全球经济再平衡为由要求人民币币值重估只会对"中国制造"（更确切地说是"中国组装"）的最终产品销售价格产生影响，而不会恢复其他国家相应产品的竞争力。因此，国际贸易理论亟待创新。

---

① P. Krugman. Growing World Trade: Causes and Consequences [J]. Brookings Papers on Economic Activity, 1995 (1): 327 - 377.

② E. E. Learner. In Search of Stolper - Samulson Effect on U. S. Wages [J]. NBER Working Paper, No. 5427, 1996.

③ Hummels, David, Jun Ishii and Kei - Mu Yi. The Nature and Growth of Vertical Specialization in World Trade [J]. Journal of International Economics, 2001, 54 (1): 75 - 96.

④ 卢锋. 产品内分工 [J]. 经济学（季刊），2004, 4 (1).

⑤ Antweiler, Werner and Daniel Trefler. Increasing Returns and All that: A View from Trade [J]. American Economic Review, 2002, 92 (1): 93 - 119.

⑥ Deardorff A. Fragmentation in Simple Trade Models [J]. Research Seminar in International Economics Working Paper, No. 422, 1998 (2).

⑦ 国际贸易的传统功能是实现生产地点和消费地点的跨国分离，这种功能使得产品市场的均衡取决于世界供给和世界需求以及运输成本，而不是无国际贸易时的本地供给和本地需求。因此，国际贸易可以使生产者更加专业化，规模经济和范围经济也可以在更大的规模和范围实现。

第一章 总论

第一节 国际分工演进与全球要素分工

按照马克思主义经济学的基本观点和方法,当前国际分工的新形式——全球要素分工,从本质上讲,是国际分工不断深化的结果。因此,要从根本上理解全球要素分工,就离不开对分工的理解以及国际分工演进趋势的把握。

一、分工与专业化及其演进

分工和专业化是两个须臾不可分离的概念,有分工就有专业化,有专业化就有分工,只不过专业化是针对个人而言的,而分工则是指多个劳动者之间的专业化协作关系。在经济学家那里,分工和专业化是一个古老而又没有太多争议的话题之一。亚当·斯密的代表作《国富论》开篇就指出:"劳动生产力上最大的增进,以及运用劳动所表现出的更大的熟练、技巧和判断力,似乎都是分工的结果。"[①] 200多年前的这一精辟论述,至今仍为当代经济理论研究指明方向。西方经济学在研究分工时,多将分工视为既定事实,偏重于分工的效益、产品和零部件的分工、地域分工、科层组织和市场分工方面,强调分工和专业化所带来的节约以及对生产力进步的意义。马克思主义经济学则精辟地论述了分工演进的决定问题,认为以劳动工具为代表的生产力的发展,推动了分工的产生和发展,决定了分工的深度和广度。马克思强调职能的分工——"如果说工人的天赋特性是分工赖以生长的基础,那么工场手工业一经建立,就会使生来只适宜从事片面的特殊职能的劳动力发展起来"[②],并指出"工具集聚发展了,分工随之发展,并且反过来也一样。正因为这样,机械方面的每一次重大发展都使分工加剧,而每一次分工的加剧也同样引起机械方面的新发明"[③]。亚当·斯密认为"分工受限于市场范围",而Ally Young(1928)的研究则进一步指出,不但市场规模决定分工程度,反过来市场规模也被分工的演进所制约,同时指出市场规模不仅由人口

[①] 亚当·斯密. 国民财富的性质和原因的研究 [M]. 郭大力,王亚南译. 北京:商务印书馆,1972.
[②] 资本论(第一卷)[M]. 北京:人民出版社,2004.
[③] 马克思恩格斯选集 [M]. 北京:人民出版社,1995.

规模而且由有效购买力所决定,而购买力又由收入所决定,收入由生产力所决定,生产力又依赖于分工水平①。这意味着分工与市场范围之间产生了一个动态良性的循环机制,使得分工水平和市场规模得以不断增加。以杨小凯为代表的新兴古典经济学家们则认为,分工的演进是因为存在分工的好处与分工产生的交易费用之间的两难冲突。这意味着:如果交易效率过低,则每个人不得不选择自给自足,因为交易费用超过了分工和专业化所能带来的好处,以至于每个人只能生产包括中间品在内的多种产品,从而其运作规模小且效率低。随着交易效率的提高,对分工和专业化的好处与交易费用之间进行适当权衡,可能会导致分工和专业化的出现及其程度的提高,即当交易效率超过临界值时,分工和专业化开始出现。随着分工和专业化水平的提高,交易频率以及由此产生的交易费用随之提高,这又限制了分工进一步发展。接下来又需要交易效率的提高,以此促进分工的发展,如此往复,分工不断向前演进。

从分工的技术属性看,生产活动可以被分解为许多最基本的单位,斯蒂格勒将之称为"职能",而赖宾斯坦则称之为"操作"②,因此所谓专业化就是一个人或者组织减少其生产活动中的不同职能或操作的种类,或者说,将生产活动集中于较少的不同职能的操作上。显然,分工越是发展,个人或者组织的生产活动就越是集中于更少的职能或操作上。分工的演进过程相应地就可以被理解为:随着时间的变化,从一组完整的生产活动中分离出去的基本生产操作数量的变化。此外,杨格认为分工的最大特点就是迂回生产方式③。因此,如果从迂回生产的角度来刻画分工和专业化的演进过程,就是生产的迂回程度不断加深的过程,就是在生产与消费两点之间绝对地增加物质性中间环节和绝对地延长流转路径的过程。按照历史的顺序,分工导致的迂回生产表现为几种不同形态:第一种是马克思所说的一般分工,例如人类历史早期的农业、手工业和商业的分工;第二种是产品专业化,即以完整的最终产品为对象的专业化,例如斯密所论述的制针业;第三种是零部件专业化,例如汽车工业中,某些企业只生产发动机,甚至只生产发动机的一个零部件;第四种是工艺专业化,即专门进行产品或零部件生产的一

---

① Young, Allyn A. Increasing Returns and Economic Progress[J]. The Economic Journal, 1928 (38): 527 – 542.

② 赖宾斯坦. 经济落后于经济成长[M]. 赵风培译. 台北: 中华台北台湾银行, 1970.

③ "迂回生产"这一概念最早由庞巴维克提出。所谓迂回生产是指人类的生产活动不是将资源直接投入对消费资料的生产上,而是首先将资源投入对生产资料的生产上,其次用生产出来的生产资料去生产消费品的过程,迂回生产链长度与生产链中上游和下游专业部门的纵向分工有关。

个工艺过程,比如铸造、电镀等;第五种是生产服务的各种职能的专业化,例如专门进行工具及其他工艺装备准备、设备维修、运输等服务①。上述各种形态的演进在相当长时间内十分缓慢,但进入工业社会后得到了突飞猛进的发展,特别是后三种形态的分工已经具备了全球要素分工的基本特征,当其跨越国界就成为国际间全球要素分工。生产力水平、市场规模、交易效率、技术变化等都是决定分工演进和生产迂回程度的关键因素。

二、从产品分工到全球要素分工

从空间上看,分工的发展是一个逐渐延伸和扩展的过程,与此相伴随的是市场的统一与扩大,从某一地区范围扩展到全国,并进而冲破国界,发展成为国际分工。国际分工演进的历史就是在市场规模不断扩大的过程中,随着跨国交易效率的提升,迂回生产过程不断延长,不断向国际市场延伸的历史,就是分工的参与者以及迂回生产链中的各个环节专业化程度不断加深的历史,就是迂回生产链中的各个环节在国际市场中寻找最适宜生产地点的历史。

我们知道,传统的国际分工是产业部门之间的分工,即工业制成品生产国和初级产品生产国之间的分工,以及各国不同工业部门之间的分工,分工的边界是产业。其特点就是各国根据比较优势参与国际分工,并根据比较优势逐渐成为迂回生产链中某个环节的专业化的产品生产者,而迂回生产链条中各环节(指产品)也在这一过程中,根据比较优势被配置到了最适合的生产地点。进入20世纪80年代,通信和信息技术的突飞猛进、利用全球资源成本降低和远距离多时空经营交易的便捷可行,以及商品和要素流动障碍的大大降低,使得生产和资本国际化的趋势不断加强,市场范围、市场规模以及世界生产力都获得了前所未有的增长,迂回生产在相当大的程度上成为真正的国际迂回生产。此时,价值链上的各个生产活动和各项功能性活动,由于市场规模的扩大和交易成本的下降,能够在不同国家间实现更加细密的专业化分工,国际分工因此表现为同一产业不同产品之间和同一产品不同工序、不同生产环节、不同增值环节之间的多个层次分工。这种分工界限是生产要素,也是价值链上劳动要素密集、资本要素密集、知识要素密集、技术要素密集或其他要素密集性质的各个环节之间的分工。换言

---

① 盛洪. 分工与交易——一个一般理论及其对中国非专业化问题的应用分析 [M]. 上海:上海三联书店,上海人民出版社,1994.

之，同一产品价值链的不同生产环节或工序按照其要素密集度特征被配置到具有不同要素禀赋的国家和地区，国与国之间的比较优势更多地体现在价值链上某一特定环节的优势。原先基于比较成本和要素禀赋的国际产品间分工和贸易进一步让位于基于要素可流动的产品内贸易、垂直专业化贸易和公司内贸易，各国以各自的优势要素参与国际分工从而共同完成最终产品的生产，国际分工形式从产品分工向全球要素分工发展。这是国际分工日益细化的必然结果。

当国际分工从产品分工发展到全球要素分工后，国际分工的细化反过来又会推动全球要素分工的进一步发展，从而产生一个良性的正反馈作用机制。一是因为分工越是细化，就有越多的生产环节从技术属性上迂回生产的生产链中独立出来的过程，也就是越来越多的中间产品生产过程。与此同时，中间产品的专业化程度也越高，中间产品生产过程中的要素投入也就越来越专门化，中间产品的要素特征表现得也就越发明显。二是因为分工的细化使得要素职能日益专业化，要素异质性日益增强，提高了彼此替代的难度。以劳动要素为例，专业化劳动的出现加深了劳动要素间的差异，不仅不同层次之间的劳动力要素转移是有障碍的，而且同一层次，不同工种之间劳动力要素的转移也是有障碍的，这种障碍（或者说替代的难度）会随着分工的深化越来越高。资本要素也是如此，表现出很大程度的专用性。在国际分工程度较低时，参与国际迂回生产的中间产品较少，因此国际分工主要表现为以产品为界限的分工，要素专用性并不明显。而一旦当国际分工发展到零部件的分工、生产环节和工序的分工时，参与国际分工的中间产品越来越多、越来越细化、越来越专门化，要素的专用性特征也就越来越显著，从而由该专用性要素所带来的比较优势也就越发明显。因此，从更深的意义上来看，这种中间产品的分工不仅意味着最终产品的生产是多国要素共同参与的结果，同时还意味着各国赖以参与国际分工的优势要素会在专业化生产过程中得以不断加强，因此，国际分工也就越来越表现为以要素为界限。

从实践的角度来看，全球要素分工的发展主要表现为两种形式：一是同一产品价值链被分解为若干独立环节而处于不同企业的控制之下；二是尽管这些不同的环节仍然处于同一企业（如跨国公司）的控制之下，跨国公司必然在全球范围内整合资源，将价值链中的每个环节放到最有利于获得竞争优势的地点。当前全球中间产品贸易的迅猛发展就是上述第一种形式的典型表现；而当前全球对外直接投资的快速增长就是第二种形式的典型表现。当然，上述两种现象并非独立，在大多情形下是一种相互融合、相互依赖、共生发展、合为一体的国际经济现象，即贸易与投资一体化现象①。这种一体化不仅表现在当今贸易和投资在流向上具有高度一致性、在时间上具有同步性，而且表现为国际贸易和直接投资呈现互补共存、互动发展的格局。

第二节 全球要素分工的实质

当代国际分工从产品分工向全球要素分工发展，其主要组织者和推动者是跨国公司。全球要素分工是跨国公司在全球范围内进行投资和贸易活动的必然结果，全球要素分工的实质是跨国公司在全球范围内进行的资源整合。

首先，全球要素分工是跨国公司适应知识经济时代企业生产方式变革的产物，是跨国公司所构建的以价值链为基础的国际分工形态。企业生产产品的过程就是创造价值的过程，如果我们把产品的生产过程分解为一系列互不相同但又互相关联的经济活动，这一系列环节联结成一条活动成本链，其总和即构成企业的价值链。在工业经济时代，大规模生产方式决定了其组织形式必须是根据垂直整合原则和制度化的社会、技术分工而组构的大型垂直一体化企业②，全能型企业也就成为主导发达国家企业的主要组织形式。进入知识经济时代，一方面生产活动日益高度化和复杂化，同一产品价值链上的增值环节变得越来越多，分工越来越细，结构也越来越复杂，全能型企业成为"不能承受之重"；另一方面，模块化生产技术的迅猛发展使得"生产可分性"不断增强，企业可以利用社会分工生产的某些阶段交由其他企业来完成。于是价值链开始分解，一些在某个增值环节专业化生产方面具有要素优势（更为精湛技术或更为低廉成本）的企业就会加入进来。如此，一个新的以价值链为基础的分工模式便由此形成。在经济全球深入发展的背景下，价值链的分解和整合超越了国界，出现了国际性的劳动分工和生产协作。跨国公司价值链中不同环节的分布，不再局限于一国地理范围，而是以全球市场为依托，实现研究与开发、生产制造、采购与销售、服务等各个环节的全球网络一体化分布和全球优化配置。不但要从各国生产要素（如劳动力、

---

① 张二震，马野青. 贸易投资一体化与国际贸易理论创新[J]. 福建论坛，2002（1）.
② 李晓华. 垂直解体和网络范式下的企业成长[J]. 南开管理评论，2006（9）.

自然资源、资本）的成本和质量差异中获得好处，而且要通过培育全球范围的协同优势，提升对全球不同市场需求变化的响应和控制能力，全面提高公司竞争优势。

其次，全球要素分工是跨国公司所经营的"全球生产体系"的产物。在非全球化的环境下，虽然跨国公司的生产因其跨越国界而具有国际性，甚至因其跨越多国而具有世界性，但是由于散布在世界各国的子公司、分公司等所生产的产品，主要是供应当地市场或返销母国，所以世界各国的生产过程之间并不具有内在的生产关联性。国际分工也主要是发生在最终产品之间，或者说，此时主要分工形式还是以产品为界限。当跨国公司进入全球一体化经营阶段时，散布于海外的子公司不再是独立运作或仅与母公司发生简单联系，而是与母公司及其他子公司保持高度一体化联系。跨国公司根据不同区位的要素禀赋和比较优势，将生产活动及其他功能性活动进行更为细密的专业化分工，并在全球范围内推动可流动的生产要素不断追逐流动性较弱的生产要素。一方面，基于要素的可流动性，跨国公司将可流动的资本、技术以及管理等要素，安排到东道国并与东道国的不可流动优势要素相结合，优化资源配置进行产品生产；另一方面，跨国公司根据产品生产环节的要素密集度特征将其配置到最具竞争优势的国家和地区进行生产，以降低生产成本。此时，任何子公司或分公司所服务的对象不再是分散的、独立的当地市场，而是整个跨国公司网络所"瞄准"的区域市场乃至全球市场。由此，产品生产在世界各国之间经由跨国公司的网络体系建立起有机内在联系，组成了"全球生产体系"的实体部分。正是由于跨国公司组织的全球生产体系使得国际分工超越了国家和产业边界，而转向企业内部、产品内部，传统以产品为界限的分工也因此演变为以要素为界限的分工。在跨国公司看来，遍布于全球各国的各分支机构的国别属性已不再重要，重要的是在跨国公司全球价值链中的确切位置①。

最后，作为全球要素分工直观表现的全球中间产品贸易也由跨国公司所"掌控"。当代全球中间产品贸易主要表现在两个方面：一是跨国公司内部的中间产品贸易；二是标准化中间产品的贸易。尽管这两者的产品类型有所不同，但都是在跨国公司的"掌控"之下。跨国公司内部的中间产品贸易，主要是那些产品本身所内含的知识、信息和技术特性，使得其在外部市场上进行交易面临较高的

---

① 张二震，马野青，方勇. 贸易投资一体化与中国的战略［M］. 北京：人民出版社，2004.

复杂性和不确定性,此时跨国公司就会通过 FDI 的形式,设法把所需要的、分散在各国的生产活动联合起来,把国家间、企业间的交易转变为公司内的交易。这一形式实际上就表现为我们上文所指出的贸易与投资一体化的现象。标准化中间产品的贸易不需要跨国的资本流动,即跨国公司与东道国中间品生产者并不是通过"要素契约"联系在一起,表面上看跨国公司对此无绝对的控制。仔细深究,跨国公司与东道国之间的这种中间品贸易,也并非是通过"商品契约"联系在一起。两者的关系较市场上的一般买卖双方更为密切一些,是通过所谓的介于商品契约与要素契约之间的"超市场契约"联系在一起,跨国公司在全球范围内安排这样的生产,形成庞大的介于市场与企业之间的"第三种组织"。这种组织形态其实仍然是由跨国公司所掌控,或者说,跨国公司是整个生产环节的组织者和管理者。一个典型化的事实是,发展中国家的企业融入全球分工体系,主要就是融入领导型跨国公司管理的全球价值链体系,在此过程中,要不断接受发达国家跨国公司给予的一些规范化的参数指导,按照发达国家跨国公司的要求进行中间产品的生产和供给。因此,当今全球要素分工环境中出现的"第三种组织"形态,其实正是跨国公司管理全球价值链的表现形式之一。

第三节 全球要素分工的基本特征

国际分工发展到以要素为界限的分工时,表现出了迥然不同于以往的诸多特征。

在全球要素分工环境中,"世界制造"成为越来越多贸易商品的"原产地"。传统的由单个国家独自完成全部生产过程并出口的最终产品的生产模式,正在被全球分工协作的生产模式所替代。产品的生产过程超越了国界,成为真正意义上的迂回化国际生产。产品的生产也不再是个别企业的孤立行为,而是在全球生产网络或体系的基础上,在全球范围进行相互协调和合作的企业网络组织框架内进行的全球化生产行为。现有文献中的很多案例都对此进行了很好的描述。例如 Dedrick 和 Linden（2010）在研究苹果 ipod 播放器的全球价值链分布时指出：一款价值 144 美元的苹果 ipod 播放器,其中有价值约 73 美元的硬盘驱动器（HDD）以及价值 23 美元的显示器由日本生产,价值 13 美元的处理器由美国生产,价值4美元的电池由韩国生产,其余价值共29美元的部件由东南亚其他国家和地区生产,最后价值4美元是由在中国进行加工组装所创造的①。这种"世界制造"也意味着,任何一个国家或企业所生产的最终产品中自身创造的价值只能占据该产品最终全部价值的一部分。

  在全球要素分工环境中,生产要素(特别是资本和技术)在全球范围内的流动性增强,突破了原有要素禀赋理论分析框架下所"锁定"的比较优势②,比较优势的实现形式不再体现于出口产品自身,而体现于出口国所参与的价值创造环节。随着生产分割技术的不断进步,产品生产的迂回程度被不断延长,而每一个生产环节作为价值链上的一个特定环节,都可以由不同国家、不同企业进行专业化生产。传统的发达国家和发展中国家之间的垂直分工,不再体现在部门间、产业间甚至产品间,而是表现为劳动密集型工序或零部件生产与资本、技术、知识密集型工序或零部件之间的分工,甚至是设计环节与制造环节的分工。比如,产品设计由发达国家进行,产品制造则由发展中国家进行,发展中国家成为发达国家的"加工厂"和"制造车间"。此时,国与国之间的比较优势更多地体现为价值链上某一特定生产环节上的优势,从而导致国与国之间按价值链不同环节进行分工的现象。跨国公司则基于全球竞争战略的考虑,将价值链中的每个环节分别配置到最有利于获得竞争优势的国家和地区。国际分工也就表现为:一国以优势要素开展对外直接投资,也以优势要素吸引国外直接投资,以及依据优势要素融入国际价值链的特定生产环节。而一国分工地位的提升将主要表现为沿着产业链条的攀升或产品工序所处地位的攀升。

  在全球要素分工环境中,分工发展呈现多维度、不平衡的特性,发展中国家更容易融入国际分工体系,也更难以向更高的分工层次攀升。全球要素分工的发展不仅表现为横向上分离出诸多不同工种,而且在纵向上还分解出许多不同层次。各个国家依据各自的优势要素,在全球要素分工中选择和发展合适的工种和层次,从而使得国际分工呈现多维度发展特点。这也使得在产品分工时代被排除在国际分工体系之外的落后国家,在全球要素分工中可以参与国际分工并从中获利,只要该国在任何产品的某一生产环节或阶段上具有比较优势。而与这种多维

---

  ① Dedrick, J., K. L. Kraemer and G. Linden. Who Profits From Innovation in Global Value Chains: A Study of the iPod And Notebook PCs [J]. Industrial and Corporate Change, 2010, 19 (1): 81–116.

  ② Galina Hale and Cheryl Long. What Determines Technological Spillovers of Foreign Direct Investment: Evidence from China [J]. Working Paper Series, Federal Reserve Bank of San Francisco, 2006 (13).

度国际分工相伴随的却是劳动分工在国际间的不平衡发展。这是由于国际迂回生产链的延长以及国际分工的细化，对国际间的劳动分工产生了两种相反方向的影响：一方面，处在较低分工层次上的劳动横向差别变得越来越小，资产专用性也逐步弱化为通用性。因此，处于这个层次上的国际分工具有"进入壁垒"低的典型特征，这是大多发展中国家融入全球分工的主要形式。在国际分工的利益分配方面，参与者仅以简单劳动要素等初级要素本身参与国际分配。另一方面，它又使得处于较高层次上的劳动横向差别变得越来越大，劳动要素的异质性和专业化逐步增强，专业化知识在分工中的重要性日益显著。与之相伴的是，越来越多的基本生产要素的职能日益专业化而逐渐成为专用性资产。因此，处于这个分工层次上的"进入壁垒"和"退出壁垒"都比较高。在国际分工的利益分配方面，其参与者不仅以专业化劳动，而且以专业化知识和专用性资产参与国际分配，这也是发达国家控制国际分工体系的主要依托。

在全球要素分工环境中，国际分工利益不再取决于进口和出口什么，也不再取决于企业产权和产品的产地，而是取决于参与国际分工的要素数量和质量，以及参与了什么层次的国际分工。这是因为最终产品的生产需要使用来自不同国家和地区生产的中间投入品，在基于要素全球可流动性的情形下，甚至中间产品本身可能都是多国要素共同参与的结果，因此贸易品的生产国和生产企业并非是贸易利益的全部归属方，贸易利益所得必须按照参与生产贸易品的各种生产要素的贡献进行分配。从上述意义上来说，在全球要素分工快速发展的经济全球化下，按要素分配也全球化了，参与国际分工的要素质量和层次是决定一国分工地位及其获益能力的关键。不仅如此，一国自身所拥有的要素素质还决定了其能够吸纳什么层次的生产要素，进而能够影响其参与的国际分工层次。这是因为，经济活动中各种生产要素之间的组合都有一个最优比例问题，这种最优比例不仅体现在要素的数量组合上，同时也体现在要素的质量配比上。发达国家由于拥有诸如技术、标准、品牌、国际营销网络、市场竞争制度等先进要素，不仅能够利用自身的先进要素占据国际分工价值链的优势片段，还能够依托这些先进要素吸纳全球的先进要素，进一步控制全球价值链，因此他们摄取了国际分工的大部分利益。而发展中国家普遍所拥有的则是专用性较低的一般要素（如廉价劳动力），只能占据国际分工价值链的低端位置，其吸纳全球先进要素的能力要远低于发达国家，甚至处于被发达国家先进要素整合的地位，只能获得少量的要素报酬。

在全球要素分工环境中，国际分工不仅具有互利性，还具有共生性。全球要素分工使得每一个国际分工参与国都是价值链上某个或几个特定生产环节的专业化生产者,贸易的性质也因此发生了根本性变化,即从传统分工模式下为最终产品价值实现而进行的国际交换转变为确保全球生产的正常进行而进行贸易。因此,以此为内容的经济全球化能否持续,取决于融入国际分工体系中的每一个国家的经济是否具有可持续性。或者说,如果任何一个国家在任何产品价值链上的任何一个区段出现不可持续性,必然会影响到贸易进而最终影响产品价值的实现,其他国家也难以获取预期的国际分工利益,进而造成整体意义上的不可持续性。全球要素分工所带来的上述变化,意味着不仅国与国之间开展分工具有传统意义上的互利性特征,同时还意味着国与国之间的相互依赖程度日益加深,呈现分工利益的彼此相依的"共生性"特征。

第四节　全球要素分工成为当今世界经济的突出特征

当代国际分工主要有三种基本形式:产业间分工、产业内分工和产品内分工。所谓产业间分工,是指不同产业部门之间生产的国际专业化,促使不同要素密集型的产业在不同区域集聚。它是第二次世界大战以前国际分工的基本形态和主导形式,突出表现在亚、非、拉国家专门生产农业原料、矿物原料及某些食品,而欧美等国家则专门生产工业制成品。所谓产业内分工,是指相同生产部门内部各分部门之间生产的国际专业化,主要是指同类产品的差异化分工。第二次世界大战后发生的第三次科学技术革命推动了产业内国际分工的快速发展,并成为"二战"以来至 20 世纪 70 年代国际分工的主导形式。这突出表现为发展水平、要素禀赋结构以及消费结构等相似的工业国之间所进行的差异化产品贸易,在全球贸易量中所具有的压倒性优势,并且其贸易品主要以制造业行业内的制成品为主。无论是传统的产业间分工还是产业内分工,国际分工的界限基本上还是最终产品。而自 20 世纪 80 年代以来,伴随科学技术的发展、国际范围内市场经济体制的基本建立和贸易投资壁垒的逐渐降低,国际分工和贸易的形式发生了巨大变化,突出表现为产品的价值链被分解了,即同一产品的不同生产环节或部件会按照其要素密集度特征被配置到具有不同要素禀赋的国家和地区,从而导致国与国之间按同一产业或产品的生产环节或工序进行分工的现象,学术界把这种新的国际分工称为全球要素分工。显然，相比产业间分工和产业内分工，国际分工的界限已不再是最终产品，而是专业化产品价值链条上具有不同要素密集度特征的诸如劳动密集型、资本密集型、技术密集型等环节和阶段。换言之，在全球要素分工模式下，分工的界限已经变为产品价值增值环节，由此所带来的产品跨境流动可称为全球要素分工贸易。由于全球要素分工的本质是产品内部功能的分散化和区域分散化，由此必然带来中间产品贸易的迅猛发展。因此，针对全球要素分工贸易成为当前全球经济的主要特征或者说主要形式的判断，可以通过对全球中间产品贸易发展的实践进行佐证。联合国贸发会议的统计数据表明，1993 年全球中间产品出口贸易额仅为 1 万亿美元，占当期全球货物贸易出口总额的比重约为 25%；而在本轮全球金融危机冲击导致全球贸易大崩溃之前的 2008 年，全球中间产品出口贸易额已经上升至 6 万亿美元，占同期全球货物贸易出口总额的比重也攀升至 40%。正是基于这一特征事实，联合国贸发会议发布的《2013 年世界投资报告》指出，全球要素分工贸易已经成为当前全球经济的突出特征。由于自改革开放以来，尤其是加入 WTO 以来，中国发展开放型经济主要就是融入发达国家跨国公司主导的全球要素分工，成为全球生产的一个流转环节，因此，中间产品贸易额尤其是中间产品进口，在中国对外贸易中占有较高比重，并且呈现不断上升的发展趋势。例如，根据联合国 Comtrade 统计数据库的数据显示，"入世"前的 2000 年，中国进口的中间产品额约为 800 亿美元，占同期进口贸易额的比重为 35.55，而到了 2008 年，中国进口的中间产品额已经攀升至约 7300 亿美元，占同期进口贸易额的比重也随之上升到了 65%。这是中国融入全球要素分工体系，参与全球要素分工贸易的典型表现和特征事实。

相比传统产业间和产业内以最终产品为界限的分工，全球要素分工是以产品价值增值环节为界限，而这种国际分工界限的变化，致使国际贸易的本质内涵也发生了变化。即在传统的分工模式下，贸易的本质是为了实现价值而出现的商品跨境流动的现象，而在全球价值链的分工模式下，贸易的本质是为了实现产品的全球生产而进行的跨境流动表现。也就说，在传统以最终产品为界限的国际分工模式下，贸易是连接生产和消费的纽带，是生产专业化市场一体化的结果；而在全球要素分工的分工模式下，中间品贸易在国际贸易中的比重不断提高，因此国际贸易不仅仅是连接生产和消费的纽带，中间产品跨境流动的本身就可能是国际生产的过程和外在表现，国际贸易因此而演变成为连接价值链不同生产环节的纽带，是生产一体化与市场一体化的结果。从这一意义上说，贸易已经不再局限于流通领域,不再是一个简单的流通现象,而是已经深入生产领域,从而变为集生产和流通为一体的新现象。正是基于上述意义,不能就贸易而看贸易,更应该深入生产层面,尤其是融入全球生产体系的层面看待贸易,对贸易所产生的可能经济影响,也突破了现有国际经济理论所揭示的贸易影响经济增长的传统机制和基本结论。例如,基于产品价值增值环节为界限的分工,全球要素分工使得不同国家和地区通过各种产业链条而被"链"在一起,从而加强了国家之间经济发展的协同性、利益实现的共生性,以及经济波动的传递性,等等。总之,全球要素分工贸易对全球经济,尤其是对发展中国家的经济发展影响,有了全新变化,对此,我们也需要进行全新的认识。

全球要素分工不仅表现在制造业领域,同样不断向服务业领域延伸。尤其是进入21世纪以来,服务业"全球化"和"碎片化"成为重要发展趋势,也标志着经济全球化进入了新的发展阶段。当然,导致这一发展新趋势的原因很多,既有科技革命的进步从而使得服务的可贸易性越来越强,也有全球价值链分工深入演进从而对"链接"不同生产环节和阶段的服务需求越来越多;既有全球服务贸易规则实行从而对服务业"两化"发展提供了制度层面的保障,也有国家层面积极推动的重要影响。而其中最为重要的推动因素应是跨国公司的全球生产垂直一体化和水平一体化发展战略。也正是在多种因素的共同作用下,服务"全球化"和"碎片化"已成为当前经济全球化的重要发展新趋势,对此,我们可以从如下几个特征事实中略见一斑。

第一,服务贸易的快速发展,是服务业"两化"发展趋势的典型特征事实。服务贸易是服务业在国际范围内的延伸,是服务业在全球范围内进行专业化分工的直接表现和反映,因此,全球服务贸易发展状况大体能够反映出服务业"两化"发展的基本趋势。实际上,自20世纪60年代以来,全球服务贸易的发展就已经开始加速。在中国改革开放之初的1979年,全球服务贸易的增长速度首次超过了货物贸易的增长速度,前者的增幅为2.4%而后者的增幅为2.1%。尽管增速较快,但由于服务贸易在全球贸易中的比重仍然较低,因此还没有引起人们的足够重视,更没有意识到服务贸易有可能会成为全球贸易增长的"新引擎"。而自20世纪80年代以来,在前文所述的各种因素等共同推动下,服务贸易的增长随之异军突起。1981年全球服务贸易进出口总额为8760.1亿美元,而到2013年这一数值已快速攀升至9.22万亿美元,其间增长了近10.53倍,全球服务贸易进出口总额与同期货物贸易进出口总额之比也相应地由1980年的18.57%上升至 2013 年的 25.08%。表 1-1 给出了 1981~2013 年全球服务贸易进、出口额及其增长率情况。

表 1-1　1981~2013 年全球服务贸易进、出口额　单位：亿美元，%

年份	1981	1982	1983	1984	1985	1986	1987	1988	1989	1990	1991
出口总额	4074.6	4001.5	3896.2	3983.4	4112	4845.9	5747.1	6426.4	6997.4	8313.5	8777.1
进口总额	4685.5	4516.9	4355.5	4450.6	4437.2	5000.8	5887.2	6707.9	7346.4	8751.9	9211.8
进出口总额	8760.1	8518.4	8251.7	8434	8549.2	9846.7	11634.3	13134.3	14343.8	17065.4	17988.9
增长率	3.86	-2.76	-3.13	2.21	1.37	15.18	18.15	12.89	9.21	18.97	5.41
年份	1992	1993	1994	1995	1996	1997	1998	1999	2000	2001	2002
出口总额	9769.3	9938.4	10834.8	12222.2	13173.1	13726.1	13899.8	14355.5	15219.8	15251.1	16340.7
进口总额	10065.7	10112.6	10935.6	12409.4	13156.3	13512.4	13544	14308	15193.9	15378.3	16230.6
进出口总额	19835	20051	21770.4	24631.6	26329.4	27238.5	27443.8	28663.5	30413.7	30629.4	32571.3
增长率	10.26	1.09	8.58	13.14	6.89	3.45	0.75	4.44	6.11	0.71	6.34
年份	2003	2004	2005	2006	2007	2008	2009	2010	2011	2012	2013
出口总额	18965.9	23023.5	25732.1	29087	34902.4	39162	35555.8	38962.6	43728.9	44738.1	47201.8
进口总额	18627	22287.2	24723.6	27579.5	32813.7	37545.3	34229.9	37392.5	41806.4	42926.8	44991.9
进出口总额	37592.9	45310.7	50455.8	56666.5	67716.1	76707.3	69785.7	76355.1	85535.3	87664.9	92193.7
增长率	15.42	20.53	11.36	12.31	19.50	13.28	-9.02	9.41	12.02	2.49	5.17

资料来源：UNCTAD 统计数据库。

表 1-1 的统计结果显示，全球服务贸易发展除了呈现规模迅速扩张这一显著特征之外，还具有加速发展之势的特征。尤其是进入 21 世纪以来，在本轮全球金融危机爆发之前，全球服务贸易的增速几乎是以两位数的速度在推进。受本轮全球金融危机的影响，2009 年虽然出现了负增长，但伴随危机阴霾的逐步散去，服务贸易又呈现恢复性增长。就表 1-1 的整个样本区间来看，全球服务贸易的年均增长率为 7.63%，这不仅高于同期全球 GDP 年均增长率，也高于同期全球货物贸易年均增长率。总之，全球服务贸易增长不但速度快，而且还有加速之势，已经成为经济全球化的重要标志，并成为引领全球贸易增长的重要"引擎"。这是服务业"两化"发展的典型表现。

第二，全球服务业 FDI 的迅猛增长，是服务业"两化"发展趋势的另一重要特征事实。服务业对外直接投资，作为服务业跨国转移的重要方式和内容之一，近年来发展迅猛。2006年联合国贸发会议（UNCTAD）在其发布的《2006年全球投资报告》中就指出，全球对外直接投资的重点已经开始逐渐从传统的制造业领域向服务业领域转变，其中的统计数据显示，在20世纪80年代初期，全球服务业对外直接投资存量仅占当时全球对外直接投资存量的25%，1990年时这一占比上升到49.1%，而到了2004年这一占比则进一步上升到51.8%。而联合国贸发会议最新发布的《2014年全球投资报告》中的统计数据进一步表明，截至2013年底，全球服务业对外直接投资存量占总投资存量的比重为58.92%。再从全球服务业对外直接投资流量来看，统计数据表明，1990年全球服务业对外直接投资流量与全球对外直接投资流量之比为45.68%；而2003年这一比重则突破50%的大关，达到52.89%，流量额约为4362亿美元。受到本轮全球金融危机及其后续影响的冲击，在全球制造业领域对外直接投资呈现下降的趋势下，服务业对外直接投资却保持了增长态势。2012年，全球服务业对外直接投资流量额为4887亿美元，相比之下，制造业全球对外直接投资流量额为3811亿美元，二者之比为1.28:1；2013年，全球服务业对外直接投资流量额上升至5409亿美元，而制造业全球对外直接投资流量额反而下降至3741亿美元，二者之比为1.45:1。由此可见，全球对外直接投资正加快向服务业聚集。当然，按照服务贸易总协定的定义，服务业FDI属于四种服务业贸易方式中的一种，即商业存在。而与服务业FDI推动的服务业跨国转移相适应的是，近年来，通过商业存在的形式而实现的服务贸易规模正在不断扩大。据世界贸易组织的估计（WTO，2014），目前通过商业存在而实现的服务贸易总额约为跨境提供的1.6倍左右。

第三，全球制成品贸易中内含的服务价值，同样是服务业"两化"发展趋势的重要特征事实。20世纪80年代以来，全球价值链日益成为国际分工的主导模式，而其突出表现就是生产国际分割与切片化。因此，以往学术界对全球价值链的研究主要侧重于制造业，而对服务业全球价值链问题重视不够。实际上，随着产品国际生产分割和切片化的深入演进，服务业在全球价值链中的作用也日益凸显，这不仅表现为服务成为"链接"产品生产不同环节和阶段的重要"黏合剂"，发挥着协调运营、总部管理等重要作用，服务本身（比如研发、设计、营销等）也越来越成为价值链中的重要增值环节。正如Bas等（2012）的研究所指出："产品生产所创造的附加值越来越向价值链低端转移，而服务则不断向价值链高端攀升。"因此，全球价值链的真实意义越来越表现为制造、服务、投资与贸易日益融合为"一体化"，传统的将货物贸易和服务贸易截然分开的做法显然已不合时宜。也正是源于这一实践性变化和需求，目前有关附加值贸易（Trade in Value-added）问题正成为国内外学术界研究的热点。囿于统计数据的可得性，目前还没有针对全球服务价值链问题的专门研究，但是随着国际组织对全球价值链和附加值贸易分析思路的认可和支持，贸发会、WTO、OECD等国际组织和机构倾力建设的全球价值链和附加值贸易基本数据库及其取得的初步研究成果，则可以为我们在全球价值链视角下的服务业"两化"趋势提供一些间接认识。联合国贸发会议发布的《全球价值链及其发展》报告中的研究表明（UNCTAD，2013），1995~2011年，全球制成品贸易中所内含的服务增加值比重不断提高，已由1995年的不足10%上升到2011年的21.8%。其中，诸如美国等发达经济体出口的制成品中，所内含的服务增加值已经超过25%，而对于中国等已深度融入全球价值链的经济体而言，其制成品出口中所内含的服务增加值也在15%以上。当然，由于UNCTAD的研究是在产业大分类之上，利用世界投入产出表估算而得，即利用全球制造业和服务业各部门间的投入产出关系进行估算而得，因此所得结果会大大低估制成品出口中内含的服务增加值，因为其对服务提供的来源仅考虑服务产业部门，而未能将制造业本身内部所"自给"的服务纳入进去。但无论如何，国际组织和机构针对全球价值链和附加值贸易的初步研究成果已经充分表明，服务已然成为全球价值链的重要组成部分，这既是服务业"全球化"和"碎片化"发展的表现，也是其结果。

第四，当前服务外包的蓬勃发展，更是服务业"两化"发展趋势的突出特征。除了前文所述的服务业FDI之外，服务外包也是当前服务业跨国转移的重要形式和内容。实际上，服务外包体现的不仅是服务业的"全球化"问题，更能体现服务业的全球"碎片化"问题，因为从服务外包分类角度来看，主要是指知识流程外包（Knowledge Process Outsourcing，KPO）、信息技术外包（Information Technology Outsourcing，ITO）以及商业流程外包（Business Process Outsourcing，BPO）三种外包形式。显然，这三种服务外包形式所涉及的均是企业内部服务的部分环节和阶段的"外部化"，包括KPO下的市场研发和业务分析，ITO下的系统操作、系统应用和基础技术服务，以及BPO下的企业内部管理服务、企业运作服务以及企业供应链管理服务，本质上均是服务提供流程的跨国转移和分割，因而是服务业"全球化"和"碎片化"最为典型的特征和表现。进入21世纪以来，国际服务外贸的迅猛发展已经成为服务贸易增长的主要动力以及服务业跨国转移的主要"推进器"。据国际数据公司（IDC）提供的数据显示，即便是在本轮全球金融危机冲击的 2009 年，全球服务外包仍然保持了较快增长势头，全球服务外包总额高达 7699.29 亿美元，仍然超过了 2008 年的 7528.68 亿美元服务外包总额。而中国服务外包网上提供的统计数据表明，2010 年全球服务外包市场总规模为 7995 亿美元，2011 年全球服务外包市场规模约为 8200 亿美元。另据美国管理咨询公司麦肯锡的研究表明，目前全球服务外包市场总额正以每年 20%～30% 的增速在急剧扩张，按照这一增速可以预测，到 2020 年，全球服务外包总额将会突破 5 万亿美元。总之，全球服务外包蓬勃发展的实践表明，服务业"全球化"和"碎片化"已经成为当前及今后经济全球化发展的重要内容和趋势。

第五节　全球要素分工发展与全球贸易新格局

　　全球要素分工的发展正在使全球贸易格局发生新变化：国际贸易的性质出现根本性变化，传统的国际贸易方式与国际合作方式日益融为一体，并表现为贸易与投资一体化；产品生产过程的国际分散与地区集聚同步发展，生产活动在国际间高度迂回的同时，部分生产环节越发向具有特定要素优势的地区集聚；新兴市场经济体和发展中国家成为全球贸易中的重要伙伴，并迅速成为高科技产品的"名义"出口国；全球要素分工自身的反贸易保护属性，使得降低商品和要素的流动壁垒成为国际经济发展的主流，贸易保护政策的有效性日趋减弱，保护主义也有了新的形式。

　　全球要素分工的发展推动着当代"贸易投资一体化"的快速发展。当代跨国公司的发展使得分散在国际间的生产活动被跨国公司联合起来。随着中间产品特别是难以定价的中间产品的不断增多，跨国公司所联合的生产活动也越来越多，跨国公司不断发展壮大。越来越多的中间产品生产是由跨国公司通过国际直接投资进行生产的，越来越多的中间产品贸易成为跨国公司的公司内贸易。在这里，贸易和投资都是围绕着跨国公司国际生产所进行的，投资是发生在价值链上各个生产环节上的投资，是跨国公司寻求要素结合效率的手段而不是服务目标国生产的手段，投资的目的就是通过贸易实现分工收益，是为贸易而投资的；国际贸易也不仅是生产的结果，而往往表现为生产的环节，是实现投资行为最终目标的手段，是"为生产而贸易"。在跨国公司的主导下，国际贸易和国际投资活动一体化了。

全球要素分工的发展正在使国际生产中的"网络"① 和"区位"变得越发重要，生产的国际分散与地区集聚同步发展。Gereffi（1999）和 Sturgeon（2002）都曾指出②，在过去的 20 年间，许多产业的产业结构都发生了根本性变化，从传统的一体化企业发展成为生产网络组织。这意味着，产品价值链全球分解和国际间迂回生产并不是单线条发展，而是形成了跨国公司所主导的全球生产网络（Global Production Network）。参与全球要素分工的企业镶嵌于相互依赖的分工网络之中，网络使企业能够摆脱自身组织结构和区位的局限，为全球生产链而生产并参与全球化竞争。网络中的制度安排和交易效率决定了网络的厚度和生产的迂回程度，具有优势要素（如品牌形象、专利、市场网络、研发以及创新能力）且能够控制最终产品市场的发达国家和跨国公司成为网络的中心，并通过 OEM 和外包合同控制中间产品和零部件生产者。与此同时，全球生产网络的发展使得"区位"变得更加重要了。首先，跨国公司对片段化生产环节的区位选择依托于各国的要素优势，要素优势决定了一国在网络中的层次，亦即决定了从事何种要素特征的生产环节的生产。其次，跨国公司的区位选择依托于要素流动性，全球生产网络的成长就是流动要素对非流动要素的追逐，或者说流动性较强的生产要素对流动性相对较弱的生产要素的追逐，具有低流动性优势要素的区域将更可能成为全球生产网络中的片段化生产环节。最后，跨国公司搜索生产区位的过程还将诱发跨国公司主导型产业集聚的发展③，一方面具有专门化生产要素的区域会被众多跨国公司"俘获"，不同跨国公司的类似职能部门和类似生产环节因此而集聚在相同区域中；另一方面集聚本身就是一个地区要素优势的重要来源，产业集聚的正外部性使得企业可以通过置身于集群而获得竞争优势，集群的扩张和增

---

① 在现有的文献中"网络"的定义和含义不尽相同。这种不同源自于不同的文献选取了不同的理论研究方法，常见的理论包括交易成本理论、资源依赖理论、战略管理理论和社会网络理论。但是它们大多都基于三大类概念：战略、网络管理以及社会维度（参见 Varamaki, Elina and Vesalainen, Jukka. Modelling Different Types of Multilateral Co - operation between SMEs［J］. Entrepreneurship and Regional Development, 2003, 15（1）：27-47）。

② Gereffi, G. International Trade and Industrial Upgrading in the Apparel Commodity Chain［J］. Journal of International Economics, 1999, 48（1）：37-70；Sturgeon, T. Modular Production Networks: A New American Model of Industrial Organization［J］. Industrial and Corporate Change, 2002, 11（3）：451-496.

③ 方勇. 分工演进与贸易投资一体化［M］. 北京：社会科学文献出版社，2011.

长会使企业更具黏附力,并使集群更像一个整体,有助于企业的全球价值链向上攀升。此时,更可能是跨国公司被该地区"俘获",争相进入该地区以提升全球竞争力。

全球要素分工的发展,通过比较优势的创造效应和激发效应,为发展中国家参与国际分工带来了重要机遇,也使得发达国家和发展中国家的出口商品结构和技术含量"名义趋同"。在全球要素分工下,发展中国家不再需要在一个完整商品的生产上拥有比较优势,只要在任何产品的某一生产环节或阶段具有比较优势,就可以参与国际分工并从中获利,全球要素分工为落后国家创造了比较优势。而生产要素全球可流动性的增强会致使本国优势生产要素和国外流入的优势生产要素相结合,多种优势要素协同生产从而进一步激发本国比较优势。发展中国家在这两种效应的联合作用下,通过吸引跨国公司进驻等方式,全面融入跨国公司主导的国际分工体系中,承接国际产业转移和产品价值链的梯度转移,成为世界产品的生产地和出口地,充当了跨国公司的"价值增值地"和"出口平台"。由于产品价值链上的不同生产环节和工序往往具有不同的要素密集度特征,对于仅仅拥有在劳动密集型生产阶段和环节上具有比较优势的国家和地区而言,在其专业化生产的阶段和环节,使用到的进口中间产品则完全可能是技术密集型、信息密集型、知识密集型等高级要素密集型产品,从而使得这些国家和地区在完成其专业化生产阶段后的出口产品表现为技术密集型等特征。正如 Johnson (2009)① 和 Theodore H. Moran (2011)② 的研究所指出,发达国家进口自发展中国家(如中国)的高科技产品,貌似由发展中国家所生产,但实质上其中主要的高附加值部分却产自发达国家自身。因此,将发展中国家的"出口品"与发达国家的"出口品"进行比较,并得出出口结构和技术含量趋同的结论,不免有夸大之嫌。

全球要素分工的本质是跨国公司整合全球资源,因而其本身就具有反贸易保护的倾向。虽然有学者指出由美国次贷危机引发的本轮全球金融危机导致全球经济衰退,是自 1929~1933 年世界经济大危机之后的史上最为严重的经济事件

---

① Johnson, Robert C. and Guillermo Noguera. Accounting for Intermediates: Production Sharing and Trade in Value - Added, Manuscript [J]. Dartmouth College, 2009 (1).

② Theodore H. Moran. Foreign Manufacturing Multinationals and the Transformation of the Chinese Economy: New Measurements, New Perspectives [D]. Peterson Institute for International Economics Working Paper Series WP11 - 11, 2011.

（Bernard 等，2009①；Eaton，2010②），但 Chad P. Bown（2010）的研究却发现③，在此期间全球贸易保护主义虽有所抬头但并不显著，更无法与1929~1933年大行其道的全球贸易保护主义相比。对此，Kishore Gawande 等（2011）的研究很具有启发意义④：在跨国公司主导的全球价值链分工模式下，企业游说政府采取贸易保护主义的动力越来越弱了。这是因为，贸易壁垒和生产要素流动壁垒的高低，对全球要素分工的发展具有重要影响。商品和要素流动的壁垒越高，国际迂回化生产所产生的交易成本也就越高，从而不利于全球要素分工的发展；反之，商品和要素流动的壁垒越低，国际迂回化生产所产生的交易成本也就越低，从而有助于促进全球要素分工的发展。

第六节　本章小结

经济全球化和全球要素分工的发展，无论对于发展中国家来说还是对于发达国家来说，都是机遇和挑战。在经济全球化深入发展的大背景下，如果封闭肯定落后，但被动地参与经济全球化也不一定能够获得发展，关键在于如何应对。全球要素分工的发展，使得发达国家和发展中国家之间呈现要素优势"互补式"、分工利益"共生性"的国际分工新形式。尤其是在要素可流动的情况下，全球化不单是对发达国家有利，对发展中国家同样存在重要发展机遇⑤，如对于像中国这样政治稳定、社会和谐、经济发展形势良好的发展中国家更为有利，中国改革开放以来所取得的巨大成就就是明证⑥。

促进现有优势要素的不断升级和加快对先进生产要素的培育，不仅有利于提

---

① Bernard, Andrew B., J. Bradford Jensen, Stephen J. Redding and Peter K. Schott. The Margins of US Trade [J]. American Economic Review: Papers & Proceedings, 2009, 99 (2): 487-493.

② Eaton, Jonathan, Sam Kortum, Brent Neiman and John Romalis. Trade and the Global Recession [J]. NBER Working Paper, No. 16666, January 2011.

③ Chad P. Bown. Taking Stock of Antidumping, Safeguards, and Countervailing Duties, 1990-2009 [D]. The World Bank Policy Research Working Paper, No. 5436, 2010.

④ Kishore Gawande, Bernard Hoekman, Yue Cui. Determinants of Trade Policy Responses to the 2008 Financial Crisis [D]. The World Bank Policy Research Working Paper, No. 5862, 2011.

⑤ 张幼文. 经济全球化的核心与走向 [J]. 世界经济与政治论坛，2008（3）.

⑥ 张二震. 全球化与中国发展道路的理论思考 [J]. 南京大学学报，2007（1）.

升一国参与国际分工的层次和地位,而且在生产要素可流动的环境中,还能促进国际上更为先进的生产要素向本国集聚①。虽然在未来很长一段时期内,我国最大的优势是劳动力丰富,并强调以现实的比较优势——以丰裕的劳动力为基础参加国际分工,但这并不意味着我国要永远以廉价劳动力作为参与全球要素分工的基础。相反,我们应该不断提高要素质量,培育高级生产要素,促进比较优势的动态演进,以此不断提升中国企业整合各类先进要素进行创新活动和全球化经营的能力,从而不断提高中国在国际分工体系中的地位,提高中国在经济全球化红利分配中的获益能力。

共同发展、均衡发展的包容性增长模式,是全球要素分工下实现包括发达国家在内的全球经济可持续发展的唯一道路。具体到中国开放型经济发展,我们应该清醒地看到,就整体实力而言,中国正在崛起成为一个具有重要国际影响力的贸易大国和经济大国,世界经济发展进程中出现的一些困难和问题常常被人为地或客观地与中国因素联系在一起,诸如全球贸易失衡、发达国家失业问题、世界石油和能源价格的上涨,以及环境问题等皆是如此。中国进一步融入全球要素分工体系、提升开放型经济发展水平,面临着显著的外部压力。因此,对于中国而言,发展开放型经济进程中接受并继续践行"包容性发展"理念,在经济全球化视野下坚持科学发展、和谐发展、可持续发展的道路,倡导"和谐世界"新理念,营造和谐共赢的国际环境,不仅有利于我们进一步抓住全球要素分工发展新机遇,同样也是中国开放型经济可持续发展战略的重要内容。

---

① 张二震,戴翔. 开放利益与国民福利水平互动:以转型为基点[J]. 改革,2011(8).

第二章　要素分工条件下贸易驱动经济增长的新机制

　　传统宏观经济恒等式对贸易驱动经济增长的解释，其科学性主要建立在"净出口"与消费、投资等经济活动相互独立的基础之上，并肯定了其需求拉动的积极作用。然而在当前以全球要素分工为主导的国际分工形态下，贸易的性质发生了从产品价值实现的跨国流动到确保全球生产正常进行的外在流转的根本性变化，使之由单纯的交换环节逐步渗透和融合到生产、消费等其他经济活动之中，并由此成为各经济变量相互作用的重要中间介质。在此条件下，贸易驱动经济增长的作用机制便从简单的需求拉动，演变为透过全球生产网络中投入产出关联所诱发的往复循环动态复杂作用机制而驱动经济增长。这一新机制的出现使得贸易对经济增长的促进效应不再单纯体现为净出口的绝对量水平，更具有了对经济增长的乘数"放大"作用。基于全球投入产出模型的相关原理，从两个国家的两种产业单传导模型入手，逐步拓展为两个国家多种产业多传导模型以及多个国家多种产业的多传导模型的相关分析，本书在理论层面充分阐释了全球要素分工下贸易驱动经济增长的上述新作用机制。这一研究和发现不仅为深刻理解贸易对经济增长的驱动机制，以及提炼与之相适宜的政策意涵，提供了新的视角和思路；同时也为正确测算贸易对经济增长的实际贡献进而重新审视贸易的经济地位，提供了新的理论基础和测算框架。

　　20世纪80年代以来，伴随产品国际生产分割技术的快速发展，以及贸易和投资自由化制度的全球推行，国际分工形态发生了深刻变化，传统以最终产品为界限的国际分工形态逐步演变为以产品生产环节和阶段为界限的新国际分工，并呈现不断细化之势。由此引发了学术界对"全球要素分工"概念下生产方式演化与创新的广泛探讨。如果说经济增长的过程主要源于各种生产要素投入及其组合方式变化过程,那么价值链分工方式的兴起则是对这一过程和模式的深刻调整,并由此引致其他一系列包括贸易在内的经济活动对经济影响的作用范式。在全球要素分工模式下,贸易的功能已不仅是为实现最终产品价值而进行的国际交换,更承担着为完成最终产品生产而进行的外在流转;或者说,贸易已从简单的连接生产和消费的流通环节,转变为连接不同生产环节和阶段的必要中间过程。从这个意义上讲,全球要素分工已然导致贸易作为国家间"生产—消费"相互作用的中介介质而成为全球化大生产过程的重要一环。这使得贸易的性质发生了根本性的变化,进而对传统国际分工贸易理论的相关分析产生了深刻影响,也带来了巨大挑战。全球要素分工模式下的贸易理论分析亟待创新和完善,包括贸易与经济增长之间的关系需要重新确立与分析。

对外贸易与经济增长关系作为传统国际经济学理论研究的基本理论问题之一,一直是国际经济学领域研究的重要课题,也是一个长期备受争论的话题。对此,国内外学者积累了丰富的理论和经验研究成果。一方面,侧重于理论层面的探讨主要集中于解释贸易尤其是出口是否对经济增长具有重要的驱动作用。对此,学术界的认知有一个动态变化的过程,表现为早期学者基本达成相对一致的认知,肯定了贸易特别是出口在促进经济增长方面的驱动作用,形成了诸如"对外贸易是经济增长的发动机"等重要学说。后来的许多研究尤其是发展经济学家认为,出口并非一定能够驱动经济增长,或者说实现出口驱动经济增长的作用是有条件的。另一方面,侧重于实证层面的研究同样得出了不尽相同的结论。就贸易对经济增长贡献的测算和分析,确实有大量文献证实了贸易对经济增长的显著正向促进作用(Frankel 和 Romer,1999①),但也不乏有否定性的研究文献,例如 Michaely(1977)的实证研究发现,贸易对经济增长并不具有显著影响,杨全发(1998)甚至得出了在某些特定时期会出现负向作用的实证结论。包括近年来出口对经济增长的驱动效益越发屡遭质疑,其作为促进经济增长"三驾马车"之一的传统认知也受到抨击。实证结果出现的巨大差异包括理论研究和实证研究的不一致,纵然与研究者目的、研究视角、样本选取以及研究方法等不同有关,也不排除各项研究的特殊性,但也在一定程度上说明在生产和贸易演化过程中相关理论和实证研究亟待与时俱进。从这一意义上看,实证结果的不一致表面上看

---

① Frankel, Jeffrey A. and Romer, David. Does Trade Cause Growth? [J]. The American Economic Review, 1999, 89 (3): 379-399.

似乎是由于估计和测算方法的偏误所致，但从本质上看，则是对分工演进考虑不足所致。尤其是在当前全球要素分工形态下，贸易通过融入生产环节进而促进经济增长的新机制，经典国际经济理论以及建立在此基础上的实证分析和估算，已然不足以解释在全球要素分工体系下贸易对经济增长的驱动作用。

我们知道，分工是贸易的基础，因此对贸易及其相关问题的分析，必须跳出"就贸易谈贸易"的约束，深入国际分工的本质层面。经典贸易理论下，对国际分工的研究基本停留在最终产品的层面，缺乏从全球要素分工角度的专门分析。进一步地，传统贸易理论重点关注贸易的传统交换性功能，而忽略了价值链分工模式下由于贸易融入生产而引致的生产性功能。在全球要素分工体系下，贸易的性质发生了根本性变化，对经济增长的影响机制也发生了根本性变化。一方面，如果说基于传统国际经济理论的最终产品分工模式，对贸易驱动经济增长的探讨主要聚焦于需求侧，或者说需求拉动层面的话，那么全球要素分工的演进，就是将贸易驱动经济增长的作用机制引申到了供给侧方面的生产领域，即贸易通过影响生产促进经济增长。另一方面，更为重要的是，价值链分工下发生在供给侧方面的作用机制不仅局限在生产领域，而且还会透过消费领域产生往复循环的相互作用机制，通过全球投入产出之间的传导机制驱动经济增长。而这种相互作用不仅表现在国内各部门之间，更突破国界产生了国与国之间的直接作用机制。从上述意义看，在价值链分工体系下，贸易对经济增长的驱动作用将远远突破传统宏观经济学恒等式所揭示的基本原理：出口不再仅对接产品的最终消费环节而对经济增长产生一次性的作用，进口也不再仅作为本国需求"漏出"对经济增长产生挤出效应，而是共同作为价值链后续环节再生产的前提和基础，借助投入产出相互作用的"往复循环传导机制"，通过价值链实现对经济增长的乘数化驱动效应。

由上可知，在全球要素分工已经成为国际分工主导形态的现实背景下，对贸易与经济增长之间关系的理论创新分析，需要充分关注全球要素分工投入产出模式下的新作用机制。而正确测算和评估贸易对经济增长的真实贡献，同样需要有与实践相一致的理论创新作为指导。鉴于此，本书从全球投入产出模型出发，遵循国际经济理论由简到繁的惯常分析逻辑，从两个国家两种产业的单循环模型分析开始，并逐步拓展为两个国家多种产业模型以及多个国家多个产业的多循环模型。力图通过全球投入产出的基本作用机制和传导原理，揭示全球要素分工模式下，贸易对经济增长的新作用机制，并据此在数理层面上明晰"净出口"对经济增长的作用大小不再等于传统意义上的"净出口"本身,而会通过价值链在投入产出的传导过程中产生乘数化"放大"作用。本书不仅有助于更为深刻地理解贸易对经济增长的新作用机制,进而导出新的重要政策意涵,对于正确测算贸易对经济增长的实际贡献,也提供了新的理论指导和测算框架。

第一节 文献回顾

关于对外贸易与经济增长关系的研究,较早的研究可以追溯到亚当·斯密《国富论》中有关对外贸易的论述。斯密认为,出口贸易能够为国内剩余和闲置资源解决"出路"问题,从而有利于扩大生产,促进经济增长[①]。更为重要的是,依托绝对优势理论开展国际分工和贸易,有利于国内资源的优化配置,通过分工与协作提高劳动生产率,从而推动经济增长。这一作用机制在之后的比较优势理论中也有着较为明晰的阐述。自此拉开了对上述问题研究的帷幕。

绝对优势理论和比较优势理论为19世纪工业革命后资本主义国家发展自由贸易奠定了重要理论基础。19世纪率先完成工业革命的资本主义国家,在其对外贸易的扩张中虽然不乏掠夺和剥削行为,但与此同时由于其对一些"新兴"国家初级产品需求的扩大,也在一定程度上刺激了这些国家的经济发展。针对这一历史现象,学者们进行了一些理论探讨和概括,形成了一些较有影响力和代表性的理论,如"对外贸易是经济增长的发动机"理论(Robertson, 1940),以及"大宗产品"理论(Nurkse, 1952)。其基本观点认为,工业革命促使英国经济飞速发展从而对初级产品和大宗产品形成了强劲需求,这种需求通过对外贸易而溢出给其他"新兴"国家并拉动其经济增长,即需求拉动是对外贸易促进经济增长的主要作用机制。

第二次世界大战后,大批殖民地国家摆脱了殖民枷锁并获得政治上的独立,世界政治和经济格局也由此发生了深刻变化。一方面,政治独立并没有完全割断经济上的联系,也并不意味着经济平等,并且囿于自身要素禀赋和长期历史原

---

① [英]亚当·斯密. 国民财富的性质和原因的研究 [M]. 郭大力,王亚南译. 北京:商务印书馆,2010.

因，形成了发展中国家初级产品与发达国家制成品之间相互贸易的新格局。另一方面，随着国际生产模式和技术的不断革新，特别是20世纪末"产品内分工"与"价值链分工"等阶段化专业生产模式以及"第三次工业革命"的出现，促使国际贸易逐步向对接生产工序的层面渗透。在这种新经济格局下，对外贸易是否依然对经济增长具有促进作用，尤其是对发展中国家经济增长是否具有促进作用，学术界的认识开始产生争论和分歧。仍有一部分学者继续遵循"对外贸易是经济增长的发动机"理论以及"大宗产品"理论，坚持认为发展中国家通过融入国际分工和贸易，依托初级产品出口仍然可以带动经济增长，并且还可以通过引进资本设备等方式提高生产率从而促进经济增长（Berrill，1960）。但也有部分学者开始怀疑这种分工模式和格局对发展中国家可能带来的不利影响，重点关注依托发达国家对初级产品而拉动的需求增长，在其作用机制和传导效应中存在"阻断"因素，包括伴随科技革命进步对初级需求的下降，以及初级产品需求的低弹性等（Minyt，1958）。一些发展经济学领域的学者，从工业制成品和初级产品之间"不对等"的关系角度，提出了所谓"贸易条件恶化论"和"中心—外围论"（Prebisch，1949）等重要学说，进一步阐述了发展中国家按照比较优势参与国际分工，可能遭受的损失和破坏，进而对经济增长产生不利影响。还有一些学者区分了国际贸易对发达国家和发展中国家带来的"相反"影响，指出发达国家可以依托制成品出口产生"扩张效应"，促使劳动力从生产效率较低的农业部门流向生产率较高的工业部门，从而促进经济增长；但发展中国家依托初级产品出口则会产生"回荡效应"，抑制工业发展进而降低工人需求，不仅无益于劳动力从农业部门向工业部门转移，甚至会发生反向流动，有碍于经济增长（Myrdal，1956）。此外，针对近年来价值链分工背景下发展中国家受制于贸易的"低端锁定"效应，也有一众学者表达了不同程度的担忧。以中国的制造业出口贸易为例，价值链的片段化生产特征使国内附加值被严重高估，贸易的外泄效用突出（Bond，2005），经济增长并未收获大量贸易利得（Koopman，2012；Stehrer，2013；樊秀峰等，2015）。

由于认识上的分歧和理论分析的不一致，促使越来越多的学者试图从实证层面寻求上述问题的答案。虽然对外贸易能否成为"经济增长的发动机"屡遭质疑，但是基于宏观经济学恒等式的构成及其基本内涵可知，出口贸易是国内生产总值的重要组成部分，因此学者们对出口贸易拉动经济增长的基础性作用大体上还是持肯定态度的，并据此开展了一系列实证研究和测算。然而值得注意的是，即便是聚焦于出口贸易层面的实证研究,所得结论也不一而足。部分研究的实证结论支持出口贸易对经济增长的显著促进作用,并认为出口导向型政策相对于进口导向政策具有一定的优越性(Balassa,1978①;Feder,1982②;Frankel 和 Romer,1999③);也有部分研究指出,出口并非总能促进经济增长,在经济发展水平较低的条件下,出口对经济增长的促进作用并不明显甚至为负,只有在经济发展水平越过特定阶段后,才会转为显著正向影响(Michaely,1977④;杨全发,1998⑤)。另有部分研究表明,出口与经济增长之间并不存在显著统计关系(孙焱林,2000⑥;包群等,2003⑦),至少不存在长期的均衡关系,从长期看,出口贸易对经济增长并不表现为稳定的促进作用(沈程翔,1999⑧;赵陵等,2001⑨)。当然,以往考察出口对经济增长的影响忽略了出口贸易通过其他变量产生的间接作用,因而可能低估了出口对经济增长的作用。对此,有学者改进现有方法并进行了重新估计,得出出口对经济增长具有促进作用的肯定结论(林毅夫和李永军,2003⑩)。如果说,针对出口贸易是否能够拉动经济增长的实证回归分析,尚不属于准确测算的话,那么考虑进口因素后,而对外贸易对经济增长的贡献可以在宏观经济学恒等式基础上加以"精确"测算的,对外贸易对经济增长的贡献取决于"净出口",且"净出口"基数及其变化情况的不确定性是所谓对外贸易对经济增长出现"负贡献"的主要原因(张二震,2013⑪)。

综上所述,学术界关于对外贸易对经济增长作用机制的研究和讨论,已经取

---

① Balassa, B. Exports and Economic Growth: Further Evidence [J]. Journal of Development Economics, 1978 (5): 181 – 189.

② Feder, G. On Exports and Economic Growth [J]. Journal of Development Economics, 1982 (12): 59 – 73.

③ Frankel, Jeffrey A. and Romer, David. Does Trade Cause Growth [J]. The American Economic Review, 1999, 89 (3): 379 – 399.

④ Michaely, M. Exports and Growth: An Empirical Investigation [J]. Journal of Development Economics, 1977 (4): 49 – 53.

⑤ 杨全发. 中国地区出口贸易的产出效应分析 [J]. 经济研究, 1998 (7): 23 – 27.

⑥ 孙焱林. 我国出口与经济增长的实证分析 [J]. 国际贸易问题, 2000 (2): 38 – 42.

⑦ 包群, 许和连, 赖明勇. 贸易开放度与经济增长: 理论及中国的经验研究 [J]. 世界经济, 2003 (2): 10 – 18.

⑧ 沈程翔. 中国出口导向型经济增长的实证分析: 1977 – 1998 [J]. 世界经济, 1999 (12): 26 – 30.

⑨ 赵陵, 宋少华, 宋泓明. 中国出口导向型经济增长的经验分析 [J]. 世界经济, 2001 (8): 14 – 20.

⑩ 林毅夫, 李永军. 出口与中国的经济增长: 需求导向的分析 [J]. 经济学(季刊), 2003 (3): 779 – 794.

⑪ 张二震. 外贸对经济增长是"负贡献"吗 [N]. 人民日报, 2013 – 01 – 29 (007).

得了较为丰硕的成果，存在的相关争论也为后续研究提供了方向和启发。但综观现有相关文献，对分工演进因素的关注较为缺乏，基于价值链分工新贸易模式下的理论分析体系有待于进一步拓展和深化。立足于现有文献，本书力图实现如下几方面的边际贡献：第一，基于全球要素分工的特征事实，从全球投入产出的数理模型出发，厘清贸易对经济增长的作用机制，突破了以往研究停留在定性层面的假说式逻辑推演，试图为贸易驱动经济增长的作用机制提供一个更为严谨的数理模型。第二，对作用机制的探讨，突破以往"就贸易谈贸易"的单一元素分析法，在数理模型框架内，充分考虑到国家间、部门间、变量间的相互作用和动态影响，重点就出口和进口相互作用下的"完整贸易"进行深入探讨，而不局限于其中的某一方面。第三，基于投入产出模型的推导，为全球要素分工条件下测算贸易对经济增长的贡献提供一个更为精准的理论框架，弥补以往基于宏观经济恒等式研究的不足之处。并基于推演结论，探究借助对外贸易促进经济增长新的重要政策意涵。

第二节　两国两产业单循环贸易模型

在深入研究基于投入产出循环作用的复杂国际贸易机理之前，为便于理解，本书沿袭国际经济研究由简入繁的惯常逻辑，首先将国际贸易简化为仅有两个国家、两种产品进行国际交换的贸易模型，并暂且忽略由于投入产出之间相互作用引致的乘数效应，仅就一国出口变动起到另一国出口变动止的单方向作用过程，初步探究投入产出机制下净出口对产出的影响机制。

假设国际贸易体系中有两个国家，分别为国家1和国家2；世界市场上有且仅有两种产品参与贸易交换。基于比较优势原理，为便于对应，假设国家1在产品1的生产方面具有比较优势，国家2在产品2的生产方面具有比较优势，因此，国家1向国家2出口产品1并进口产品2。需要注意的是，在价值链贸易的投入产出机制下，两种产品均可既作为直接消费品，又作为中间投入品参与另一产品的生产。两国的进口与出口也因之包含中间品和最终品两个部分。由此可得国家1和国家2的产出等式如下：

$$\begin{cases} x_1 = a_{11}x_1 + a_{12}x_2 + y_{11} + y_{12} \\ x_2 = a_{21}x_1 + a_{22}x_2 + y_{21} + y_{22} \end{cases} \quad (2-1)$$

其中，以国家 1 为例，x_1 表示国家 1 的总产出，由两个部分组成，一部分作为中间品被消费，体现为 $(a_{11}x_1 + a_{12}x_2)$，$a_{11}x_1$ 表示产品 1 用于国家 1 生产的国内中间品投入，$a_{12}x_2$ 表示产品 1 用于国家 2 生产的中间品投入，即国家 1 的中间品出口，也就是国家 2 的中间品进口，a_{11}、a_{12} 分别表示产品 1 对产品 1 和产品 2 的投入产出系数；另一部分作为最终品被消费，体现为 $(y_{11} + y_{12})$，y_{11} 表示产品 1 作为最终品在国家 1 的消费，y_{12} 表示产品 1 作为最终品在国家 2 的消费，即国家 1 的最终品出口，也就是国家 2 的最终品进口。国家 2 的相关表述同理。

直接对方程（2-1）求解，得：

$$\begin{cases} x_1 = \dfrac{a_{12}}{(1-a_{11})(1-a_{22}) - a_{12}a_{21}}(y_{21} + y_{22}) + \dfrac{1-a_{22}}{(1-a_{11})(1-a_{22}) - a_{12}a_{21}}(y_{11} + y_{12}) \\ x_2 = \dfrac{a_{21}}{(1-a_{11})(1-a_{22}) - a_{12}a_{21}}(y_{11} + y_{12}) + \dfrac{1-a_{11}}{(1-a_{11})(1-a_{22}) - a_{12}a_{21}}(y_{21} + y_{22}) \end{cases}$$
$$(2-2)$$

上式（2-2）解释了各国对各产品的最终消费需求是如何影响两国产出的。以国家 1 为例，若国家 1 的最终产品出口增加 Δy_{12}，则国家 1 的出口增加额 Δe_1 可由中间品出口 $a_{12}\Delta x_2$ 和最终品出口 Δy_{12} 两部分构成：

$$\Delta e_1 = a_{12}\Delta x_2 + \Delta y_{12} \quad (2-3)$$

对式（2-2）求国家 2 产出 x_2 关于国家 1 最终品出口 y_{12} 的导数，得出：

$$\frac{\partial x_2}{\partial y_{12}} = \frac{a_{21}}{(1-a_{11})(1-a_{22}) - a_{12}a_{21}}$$

由此，国家 1 最终产品出口增加 Δy_{12} 将引致国家 2 的产出增加：

$$\Delta x_2 = \frac{a_{21}}{(1-a_{11})(1-a_{22}) - a_{12}a_{21}} \Delta y_{12}$$

代入式（2-3），得：

$$\Delta e_1 = \left[\frac{a_{12}a_{21}}{(1-a_{11})(1-a_{22}) - a_{12}a_{21}} + 1 \right] \Delta y_{12} = \frac{(1-a_{11})(1-a_{22})}{(1-a_{11})(1-a_{22}) - a_{12}a_{21}} \Delta y_{12}$$
$$(2-4)$$

在两国模型中，一国的出口 Δe 即为另一国进口 Δm，且 $\Delta e_1 = \Delta m_2$，$\Delta e_2 = \Delta m_1$。为计算国家 1 的净出口，与上述同理，可得国家 2 的出口增加额 Δe_2 为：

$$\Delta e_2 = a_{21} \Delta x_1 + \Delta y_{21} \qquad (2-5)$$

对式（2-2）求国家 1 产出 x_1 关于国家 1 最终品出口 y_{12} 的导数，得出：

$$\frac{\partial x_1}{\partial y_{12}} = \frac{1 - a_{22}}{(1 - a_{11})(1 - a_{22}) - a_{12} a_{21}} \qquad (2-6)$$

因此，国家 1 最终产品出口增加 Δy_{12} 将引致国家 1 的产出增加：

$$\Delta x_1 = \frac{1 - a_{22}}{(1 - a_{11})(1 - a_{22}) - a_{12} a_{21}} \Delta y_{12} \qquad (2-7)$$

基于本部分模型对贸易的单循环设定，不考虑国家 2 最终产品的出口需求变化，也即假设国家 2 产出变化全部由本国国内消费吸收，而不再增加出口反作用于国家 1 产出，即 $\Delta y_{21} = 0$。将之与式（2-7）共同代入式（2-5），得出国家 2 的出口增加额 Δe_2 为：

$$\Delta e_2 = \frac{a_{21}(1 - a_{22})}{(1 - a_{11})(1 - a_{22}) - a_{12} a_{21}} \Delta y_{12}$$

综上，国家 1 的净出口增加额 $\Delta(e_1 - m_1)$ 为：

$$\Delta(e_1 - m_1) = \Delta e_1 - \Delta m_1 = \Delta e_1 - \Delta e_2 = \frac{(1 - a_{11} - a_{21})(1 - a_{22})}{(1 - a_{11})(1 - a_{22}) - a_{12} a_{21}} \Delta y_{12}$$

得出国家 1 最终品出口 y_{12} 对国家 1 净出口 $(e_1 - m_1)$ 的作用系数为：

$$\frac{\partial(e_1 - m_1)}{\partial y_{12}} = \frac{(1 - a_{11} - a_{21})(1 - a_{22})}{(1 - a_{11})(1 - a_{22}) - a_{12} a_{21}} \qquad (2-8)$$

将式（2-6）与式（2-8）相比，得出国家 1 净出口对产出的影响系数为：

$$\frac{\partial x_1}{\partial(e_1 - m_1)} = \frac{1}{(1 - a_{11} - a_{21})} \qquad (2-9)$$

上式表明，在两国两产业单循环模式下，由于经济体之间的投入产出关系，当一国净出口增加 1 个单位时，该国产出将增加 $(1 - a_{11} - a_{21})^{-1}$ 个单位。在投入产出模式下，由于存在生产的国内附加值，因此 $a_{11} + a_{21} \leq 1$，进而可知净出口对产出的作用系数不是 1，而是一个比 1 大的常数。而 $(1 - a_{11} - a_{21})$ 恰好表示国家 1 的附加值率，也就是说，该国产业的产出附加值系数越高，净出口对产出的乘数效应越接近宏观经济恒等式中为 1 的理论作用。从中不难看出，只有当 a_{11} 和 a_{21} 都等于 0 时，"净出口"对产出的贡献才是宏观经济学恒等式所揭示的情形。若要满足 a_{11} 和 a_{21} 都等于 0，实际上意味着"产出"是最终的而不存在用作中间投入问题，也只有在假定不存在所谓中间投入问题时，才能确保最终产出的"附加值率"等于 1。当"产出"是最终的而不存在用作中间投入时，从国际分工角度看，实质上就意味着国与国之间的分工边界必然是"最终产品"。但是，一旦当国与国之间的分工突破了"最终产品"的边界，即有了中间投入情况的发生，那么 a_{11} 与 a_{21} 之和将不再等于 0，于是就会出现 $(1 - a_{11} - a_{21}) > 1$ 的结果，也就是说"净出口"对产出的贡献将会超越"净出口"本身的绝对量水平而产生一个乘数式的放大效应。

由此可见，宏观经济学恒等式对贸易促进经济增长作用的解释，只不过是本书上述模型所揭示的理论机制中的一个特例和极端情况。宏观经济恒等式表述的贸易促进经济增长作用机制，实际上忽略了生产的中间品投入环节，将出口产品完全等同于由本国直接创造的最终产品附加值部分时，"净出口"对产出的作用系数将会等于1。这种状况只不过是全球要素分工中的一种极限情形，或者说是当不存在中间品跨境流动时的特殊情境下的国际分工和贸易情形。只不过对于这种特殊和极限情形，我们通常更习惯于把它称作传统国际分工模式。伴随国际分工演进尤其是全球要素分工的不断深化发展，传统国际分工和贸易模式逐步转变为价值链贸易模式，跨境流动不再局限于最终产品，且产出从使用角度看也不仅局限于最终产品，同时还存在着用于扩大生产的中间投入。此时，进出口不再仅仅是最终产品，越来越多地表现为中间投入品；贸易不仅体现为对国内外最终消费需求的反映，更体现在其对生产环节上的作用。在此条件下，贸易对经济增长的作用借助投入产出关系作用被乘数性地放大，且这种投入产出关系作用力越大，致使净出口对经济增长的作用也就越大。从上述意义看，如果说宏观经济学恒等式是在"投入产出关系作用力为0"的极限假定条件下，第一次从数理逻辑上阐释了贸易特别是"净出口"对经济增长的作用原理的话，那么本书上述所阐释的简单理论模型，则是将贸易促进经济增长的作用原理推向了一般化和普遍化，从而更加具有普遍性和适用性，即分工演进不同发展阶段或情形下，由于"投入产出关系作用力"不同导致贸易对经济增长的驱动效应也会不尽相同。

第三节　两国多产业多循环贸易模型

在前述研究的基础之上，借鉴 Koopman（2010）对价值链投入产出问题的分析逻辑，将两个国家单产业的投入产出矩阵拓展为多产业矩阵，与此同时，本节放开"国家 2 产出完全由本国国内消费吸收,最终产品出口无变化"的单循环假设,考虑由于国家 1 产出变动引致国家 2 产出变动,进而引起国家 2 出口变动并反作用于国家 1 生产,再如此往复的多循环情形,将两个国家单一产业的单循环模型扩展为两个国家多种产业的多循环模型。

与前文分析的假定逻辑一致,此处仍然假设国际贸易体系中有两个国家,分别为国家 1 和国家 2,结合目前全球投入产出表的基本结构,可设两国各自生产 N 种产业参与全球要素分工和贸易,两国的投入产出矩阵形式如下:

$$\begin{pmatrix} X_1 \\ X_2 \end{pmatrix} = \begin{pmatrix} A_{11} & A_{12} \\ A_{21} & A_{22} \end{pmatrix} \begin{pmatrix} X_1 \\ X_2 \end{pmatrix} + \begin{pmatrix} Y_{11} + Y_{12} \\ Y_{21} + Y_{22} \end{pmatrix} \quad (2-10)$$

以国家 1 为例,其中,X_1 表示国家 1 的 N 种产业的 $N \times 1$ 阶总产出向量;Y_{11} 表示国家 1 的国内最终消费需求 $N \times 1$ 阶向量;Y_{12} 表示在国家 1 的生产被国家 2 最终消费的 $N \times 1$ 阶需求向量,也就是国家 1 的最终品出口或者说国家 2 的最终品进口向量。国家 2 的相关表述同理。$2N \times 2N$ 阶矩阵 (A_{ij}) 表示两国各产业之间的投入产出系数矩阵,该矩阵中元素 A_{ij} 表示 i 国各产业投入对 j 国各产业产出的 $N \times N$ 阶相关系数矩阵,矩阵中元素 $a_{n,m,ij}$ 表示 j 国 m 产业产出需要投入的 i 国 n 产业的占比。

式(2-10)可化简得:

$$\begin{pmatrix} Y_{11} + Y_{12} \\ Y_{21} + Y_{22} \end{pmatrix} = \begin{pmatrix} I - A_{11} & -A_{12} \\ -A_{21} & I - A_{22} \end{pmatrix} \begin{pmatrix} X_1 \\ X_2 \end{pmatrix} \quad (2-11)$$

由式(2-11)可知,针对国家 1 而言:

$$Y_{11} + Y_{12} = (I - A_{11})X_1 - A_{12}X_2 \quad (2-12)$$

遵循前述"两国两产业单循环模型"的一致逻辑,首先假设国家 1 产业 n 最终产品的出口需求增加 $e_{n,1}$,则国家 1 各产业出口向量 E_1 为 $N \times 1$ 阶向量。由前文的理论逻辑可知,如果国家 1 各产业最终产品出口为 E_1,回溯这部分出口的生产来源可知,由此引起的产出增长 ΔX_1 满足如下条件:

$$E_1 = (I - A_{12})(I - A_{11})\Delta X_1$$

上式表示为生产 E_1 的最终消费品,首先,应扣除本国对本国中间品投入 $A_{11} \Delta X_1$,即表示为 $(I - A_{11})\Delta X_1$;其次,该最终产出中还必须扣除作为中间品出口到国外的部分 $A_{12}(I - A_{11})\Delta X_1$,即表示为 $(I - A_{12})(I - A_{11})\Delta X_1$。由此可知,国家 1 由于最终品出口增长而引致的产出增量 ΔX_1 表示为:$\Delta X_1 = \dfrac{I}{(I - A_{11})} \dfrac{I}{(I - A_{12})} E_1$。

将 ΔX_1 代入式(2-12)右端,再将国家 1 对国家 2 的最终品出口向量 E_1 代入式(2-12)左端,调整方程左右平衡:

$$Y_{11} + Y_{12} + E_1 = (I - A_{11})\left[X_1 + \frac{I}{(I - A_{11})}\frac{I}{(I - A_{12})}E_1\right] - A_{12}X_2 - \frac{A_{12}}{(I - A_{12})}E_1$$

$$Y_{11} + Y_{12} + E_1 = (I - A_{11})\left[X_1 + \frac{I}{(I - A_{11})}\frac{I}{(I - A_{12})}E_1\right] - A_{12}\left[X_2 + \frac{I}{(I - A_{12})}E_1\right]$$

由此可得国家 1 最终产品出口引致两国产出 X_1、X_2 的变化量为:

$$\begin{cases} \Delta X_{1(1)} = \dfrac{I}{(I - A_{11})}\dfrac{I}{(I - A_{12})}E_1 \\ \Delta X_{2(1)} = \dfrac{I}{I - A_{12}}E_1 \end{cases} \quad (2-13)$$

据此可知由于产出变化而导致国家 2 的产出中用作最终产品的总需求变动 ΔY_2 如下:

$$\Delta Y_2 = -A_{21}\frac{I}{(I - A_{11})}\frac{I}{(I - A_{12})}E_1 + (I - A_{22})\frac{I}{(I - A_{12})}E_1$$

求矩阵 ΔY_2 对矩阵 E_1 的导数,所得结果表示:国家 1 各产业出口引致产出变动,进而由于产出变动对国家 2 各产业产出中用作最终消费需求的影响,求导后的影响因子矩阵为:

$$P = \frac{\partial \Delta Y_2}{\partial E_1} = \left[-A_{21}\frac{I}{(I - A_{11})}\frac{I}{(I - A_{12})} + (I - A_{22})\frac{I}{(I - A_{12})}\right] \quad (2-14)$$

此外,由于国家 2 同时消费了从国家 1 进口的最终品 E_1,为了分析方便,我们可以先假定国家 2 对最终产品的消费总额保持不变,也就是 Y_{22} 与 Y_{12} 之和不变,那么从国家 1 进口的最终消费品 E_1,在引起 Y_{12} 增加 E_1 的同时,必然会导致两国原有供本国消费的自有产出 Y_{22} 中有等量的部分被挤出,而这一被挤出的"等量部分",会与上述由于产出变动直接引致的最终品产出变动 PE_1 一起,重新在国家 1 和国家 2 之间进行消费分配,或者说以一定比例分别被本国和外国吸收,进而形成一国出口对另一国国内消费和最终品出口的影响。由此可知,国家 1 最终品出口引致国家 2 产出中用作最终品消费的变动量为 $(I + P)E_1$,作用系数矩阵为 $(I + P)$。

可以证明:

$$I + P = I - A_{21}\frac{I}{(I - A_{11})}\frac{I}{(I - A_{12})} + (I - A_{22})\frac{I}{(I - A_{12})}$$

$$I + P = \left[I - A_{12} + I - A_{12} - A_{21}\frac{I}{I - A_{11}}\right]\frac{I}{(I - A_{12})}$$

$$I + P = \left[I - A_{12} - A_{22} + \frac{I - A_{11} - A_{21}}{I - A_{11}}\right]\frac{I}{(I - A_{12})}$$

结合投入产出表的相关原理可知，$(1 - a_{n,m,11} - a_{n,m,21}) > 0$，$(1 - a_{n,m,12} - a_{n,m,22}) > 0$，$(1 - a_{n,m,11}) > a_{n,m,12} > 0$，$(1 - a_{n,m,22}) > 0$，$(1 - a_{n,m,12}) > 0$，因此，作用系数矩阵$(I + P)$的各对角元素均为正，即在投入产出机制下，国家 1 各产业最终品出口的增长必定会引致国家 2 与之相应产业最终品消费的增长。

与上述针对国家 1 的研究同理，对国家 2 而言：

$$Y_{21} + Y_{22} = - A_{21}X_1 + (I - A_{22})X_2 \quad (2-15)$$

同样假设国家 2 产业 m 最终产品的出口需求增加 $e_{m,2}$，各产业出口向量 E_2 为 $N \times 1$ 阶向量。与前述分析国家 1 时同理，如果国家 2 各产业最终产品出口为 E_2，那么由此引起的最终产出增长 ΔX_2 满足如下条件：

$$E_2 = (I - A_{21})(I - A_{22})\Delta X_2$$

上式表示为生产 E_2 的最终消费品，首先，应扣除本国对本国中间品投入 $A_{22}\Delta X_2$，即表示为 $(I - A_{22})\Delta X_2$；其次，该最终产出中还必须扣除作为中间品出口到国外的部分 $A_{21}(I - A_{22})\Delta X_2$，即表示为 $(I - A_{21})(I - A_{22})\Delta X_2$。由此可知，国家 2 由于最终品出口增长而引致的产出增量 ΔX_2 表示为 $\Delta X_2 = \frac{I}{(I - A_{22})}\frac{I}{(I - A_{21})}E_2$。

将 ΔX_2 代入式（2-14），调整方程平衡，得出：

$$Y_{21} + Y_{22} + E_2 = - A_{21}X_1 + (I - A_{22})\left[X_2 + \frac{I}{(I - A_{22})}\frac{I}{(I - A_{21})}E_2\right] - \frac{A_{21}}{(I - A_{21})}E_2$$

$$Y_{21} + Y_{22} + E_2 = - A_{21}\left[X_1 + \frac{I}{(I - A_{21})}E_2\right] + (I - A_{22})\left[X_2 + \frac{I}{(I - A_{22})}\frac{I}{(I - A_{21})}E_2\right]$$

据此导出两国产出 X_1、X_2 的变化量：

$$\begin{cases}\Delta X_{1(2)} = \dfrac{I}{(I - A_{21})}E_2 \\ \Delta X_{2(2)} = \dfrac{I}{(I - A_{22})}\dfrac{I}{(I - A_{21})}E_2\end{cases} \quad (2-16)$$

代入式（2-12），求得国家 2 出口引致国家 1 产出中用作最终产品总需求的变动 ΔY_1 如下：

$$\Delta Y_1 = (I - A_{11})\frac{I}{(I - A_{21})}E_2 - A_{12}\frac{I}{(I - A_{22})}\frac{I}{(I - A_{21})}E_2$$

进一步地,求矩阵 ΔY_1 对矩阵 E_2 的导数,所得结果即表示国家 2 各产业出口引致产出变动,进而由产出变动对国家 1 各产业产出中用作最终消费需求的影响,求导后的影响因子矩阵为:

$$Q = \frac{\partial \Delta Y_1}{\partial E_2} = \left[(I - A_{11}) \frac{I}{(I - A_{21})} - A_{12} \frac{I}{(I - A_{22})} \frac{I}{(I - A_{21})} \right] \quad (2-17)$$

与上文分析国家 1 时的情形同理,可得出国家 2 最终品出口引致国家 1 各产业产出中用作最终品消费的变动量为 $(I+Q)E_2$,作用系数矩阵为 $(I+Q)$,且可以证明,该矩阵 $(I+Q)$ 的各对角元素均为正数。表明在投入产出机制下,国家 2 各产业最终品出口的增长也必定会引起国家 1 与之对应产业最终品消费的增长。

由于全球要素分工条件下存在投入产出关系,因此国家 1 出口增长必然引致国家 2 出口增长,而国家 2 出口增长又将进一步反作用促进国家 1 出口增长,国家 1 出口增长再影响到国家 2 出口增长……如此往复循环。因此在前述基础上,我们可以进一步推导在投入产出的传导机制作用下,一国出口增长对本国产出的乘数效应。

假设国家 1 产业 n 的最终品出口增加 $\Delta e_{n,1}$,一国最终品出口增加会在投入产出机制下引致另一国产出的最终消费品变动 $\Delta y_{n,2}$,对于两国的所有产业而言,设国家 2 各产业的总消费需求增量可用 $N \times 1$ 阶向量 ΔY_2 表示,包括国内与国外的共同消费需求;国家 1 各产业的出口增量可用 $N \times 1$ 阶向量 ΔE_1 表示。由式 (2-14) 可知,$\Delta Y_2 = P \Delta E_1$。根据前文分析可知,国家 2 各产业的总消费需求增量也就是式 (2-15) 左端增量虽表现为 ΔY_2,但实际上还存在对本国生产本国消费部分最终品 ΔE_1 的挤出,只不过该效应被相应减少的国内自身消费抵消,因此,国家 1 最终品出口增加 ΔE_1,对国家 2 生产的用于在出口和本国消费间重新配置的最终品消费变动量为 $(I+P) \Delta E_1$。

假设国家 2 产业 m 用于重新分配的最终消费变动的 $(I+P)\Delta E_1$ 部分中,由海外市场国家 1 吸收的比例为 $c_{m,2}$ $(c_{m,2} \in [0,1])$,国家 2 各产业产出中用作最终消费的出口占比为 $N \times N$ 阶对角矩阵 C_2;国家 2 各产业产出中用作最终消费的本国国内市场吸收的比例为 $(1 - c_{m,2})$,国家 2 各产业最终消费的国内消费占比为 $N \times N$ 阶对角矩阵 $(I - C_2)$。

得出国家 2 的 $N \times 1$ 阶最终产品出口增加额向量 ΔE_2 为:

$\Delta E_2 = (I+P) C_2 \Delta E_1$

此过程中引起的产出变动为 $\Delta X_{1(1)}$、$\Delta X_{2(1)}$，与式（2-13）类似。

$$\begin{cases} \Delta X_{1(1)} = \dfrac{I}{(I-A_{11})} \dfrac{I}{(I-A_{12})} \Delta E_1 \\ \Delta X_{2(1)} = \dfrac{I}{I-A_{12}} \Delta E_1 \end{cases}$$

该出口变动额相当于在国家 2 投入产出等式（2-15）左端引入 ΔE_2。由上述研究可知，此时国家 2 的出口变动额进一步反作用于国家 1，同样通过最终品消费带来的直接影响和生产中间品带来的间接影响，共同引致国家 1 产出中用作最终产品消费的变动 $N \times 1$ 阶向量 ΔY_1 为：

$$\Delta Y_1 = Q\Delta E_2 = Q(I+P)C_2\Delta E_1$$

基于同样的逻辑，国家 1 受进口国家 2 最终消费品的直接影响，以及国家 2 出口变动引起两国产出变动进而影响最终品消费的间接影响，根据式（2-17）可知其产出中用作最终品消费的总变动为 $(I+Q)\Delta E_2$。而其中不被国内消费吸收的部分又将通过出口反过来进一步作用于国家 2。遵循上述研究的一致逻辑，进一步假设其中国家 1 产出中用作最终产品需求增长部分由国外市场吸收的比例由 $N \times N$ 阶对角矩阵 C_1 表示，矩阵中各对角元素 $c_{n,1} \in [0,1]$，因此，由国内市场吸收的比例可由矩阵 $(I-C_1)$ 表示。得出国家 1 最终产品出口增加额 ΔE_3 为：

$$\Delta E_3 = (I+Q)C_1\Delta E_2 = (I+Q)(I+P)C_1C_2\Delta E_1$$

此过程中引起与式（2-16）类似的产出变动 $\Delta X_{1(2)}$、$\Delta X_{2(2)}$ 为：

$$\begin{cases} \Delta X_{1(2)} = \dfrac{I}{(I-A_{21})} \Delta E_2 \\ \Delta X_{2(2)} = \dfrac{I}{(I-A_{22})} \dfrac{I}{(I-A_{21})} \Delta E_2 \end{cases}$$

该部分的最终品出口增量 ΔE_3 是被国家 2 最终产品消费所吸收的，因此，由 ΔE_3 引致的国家 2 各产业产出中用作最终品消费的增加额向量 ΔY_4 可表述为：

$$\Delta Y_4 = P\Delta E_3 = P(I+P)(I+Q)C_1C_2\Delta E_1$$

进一步地，重复上述循环过程，根据式（2-14）可知，国家 1 最终产品出口增加额 ΔE_3 又会引致国家 2 最终品出口增加 ΔE_4，并由国家 1 最终产品消费增加 ΔY_3 予以吸收。在此过程中又将进一步形成产出的变动量 $\Delta X_{1(3)}$、$\Delta X_{2(3)}$，与式（2-13）的逻辑一致，以此类推：

$$\Delta E_4 = (I+P)C_2\Delta E_3 = (I+P)^2(I+Q)C_1C_2{}^2\Delta E_1$$

$$\Delta Y_3 = Q\Delta E_4 = Q(I+P)^2(I+Q)C_1C_2{}^2\Delta E_1$$

$$\begin{cases} \Delta X_{1(3)} = \dfrac{I}{(I-A_{11})} \dfrac{I}{(I-A_{12})} \Delta E_3 \\ \Delta X_{2(3)} = \dfrac{I}{I-A_{12}} \Delta E_3 \end{cases}$$

……

综上所述,得出两国多产业多循环模型如下:

$$\begin{pmatrix} Y_{11}+Y_{12}+\Delta E_1+\Delta Y_1+\Delta Y_3+\cdots \\ Y_{21}+Y_{22}+\Delta Y_2+\Delta Y_4+\cdots \end{pmatrix} = \begin{pmatrix} I-A_{11} & -A_{12} \\ -A_{21} & I-A_{22} \end{pmatrix} \\ \begin{pmatrix} X_1+\Delta X_{1(1)}+\Delta X_{1(2)}+\Delta X_{1(3)}+\cdots \\ X_2+\Delta X_{2(1)}+\Delta X_{2(2)}+\Delta X_{2(3)}+\cdots \end{pmatrix} \quad (2-18)$$

基于前述研究结论,在投入产出传导机制作用下,经无穷次循环取极限值后,可计算国家1、国家2各产业的最终产品出口增加额向量 E_1、E_2 分别为:

$$E_1 = \sum_{n=1}^{\infty} \Delta E_{2n-1} = \Delta E_1 + (I+P)(I+Q)C_1 C_2 \Delta E_1 + [(I+P)(I+Q)C_1 C_2]^2 \\ \Delta E_1 + \cdots = \dfrac{\Delta E_1}{I-(I+P)(I+Q)C_1 C_2} \quad (2-19)$$

$$E_2 = \sum_{n=1}^{\infty} \Delta E_{2n} = (I+P)C_2 \Delta E_1 + (I+P)^2(I+Q)C_1 C_2^2 \\ \Delta E_1 + \cdots = \dfrac{(I+P)C_2 \Delta E_1}{I-(I+P)(I+Q)C_1 C_2} \quad (2-20)$$

基于式(2-10),由投入产出机制可知,国家1、国家2的中间产品出口增加额向量为:

$$E_{12} = A_{12}\Delta X_2 = A_{12}\dfrac{I}{I-A_{12}}E_1 + A_{12}\dfrac{I}{(I-A_{22})}\dfrac{I}{(I-A_{21})}E_2 \quad (2-21)$$

$$E_{21} = A_{21}\Delta X_1 = A_{21}\dfrac{I}{I-A_{21}}E_2 + A_{21}\dfrac{I}{(I-A_{11})}\dfrac{I}{(I-A_{12})}E_1 \quad (2-22)$$

其中,ΔX_1、ΔX_2 分别为国家1、国家2的总产出增加额。在两国贸易条件下,国家2的最终品和中间品出口即为国家1的最终品和中间品进口,由此可得国家1的净出口增加额 $(\Delta E - \Delta M)_1$ 为:$(\Delta E - \Delta M)_1 = E_1 - E_2 + E_{12} - E_{21}$

将式(2-19)~式(2-22)代入上式可重新表述为:

$$(\Delta E - \Delta M)_1 = \left[(I - A_{11} - A_{21}) \frac{I}{(I - A_{11})} \frac{I}{(I - A_{12})} \right]$$

$$E_1 - \left[(I - A_{22} - A_{12}) \frac{I}{(I - A_{22})} \frac{I}{(I - A_{21})} \right] E_2$$

$$= \frac{\Delta E_1}{1 - (I + P)(I + Q) C_1 C_2} \left[(I - A_{11} - A_{21}) \frac{I}{(I - A_{11})} \frac{I}{(I - A_{12})} - \right.$$

$$\left. (I - A_{22} - A_{12}) \frac{I}{(I - A_{22})} \frac{I}{(I - A_{21})} C_2 (I + P) \right] \qquad (2-23)$$

进一步地，国家1的产出增加额可表示为：

$$\Delta X_1 = \frac{I}{I - A_{21}} E_2 + \frac{I}{(I - A_{11})} \frac{I}{(I - A_{12})} E_1$$

将式（2-19）、式（2-20）代入后化简，可得：

$$\Delta X_1 = \frac{\Delta E_1}{1 - (I + P)(I + Q) C_1 C_2} \left[\frac{I}{(I - A_{11})} \frac{I}{(I - A_{12})} + \frac{I}{(I - A_{21})} C_2 (I + P) \right]$$

$$(2-24)$$

此外，基于式（2-10），由投入产出机制可知，国家1对本国最终品消费的增加额 ΔY_{11} 为：

$$\Delta Y_{11} = (1 - C_1) \sum_{n=1} (I + Q) \Delta E_{2n}$$

$$= (I + P)(I + Q)(1 - C_1) C_2 \Delta E_1 + (I + P)^2 (I + Q)^2 C_2^2 (I - C_1) C_1 \Delta E_1 + \cdots$$

求和并取极限后，上式可化简得：

$$\Delta Y_{11} = \frac{(I + P)(I + Q)(I - C_1) C_2 \Delta E_1}{I - (I + P)(I + Q) C_1 C_2} \qquad (2-25)$$

由上述研究可知，贸易在促进产出增长的同时，也促进了国内消费的提升，因此，为更准确地考察贸易对产出的作用情况，应剔除本国最终品消费变动对生产总值的影响，即考察净出口变动差额 $(\Delta E - \Delta M)_1$ 对总产出与国内消费之差 $(\Delta X_1 - \Delta Y_{11})$ 的净作用。由此求得国家1净出口对产出的作用系数为 $N \times N$ 阶矩阵 F：

$$F = \frac{\partial (\Delta X_1 - \Delta Y_{11})}{\partial (\Delta E - \Delta M)_1} = \frac{\frac{I}{(I - A_{11})} \frac{I}{(I - A_{12})} + \frac{I}{(I - A_{21})} (I + P)}{C_2 - (I + P)(I + Q) C_2 (I - C_1)}$$

$$\underline{\qquad \qquad (I - A_{11} - A_{21}) \frac{I}{(I - A_{11})} \frac{I}{(I - A_{12})} - (I - A_{22} - }$$

$$A_{12}) \frac{I}{(I - A_{22})} \frac{I}{(I - A_{21})} C_2 (I + P) \qquad (2-26)$$

由前文分析可知,矩阵 $(I-C_1)$、C_2 中各对角元素 $c_{n,1} \in [0,1]$、$c_{m,2} \in [0,1]$;且矩阵 $I-A_{22}$、$I-A_{11}$、$I-A_{12}$、$I-A_{21}$、$(I+P)$、$(I+Q)$ 中各对角元素均为正数。

可以证明:

$(\Delta X_1 - \Delta Y_{11}) - (\Delta E - \Delta M)_1$

$= (A_{11} + A_{21}) \dfrac{I}{(I-A_{11})} \dfrac{I}{(I-A_{12})} +$

$\left[\dfrac{I}{(I-A_{21})} - (I+Q)(I-C_1) + (I-A_{22}-A_{12}) \dfrac{I}{(I-A_{22})} \dfrac{I}{(I-A_{21})} \right](I+P)C_2 >$

$\left[\dfrac{I}{(I-A_{21})} - (I+Q) + (I+Q)C_1 + (I-A_{22}-A_{12}) \dfrac{I}{(I-A_{22})} \dfrac{I}{(I-A_{21})} \right](I+P)C_2$

将上式中 Q 代入,整理得:

$= \left[\dfrac{I}{(I-A_{21})} + (I+Q)C_1 - \left(I-A_{21}-A_{11} + \dfrac{I-A_{22}-A_{12}}{I-A_{22}} \right) \dfrac{I}{(I-A_{21})} + \right.$

$\left. (I-A_{22}-A_{12}) \dfrac{I}{(I-A_{22})} \dfrac{I}{(I-A_{21})} \right](I+P)C_2$

$= \left[(I+Q)C_1 + (A_{21}+A_{11}) \dfrac{I}{(I-A_{21})} \right](I+P)C_2$

由此可知,$(\Delta X_1 - \Delta Y_{11}) - (\Delta E - \Delta M)_1$ 的对角元素均大于 0,即矩阵 $(\Delta X_1 - \Delta Y_{11})$ 的对角元素均大于矩阵 $(\Delta E - \Delta M)_1$ 的相应元素值。一般情况下,当上述两矩阵的对角元素数值同号时,国家 1 净出口对产出的作用系数为 $N \times N$ 阶矩阵 F 中对角元素 f_{nm} 均大于 1。但在理论上也不否认存在二者异号的可能,即矩阵 $(\Delta X_1 - \Delta Y_{11})$ 的对角元素数值为正,而矩阵 $(\Delta E - \Delta M)_1$ 的相应元素数值为负,此时,国家 1 净出口对产出的作用系数为 $N \times N$ 阶矩阵 F 中对角元素 f_{nm} 均小于 -1。

可见,在两国多产业多循环模式下,依然可以得到与两国两产业单循环模型基本一致的结论。即一国某产业"净出口"的增加对该产业产出增加的作用系数大于 1。而对单循环模式进一步拓展得出,在投入产出机制下,即便净出口为负时贸易依然可以对经济增长产生大于 1 的促进作用,而非传统意义上对经济增长的抑制效应。

第四节 多国多产业多循环贸易模型

在前述两部分理论研究的基础上，本部分沿袭与上文一致的研究逻辑，进一步放开"国际贸易体系中仅有两个国家"的模型假设，将"两国多产业多循环模型"扩展为"多国多产业多循环模型"，以期获得更贴近贸易现实的研究结论。

假设国际贸易体系中有 J 个国家，各国均生产 N 种产业参与全球要素分工和贸易，在现有价值链投入产出结构下，各国投入产出恒等式可表述为：

$$X_i = A_{ii}X_i + A_{ij}X_j + Y_{ii} + Y_{ij} \quad (2-27)$$

式（2-27）刻画了投入产出机制下一国全部产出的若干去向，一部分作为中间品投入，用于本国及其他国家的再生产，如 $(A_{ii}X_i + A_{ij}X_j)$ 所示；另一部分作为最终品，被国内市场和国外市场所消费，如 $(Y_{ii} + Y_{ij})$ 所示。其中，X_i、X_j 分别表示 i 国和 j 国的总产出；Y_{ii}、Y_{ij} 表示 i 国产出分别在 i 国和 j 国作为最终消费需求部分。A_{ii}、A_{ij} 分别表示 i 国对 i 国、i 国对 j 国的投入产出系数矩阵。

将式（2-23）改写为多国多产业的投入产出矩阵形式，可得：

$$\begin{pmatrix} X_1 \\ X_2 \\ \vdots \\ X_j \end{pmatrix} = \begin{pmatrix} A_{11} & A_{12} & \cdots & A_{1j} \\ A_{21} & A_{22} & \cdots & A_{2j} \\ \vdots & \vdots & \ddots & \vdots \\ A_{j1} & A_{j2} & \cdots & A_{jj} \end{pmatrix} \begin{pmatrix} X_1 \\ X_2 \\ \vdots \\ X_j \end{pmatrix} + \begin{pmatrix} Y_{11} + Y_{12} + \cdots + Y_{1j} \\ Y_{21} + Y_{22} + \cdots + Y_{2j} \\ \vdots \\ Y_{j1} + Y_{j2} + \cdots + Y_{jj} \end{pmatrix}$$

化简得：

$$\begin{pmatrix} Y_{11} + Y_{12} + \cdots + Y_{1j} \\ Y_{21} + Y_{22} + \cdots + Y_{2j} \\ \vdots \\ Y_{j1} + Y_{j2} + \cdots + Y_{jj} \end{pmatrix} = \begin{pmatrix} I - A_{11} & -A_{12} & \cdots & -A_{1j} \\ -A_{21} & I - A_{22} & \cdots & -A_{2j} \\ \vdots & \vdots & \ddots & \vdots \\ -A_{j1} & -A_{j2} & \cdots & I - A_{jj} \end{pmatrix} \begin{pmatrix} X_1 \\ X_2 \\ \vdots \\ X_j \end{pmatrix} \quad (2-28)$$

在投入产出矩阵形式下，以 i 国为例，X_i 表示 i 国 N 种产业的 $N \times 1$ 阶总产出向量；Y_{ii}、Y_{ij} 分别表示 i 国在 i 国国内和在 j 国最终消费需求的 $N \times 1$ 阶向量，Y_{ij} 也可表示 i 国的最终品出口向量或 j 国从 i 国的最终品进口向量；$(J \times N) \times$

$(J \times N)$ 阶矩阵 (A_{ij}) 为各国产业间投入产出系数矩阵，同上文，矩阵中元素 A_{ij} 表示 i 国各产业投入对 j 国各产业产出的 $N \times N$ 阶相关系数矩阵，A_{ij} 中元素 $a_{n,m,ij}$ 表示 j 国 m 产业产出需要投入的 i 国 n 产业的占比。

由式（2-28）可知，对国家 i 而言：

$$Y_{i1} + Y_{i2} + \cdots + Y_{ij} = (I - A_{ii})X_i - \sum_{k \neq i} A_{ik} X_k \qquad (2-29)$$

基于与前文一致的研究逻辑，以 i 国为例。设 E_{ij} 为 i 国各产业对 j 国各产业最终品出口增加的 $N \times 1$ 阶向量，在出口最终品技术结构一定的条件下，i 国各产业的最终品出口增加 E_{ij}，会导致最终产出的增加，回溯其生产来源可知，该出口增加引致的产出增长 ΔX_{ij} 满足如下条件：

$$E_{ij} = (I - A_{ij})(I - A_{ii})\Delta X_{ij}$$

上式表示为生产 E_{ij} 的最终消费品，首先，应扣除本国对本国中间品投入 $A_{ii} \Delta X_{ij}$，即表示为 $(I - A_{ii})\Delta X_{ij}$，其次，该最终产出中还必须扣除作为中间品出口到国外的部分 $A_{ij}(I - A_{ii})\Delta X_{ij}$，即表示为 $(I - A_{ij})(I - A_{ii})\Delta X_{ij}$。由此可知，国家 i 对国家 j 由于最终品出口增长而引致的产出增量 ΔX_{ij} 表示为 $\Delta X_{ij} = \frac{I}{(I - A_{ii})} \frac{I}{(I - A_{ij})} E_{ij}$。将 ΔX_{ij} 代入式（2-19），再将 i 国的最终品出口向量 E_i 代入式（2-25）左端，调整方程平衡后可得：

$$Y_{i1} + Y_{i2} + \cdots + Y_{ij} + E_i = (I - A_{ii})\left(X_i + \sum_{k \neq i} \frac{I}{I - A_{ii}} \frac{I}{I - A_{ik}} E_{ik}\right) - \sum_{k \neq i} A_{ik} X_k - \sum_{k \neq i} \frac{A_{ik}}{I - A_{ik}} E_{ij}$$

$$Y_{i1} + Y_{i2} + \cdots + Y_{ij} + E_i = (I - A_{ii})\left(X_i + \sum_{k \neq i} \frac{I}{I - A_{ii}} \frac{I}{I - A_{ik}} E_{ik}\right) - \sum_{k \neq i} A_{ik} \left[X_k + \frac{I}{I - A_{ik}} E_{ij}\right]$$

由此可得出 i 国对 j 国最终产品出口增加 E_{ij} 引致各国产出 X_i、X_k 的变化量为：

$$\begin{cases} \Delta X_{i(i)} = \sum_{k \neq i} \frac{I}{(I - A_{ii})} \frac{I}{(I - A_{ik})} E_{ij} \\ \Delta X_{k(i)} = \frac{I}{(I - A_{ik})} E_{ij} \end{cases} \qquad (2-30)$$

由此可得出 i 国最终品出口增加 E_{ij} 引起各国产出 X_k 变化，进而导致 j 国产出中用作最终产品总消费需求的变动如 $N \times 1$ 阶向量 ΔY_{ij} 所示：

$$\Delta Y_{ij} = -A_{ji}\Big[\sum_{k\neq i}\frac{I}{(I-A_{ii})}\frac{I}{(I-A_{ik})}E_{ij}\Big] - \sum_{k\neq i\neq j}A_{jk}\Big[\frac{I}{(I-A_{ik})}E_{ij}\Big] + (I-A_{jj})$$

$$\frac{I}{(I-A_{ij})}E_{ij} \tag{2-31}$$

同理，对于其他国家 k 而言，产出中用作最终产品国内外总消费需求变动向量 ΔY_{ik} 为：

$$\Delta Y_{ik} = -A_{ki}\Big[\sum_{k\neq i}\frac{I}{(I-A_{ii})}\frac{I}{(I-A_{ik})}E_{ij}\Big] - \sum_{k'\neq i\neq k}A_{kk'}\Big[\frac{I}{(I-A_{ik})}E_{ij}\Big] + (I-A_{kk})$$

$$\frac{I}{(I-A_{ik})}E_{ij} \tag{2-32}$$

求 ΔY_{ij} 对 E_{ij} 的导数，得出 i 国各产业出口引致产出变动进而对 j 国各产业产出中用作最终产品总需求的影响因子为：

$$P_{ij} = \frac{\partial \Delta Y_{ij}}{\partial E_{ij}} = \Big[-A_{ji}\sum_{k\neq i}\frac{I}{I-A_{ii}}\frac{I}{I-A_{ik}} - \sum_{k\neq i\neq j}\frac{A_{jk}}{I-A_{ik}} + (I-A_{jj})\frac{I}{(I-A_{ij})}\Big]$$

$$\tag{2-33}$$

此外，j 国同时消费了从其他各国进口的最终品 E_{ij}、E_{kj}，由此引致的 j 国最终品消费变动量可以表示为：

$$B_{kj}E_{ij} = \sum_{k\neq j}E_{kj} = E_{ij} + \sum_{k\neq i\neq j}\Delta Y_{ik}$$

将式（2-32）代入上式后化简可得：

$$B_{kj}E_{ij} = E_{ij} - \sum_{k\neq i}A_{ki}\frac{I}{(I-A_{ii})}\frac{I}{(I-A_{ik})}E_{ij} - \sum_{k'\neq i\neq k}A_{kk'}\Big[\frac{I}{(I-A_{ik})}E_{ij}\Big] + \sum_{k\neq i}(I-A_{kk})\frac{I}{(I-A_{ik})}E_{ij}$$

则系数矩阵 B_{kj} 如式（2-34）所示：

$$B_{kj} = I - \sum_{k\neq i}A_{ki}\frac{I}{(I-A_{ii})}\frac{I}{(I-A_{ik})} - \sum_{k'\neq i\neq k}A_{kk'}\Big[\frac{I}{(I-A_{ik})}\Big] + \sum_{k\neq i}(I-A_{kk})\frac{I}{(I-A_{ik})} \tag{2-34}$$

因此，i 国最终品出口引致 j 国产出中用作最终品的消费变动量为 $\sum_{k\neq j}E_{kj} + P_{ij}E_{ij}$，作用系数矩阵为 $(B_{kj} + P_{ij})$。由此可得：

$$B_{kj} + P_{ij} = I - A_{ji}\sum_{k\neq i}\frac{I}{(I-A_{ii})(I-A_{ik})} - \sum_{k\neq i\neq j}\frac{A_{jk}}{I-A_{ik}} + (I-A_{jj})\frac{I}{(I-A_{ij})} - $$

$$\sum_{k\neq i}A_{ki}\frac{I}{(I-A_{ii})(I-A_{ik})}-\sum_{k'\neq i\neq k}A_{kk'}\left[\frac{I}{(I-A_{ik})}\right]+\sum_{k\neq i}(I-A_{kk})\frac{I}{(I-A_{ik})}$$

$$B_{kj}+P_{ij}=\left[I-\sum_{k\neq i\neq k'}A_{kk'}+I-\sum_{k\neq i}A_{kk}-\sum_{k\neq i}A_{ki}\frac{I}{(I-A_{ii})}\right]\sum_{k\neq i}\frac{I}{(I-A_{ik})}$$

$$B_{kj}+P_{ij}=\left[I-A_{kk}-\sum_{k\neq i\neq k'}A_{kk'}-\frac{I-A_{ii}-\sum A_{ki}}{(I-A_{ii})}\right]\sum_{k\neq i}\frac{I}{(I-A_{ik})}$$

结合投入产出表的相关原理可知，$(1-a_{m,m,ik})>a_{m,m,ik}>0$，$(1-a_{m,m,ii})>\sum_{k\neq i}a_{m,m,ki}>0$，$(1-\sum_{k\neq i\neq k'}a_{m,m,kk'})>a_{m,m,kk}>0$，作用系数矩阵$(B_{kj}+P_{ij})$的各对角元素均为正，表明在投入产出机制下，一国各产业最终品出口的增长必定会引致其他国对相应产业最终消费的增长。

在此基础上，考虑各国各产业之间投入产出相互作用的往复循环过程，进一步推导这种多循环机制下，一国出口增长对本国产出的乘数效应。

假设i国产业n对j国的最终品出口增加$\Delta e_{n,ij}$，在投入产出机制下，会引致j国产出的最终消费品的需求变动$\Delta y_{n,ji}$，考虑到所有产业时，则j各产业产出的总消费需求增量可用$N\times 1$阶向量ΔY_{2j}表示，i国各产业的出口增量可用$N\times 1$阶向量ΔE_i表示。由式（2-34）可知，$\Delta Y_{2j}=P_{ij}\Delta E_i$，为便于说明，以下内容均以矩阵向量的形式进行说明，不再赘述。

由上可知，i国增加出口ΔE_{1i}引致的i产出中用作j国消费需求增加为：

$$\Delta Y_{2j}=P_{ij}T_{ij}\Delta E_{1i}$$

其中，T_{ij}为i国最终品出口中j国所占比例的对角矩阵。与前文分析同理，此时，i国最终品出口增加ΔE_i，对j国生产的用于在出口和本国消费间重新配置的最终品消费变动量为$(B_{kj}+P_{ij})\Delta E_i$。该变动量也是由两方面的原因所致。一是由于对外国最终品消费增加而导致的对本国消费的等量挤出，二是由于各国产出变动而对最终品的产出增量。假设其中由国外市场吸收的比例由$N\times N$阶对角矩阵C_j表示，C_j中各对角元素$c_{n,j}\in[0,1]$，由国内市场吸收的比例可表示为$(I-C_j)$，得出j国最终产品出口增加额ΔE_{2j}为：

$$\Delta E_{2j}=C_j(B_{kj}+P_{ij})T_{ij}\Delta E_{1i}$$

该部分出口是由i国最终产品消费增加ΔY_{1ij}所引致的，ΔY_{1ij}可表示为：

$$\Delta Y_{1ij}=P_{ij}\Delta E_{2j}=C_j(B_{kj}+P_{ij})P_{ij}T_{ij}\Delta E_{1i}$$

此过程中会引起与式（2-30）类似的产出变动$\Delta X_{ii,(1)}$、$\Delta X_{ik,(1)}$：

$$\begin{cases} \Delta X_{ii(1)} = \sum_{k \neq i} \dfrac{I}{(I - A_{ii})} \dfrac{I}{(I - A_{ik})} \Delta E_{1i} \\ \Delta X_{ik(1)} = \dfrac{I}{(I - A_{ik})} \Delta E_{1i} \end{cases}$$

基于同样的逻辑，i 国受消费 j 国最终品和两国产出变动而引致的最终品总需求变动部分 $(B_{kj} + P_{ij}) \Delta E_{2j}$，又将反过来作用于 j 国。进一步假设其中 i 国产出中用于最终产品需求增长部分由国外市场吸收的比例为 C_i ($c_{m,i} \in [0, 1]$)，由国内市场吸收的比例为 $(I - C_i)$，得出 i 国最终产品出口增加额 ΔE_{3ij} 为：

$$\Delta E_{3ij} = C_i (B_{ki} + P_{ji}) \Delta E_{2j} = C_i C_j (B_{ki} + P_{ji})(B_{kj} + P_{ij}) T_{ij} \Delta E_{1i}$$

进而引起 j 国的最终产品消费增加额 ΔY_{4j} 为：

$$\Delta Y_{4j} = P_{ji} T_{ij} \Delta E_{3i} = C_i C_j (B_{ki} + P_{ji})(B_{kj} + P_{ij}) P_{ji} T_{ij}^2 \Delta E_{1i}$$

此过程中又会引起与式（2-30）类似的产出变动 $\Delta X_{jj,(2)}$、$\Delta X_{jk,(2)}$：

$$\begin{cases} \Delta X_{jj(2)} = \sum_{k \neq j} \dfrac{I}{(I - A_{jj})} \dfrac{I}{(I - A_{jk})} \Delta E_{2j} \\ \Delta X_{jk(2)} = \dfrac{I}{(I - A_{jk})} \Delta E_{2j} \end{cases}$$

进一步地，j 国的最终需求增加 ΔY_{4j}，引致 j 国最终产品出口增加：

$$\Delta E_{4j} = C_j (B_{kj} + P_{ij}) \Delta E_{3i} = C_i C_j^2 (B_{kj} + P_{ij})^2 (B_{ki} + P_{ji}) T_{ij}^2 \Delta E_{1i}$$

又将引致 i 国的最终产品消费增加 ΔY_{3ij}：

$$\Delta Y_{3ij} = P_{ij} \Delta E_{4j} = C_i C_j^2 (B_{kj} + P_{ij})^2 (B_{ki} + P_{ji}) P_{ij} T_{ij}^2 \Delta E_{1i}$$

此过程中继续引起与式（2-30）类似的产出变动 $\Delta X_{ii,(1)}$、$\Delta X_{ik,(1)}$：

$$\begin{cases} \Delta X_{ii(3)} = \sum_{k \neq i} \dfrac{I}{(I - A_{ii})} \dfrac{I}{(I - A_{ik})} \Delta E_{3i} \\ \Delta X_{ik(3)} = \dfrac{I}{(I - A_{ik})} \Delta E_{3i} \end{cases}$$

……

最终得到如下多国多产业多循环模型：

$$\begin{pmatrix} Y_{11} + Y_{12} + \cdots + Y_{1j} + \sum_n \Delta Y_{(2n)1} \\ \vdots \\ Y_{i1} + Y_{i2} + \cdots + Y_{ij} + \sum_n \sum_{k \neq i} \Delta Y_{(2n-1)k} \\ \vdots \\ Y_{j1} + Y_{j2} + \cdots + Y_{jj} + \sum_n \Delta Y_{(2n)j} \end{pmatrix} = \begin{pmatrix} I - A_{11} & \cdots & -A_{1i} & \cdots & -A_{1j} \\ \vdots & \ddots & \vdots & \vdots & \vdots \\ -A_{i1} & \cdots & I - A_{ii} & \cdots & -A_{ij} \\ \vdots & \vdots & \vdots & \ddots & \vdots \\ -A_{j1} & \cdots & -A_{ji} & \cdots & I - A_{jj} \end{pmatrix}$$

$$\begin{pmatrix} X_1 + \sum_{k \neq i} (\Delta X_{k1(2n-1)} + \Delta X_{11(2n)}) \\ \vdots \\ X_i + \sum_{k \neq i} (\Delta X_{ii(2n-1)} + \Delta X_{ki(2n)}) \\ \vdots \\ X_j + \sum_{k \neq i} (\Delta X_{kj(2n-1)} + \Delta X_{jj(2n)}) \end{pmatrix}$$

基于前述研究结论，在投入产出传导机制作用下，经无穷次循环取极限值后，可计算 i 国、j 国各产业的最终产品出口增加额 E_i、E_j 分别为：

$$E_i = \Delta E_{1i} + \sum_k \Delta E_{3ik} + \sum_k \Delta E_{5ik} + \cdots = \sum_j \frac{\Delta E_{1i}}{I - C_i C_j (B_{ki} + P_{ji})(B_{kj} + P_{ij}) T_{ij}}$$

$$E_j = \Delta E_{2j} + \Delta E_{4j} + \cdots = \frac{C_j (B_{kj} + P_{ij}) T_{ij} \Delta E_{1i}}{I - C_i C_j (B_{ki} + P_{ji})(B_{kj} + P_{ij}) T_{ij}}$$

i 国对 j 国的中间产品出口增加额为：

$$E_{ij} = A_{ij} \Delta X_j = A_{ij} \frac{I}{I - A_{jj}} E_i + A_{ij} \frac{I}{(I - A_{jj})} \frac{I}{(I - A_{ji})} E_j$$

i 国的净出口增加额 $(\Delta E - \Delta M)_i$ 为：

$$(\Delta E - \Delta M)_i = E_i - \sum_j E_j + \sum_j E_{ij} - \sum_j E_{ji}$$

$$(\Delta E - \Delta M)_i = \sum_j \left[(I - A_{ii} - A_{ji}) \frac{I}{I - A_{ii}} \frac{I}{I - A_{ij}} \right] E_i -$$

$$\sum_j \left[(I - A_{jj} - A_{ij}) \frac{I}{I - A_{jj}} \frac{I}{I - A_{ji}} \right] E_j$$

$$= \frac{\Delta E_{1i}}{I - C_i C_j (B_{ki} + P_{ji})(B_{kj} + P_{ij}) T_{ij}} \sum_j \left[(I - A_{ii} - A_{ji}) \frac{I}{I - A_{ii}} \right.$$

$$\left. \frac{I}{I - A_{ij}} - (I - A_{jj} - A_{ij}) \frac{I}{I - A_{jj}} \frac{I}{I - A_{ji}} \sum_j T_{ij} C_j (B_{kj} + P_{ij}) \right]$$

i 国的产出增加额为：

$$\Delta X_i = \sum_j \Delta X_i = \sum_j \left[\frac{I}{(I-A_{ii})(I-A_{ij})} E_i + \frac{I}{I-A_{ji}} E_j \right]$$

$$\Delta X_i = \frac{\Delta E_{1i}}{I - C_i C_j (B_{ki} + P_{ji})(B_{kj} + P_{ij}) T_{ij}} \sum_j \left[\frac{I}{(I-A_{ii})(I-A_{ij})} + \frac{I}{I-A_{ji}} \right.$$

$$\left. \sum_j T_{ij} C_j (B_{kj} + P_{ij}) \right]$$

i 国的最终消费增加额为：

$$\Delta Y_{ii} = \sum_j \left[(I-C_i) C_j (B_{ki} + P_{ji})(B_{kj} + P_{ij}) T_{ij} \Delta E_{1i} \right] +$$

$$\sum_j \{ (I-C_i) C_i \left[C_j (B_{ki} + P_{ji})(B_{kj} + P_{ij}) T_{ij} \right]^2 \Delta E_{1i} \} + \cdots$$

$$\Delta Y_{ii} = \sum_j \frac{(I-C_i) C_j (B_{ki} + P_{ji})(B_{kj} + P_{ij})}{I - C_i C_j (B_{ki} + P_{ji})(B_{kj} + P_{ij}) T_{ij}} T_{ij} \Delta E_{1i}$$

由此可得出 i 国净出口对产出的作用系数为：

$$F_i = \frac{\partial (\Delta X_i - \Delta Y_{ii})}{\partial (\Delta E - \Delta M)_i}$$

$$= \frac{\sum_j \left[\frac{I}{(I-A_{ii})(I-A_{ij})} + \frac{I}{I-A_{ji}} \sum_j T_{ij} C_j (B_{kj} + P_{ij}) \right] - \sum_j (I-C_i) C_j (B_{ki} + P_{ji})(B_{kj} + P_{ij}) T_{ij}}{\sum_j \left[(I-A_{ii} - A_{ji}) \frac{I}{I-A_{ii}} \frac{I}{I-A_{ij}} - (I-A_{jj} - A_{ij}) \frac{I}{I-A_{jj}} \frac{I}{I-A_{ji}} \sum_j T_{ij} C_j (B_{kj} + P_{ij}) \right]}$$

与前文分析同理，可以证明：即矩阵 $(\Delta X_i - \Delta Y_{ii})$ 的对角元素均大于矩阵 $(\Delta E - \Delta M)_i$ 的相应元素值。当矩阵 $(\Delta X_i - \Delta Y_{ii})$ 的对角元素与矩阵 $(\Delta E - \Delta M)_i$ 的对角元素同号时，F_i 中对角元素 $f_{nn,i}$ 均大于 1；而当矩阵 $(\Delta X_i - \Delta Y_{ii})$ 的对角元素为正，而矩阵 $(\Delta E - \Delta M)_i$ 的对角元素为负时，F_i 中对角元素 $f_{nn,i}$ 均小于 -1。由此可知，在多国多产业多循环模式下，依然满足前述定理，即一国净出口的增加对产出增加的作用系数大于 1，带来一个超越"净出口"增量本身的产出增长。且即便当净出口贸易为负时，在投入产出机制的作用下，贸易依然可以实现对经济增长产生大于 1 的促进作用。这无疑是对传统对外贸易促进经济增长作用机制理论的重要完善和补充。

第五节 结论性评述

随着全球要素分工在国际贸易领域的不断渗透和发展,其对于生产环节而非最终品的分割方式,引起了贸易性质的根本性变化,使之从简单连接最终品生产和消费的国际交换,演变为连接国与国之间不同生产环节和阶段的"外在流转"。这种"外在流转"使得贸易虽在表面上仍然属于流通领域,但实质上已成为确保全球生产得以进行不可或缺的重要一环。因此,在全球要素分工条件下,从出口层面看,贸易对经济增长的驱动效应已经突破了宏观经济学恒等式所体现的传统意义上的单一作用;从进口层面看,贸易的"外在流转"也不再是恒等式所揭示的一国国内需求对其他国家的简单"漏出"。由此可见,贸易与经济增长之间关系的分析亟待理论创新,或者说,贸易是否驱动经济增长以及作用机制是什么,需要在全球要素分工背景下予以新的解读。正是基于上述现实分工条件的特定背景,本书利用全球投入产出模型,理论推导了贸易对经济增长的驱动作用情况,研究结果表明:第一,贸易驱动经济增长的作用机制,不再表现为需求拉动等某具体变量的单一作用,而是通过价值链环节间投入产出的相互作用关系,在部门间、变量间和国家间产生往复循环作用,凭借对生产环节的渗透攀附价值链乘数性地驱动经济增长。第二,在全球要素分工体系下,无论是出口还是进口,除了体现最终产品在各国的消费需求外,更多地表现为生产的投入需求,从而同样构成全球生产的重要组成部分。而无论是作为最终产品的消费需求,还是作为生产投入需求,都会通过生产过程并在复杂的相互作用机制中,驱动经济增长。第三,从实际贡献角度看,价值链分工下投入产出间的关联特征,使贸易对经济增长的驱动作用,已经超越了传统宏观经济学恒等式中的"净出口"本身,换言之,一个单位的"净出口"增长,往往会带来超过一个单位的产出增长。贸易对经济增长的贡献绝不仅限于出口的单一拉动作用,进口也不再是传统意义上由于需求"漏出"而成为冲抵出口拉动效果的"负担",更不能将其单纯视作对经济增长的"拖累",而要充分考虑到进口作为中间投入对于进一步生产加工的重要意义。综合上述几个方面,我们认为,在全球要素分工体系下,进出口贸易对经济增长的作用已经突破了传统宏观经济学恒等式所揭示的表面现象,因而正确评估和核算贸易对经济增长的实际影响,需要充分考虑投入产出关联机制复杂作用下的最终结果。

上述研究所得结论不仅有助于我们更为深刻地理解贸易对经济增长的驱动机理,对衡量和评估贸易利得、制定相应引导和激励政策也具有重要的现实意涵。如果说传统国际分工模式下,发展对外贸易的意义主要表现在"互通有无"或者借助比较优势在生产要素供给层面上实现资源优化配置的话,那么在全球要素分工体系下,发展对外贸易的本质则是以贸易为契机,实现本国生产与全球生产网络大循环的环节对接与价值融合,以对外贸易为价值流转的载体,利用全球生产网络投入产出的复杂关联机制,真正实现国内国际间市场需求与资源供给的互动,进而实现各个产业部门乃至全球消费和生产之间的互动,并借助这种循环互动实现更深程度的资源优化配置和乘数放大的经济增长绩效。正是由于上述新作用机制的存在,即便是在"净出口"为零的条件下,贸易对经济增长仍然能够产生一个正向作用;也正是由于上述新作用机制的存在,出口和进口均突破了原有意义上对经济增长的单方面影响。由此可见,在当今全球化大生产的基本发展趋势下,对外贸易对经济增长的驱动作用,除了传统文献所揭示的各种可能机制外,在全球要素分工条件下又有了新的意涵。必须重新审视出口和进口贸易的实际作用机理,充分考虑到各国经济增长以贸易为纽带而呈现的相互依赖特征。进而重新定位发展对外贸易的新的作用和意义。

当前,部分发达国家逆全球化思潮兴起,在一定程度上阻碍了经济全球化发展进程,究其成因,不排除其国内经济增长动力不足、经济增长绩效不佳等。以至于部分发达国家试图通过高举贸易保护主义大旗来刺激国内经济增长。我们并不否认适当的贸易保护对于一国产业与经济发展确有重要意义,但这种以邻为壑的做法,如果说在传统国际分工模式下对于保护本国产业发展进而对拉动就业和经济增长还有一定作用的话,那么在当今全球要素分工体系背景下,其对于本国经济增长的刺激效果必将大打折扣。因为在世界经济逐步构建起生产网络的发展趋势中,各国之间的相互影响不断深化,即便对发达国家而言,这种经济上的关联性也早已渗透到生产的各个环节。逆全球化表面上看是对贸易的限制和破坏,但本质上看则是对全球生产网络的摧毁和破坏,更是对各国经济发展新作用机制的摧毁和破坏。即便对方国家不采取相应的贸易保护主义报复措施,这种行为也会在投入产出互动循环的复杂关联机制下最终有害于自身经济增长。正如习近平总书记在 2016 年 20 国集团(杭州)峰会开幕式上的主旨演讲中指出,"在经济全球化时代,各国发展环环相扣,一荣俱荣,一损俱损。没有哪一个国家可以独善其身,协调合作是必然选择。我们要在世界经济共振中实现联动发展",在一定意义上正是道出了在当今生产全球化趋势下,上述循环互动作用机制的现实表现和政策意义。在当前经济全球化处于十字路口的关键发展阶段,对于已经深度融入全球要素分工体系的中国而言,继续高举贸易和投资自由化的大旗,不仅是在进一步推进经济全球化发展过程中对中国担当的彰显,也是充分利用以全球要素分工为主要内容的经济全球化战略机遇,在全球经济联动机制下更好地实现自身经济发展的需要。

第三章 全球要素分工背景下的中国产业转型升级

改革开放40多年来，中国经济发展在取得巨大成就的同时，不平衡、不协调、不可持续等经济乃至社会问题亦相伴而来，尤其是进入21世纪以来，上述问题越发凸显。而始于2008年的国际金融危机对开放的中国经济产生了巨大冲击，使得理论和实践工作部门普遍认识到："本轮国际金融危机对中国经济的冲击，表面上是对经济增长速度的冲击，实质上是对不合理的经济发展方式的冲击"，转变经济发展方式因此成为理论和实践部门面临的重大问题。作为转变中国经济发展方式核心内容之一的产业转型升级问题，则更是备受关注。而对于如何推进中国产业的转型升级，一些颇具代表性的观点认为，中国产业发展的"两头在外"特征非常明显，并且是以"低端嵌入"的方式被置于全球产业链低端，极有可能被跨国公司主导的国际产业链"俘获"而长期处于低端，即所谓的"低端锁定"，实现向所谓的"微笑曲线"两端攀升的产业转型升级面临巨大挑战和困境，而解决问题的关键就是要摒弃外需为主导的发展模式，并建立起基于内需为主导的所谓国家价值链。实际上，融入全球分工体系是中国产业获得巨大发展成就的经验所在，尽管在金融危机及其后续影响期间，全球经济复苏乏力以及贸易保护主义抬头等，给中国产业发展带来一定挑战，但是经济全球化深入发展大趋势不会逆转，作为"全球产业链上的中国"，其产业发展及其转型升级不可能脱离全球分工体系。但是，如何在进一步深度融入全球经济中促进中国产业的转型升级，则是一个事关发展战略的关键问题。这不仅需要科学认识当前全球分工演进为诸如中国这样的发展中经济体产业发展及转型升级所带来的战略机遇，也需要理性看待和客观把握当前中国产业发展在全球产业格局中的正确定位。如此，才能在正确的发展战略指引下，进一步抓住本轮经济全球化所带来的发展机遇,并将战略机遇真正转化为发展黄金期,在深度融入全球分工体系中推动中国产业的转型升级。

第一节 全球要素分工成为当前国际分工的主要形式

当代国际分工主要有三种基本形式:产业间分工、产业内分工和产品内分工。所谓产业间分工,是指不同产业部门之间生产的国际专业化,促使不同要素密集型的产业在不同区域集聚。它是第二次世界大战以前国际分工的基本形态和主导形式,突出表现在亚、非、拉国家专门生产农业原料、矿物原料及某些食品,而欧美等国家则专门生产工业制成品。所谓产业内分工,是指相同生产部门内部各分部门之间生产的国际专业化,主要是指同类产品的差异化分工。第二次世界大战后发生的第三次科学技术革命推动了产业内国际分工的快速发展,并成为"二战"以来至20世纪70年代间国际分工的主导形式。这突出表现为发展水平、要素禀赋结构以及消费结构等相似的工业国之间所进行的差异化产品贸易,在全球贸易量中所具有的压倒性优势,并且其贸易品主要以制造业行业内的制成品为主。无论是传统的产业间分工还是产业内分工,国际分工的界限基本上还是产品。而自20世纪80年代以来,伴随科学技术的发展、国际范围内市场经济体制的基本建立和贸易投资壁垒的逐渐降低,国际分工和贸易的形式发生了巨大变化,突出表现为产品的价值链被分解了,从而导致国与国之间按同一产业或产品的生产环节或工序进行分工的现象,学术界把这种新的国际分工称为产品内分工,也有学者将之称为地点分散化、价值链切片、中间品贸易、垂直专业化以及片段化生产等。由于在产品内国际分工体系下,最终产品的生产往往不再由任何一个国家独立进行,而是多国要素共同参与,换言之,各国以各自的优势要素,使专业化产品价值链条上具有不同要素密集度特征的诸如劳动密集型、资本密集型、技术密集型等环节和阶段,因此,产品内分工的实质是各国以优势要素参与国际分工,或者说国际分工不再以"产品"为界限,而是以"要素"为界限。国内部分学者较早意识到产品内分工的本质所在,并将之称为"全球要素分工"(张二震,2005;张幼文,2005)。本书也采用这一概念。

全球要素分工的快速发展不仅为发达国家跨国公司整合其他国家和地区的优

势要素和资源以"为我所用",从而为其实施全球战略和提升国际竞争力提供了重要保障,与此同时也为发展中经济体通过参与全球经济竞争与合作以促进经济发展提供了战略机遇。由于当前全球要素分工的实质是发达国家跨国公司通过 FDI 方式或者通过 OEM、ODM 等外包方式,将生产活动和其他功能性活动进行更加细密的专业化分工,并依据不同生产环节和阶段的要素密集度特征,分别配置到具有不同要素禀赋优势的国家和地区(方勇等,2012),因此,在以往主要以产品为界限的分工条件下,主要因为不具备完整产品生产比较优势而被排除在国际分工大门之外的发展中经济体或者落后国家,在全球要素分工条件下则具有了融入全球分工的机会。换言之,全球要素分工的发展降低了发展中经济体和落后国家融入全球分工的"门槛",而这种"门槛"降低效应主要源自全球要素分工给发展中经济体和落后国家所带来的"比较优势创造效应"和"比较优势激发效应"。

所谓"比较优势创造效应",简而言之,主要是指原本在以产品为国际分工界限条件下不具备比较优势的国家或地区,在全球要素分工环境中则获取了或者说具备了参与国际分工的比较优势,或者是原先只是在少数产品生产部门具有比较优势的国家或地区,在全球要素分工条件下则表现为在更多的产品生产部门上具备了比较优势。之所以如此,其根本原因在于全球要素分工条件下各国参与国际分工不再要求在某一完整产品的生产上具有比较优势,而只需要在产品生产的某个特定阶段或者环节上具有比较优势,便可参与国际分工并从中获取贸易利益,包括促进经济发展的动态利益。如果有三个国家,分别用 a、b、c 表示,生产两种产品 X 和 Y 的单位成本分别为 X_a、X_b、X_c 以及 Y_a、Y_b、Y_c,X 和 Y 的相对价格用 P_0 表示。显然,当满足 $X_a/Y_a < X_b/Y_b < P_0 < X_c/Y_c$ 时,表明 X 产品生产具有最大比较优势的是国家 a,而 Y 产品生产具有最大比较优势的是国家 c,此时在以产品为界限的分工模式下,国家 a 专业化生产 X 而国家 c 专业化生产 Y,国家 b 有可能被排除在国际分工之外。但是,如果国际分工实现了全球要素分工,比如 X 产品分为 X_1 和 X_2 两部分,为简单起见,我们仅将讨论限于国家 a 和 b,并假定国家 a 和 b 生产部件 X_1 和 X_2 的成本分别为 X_{1a}、X_{2a} 和 X_{1b}、X_{2b},显然,当 $X_{1a}/X_{2a} < X_{1b}/X_{2b}$ 时,表明国家 a 在部件 X_1 上具有比较优势,而国家 b 则在部件 X_2 上具有比较优势从而具有参与国际分工的能力。这就是全球要素分工带来的"比较优势创造效应"。所谓比较优势激发效应,主要是指在全球要素分工条件下,由于生产要素的跨国流动会使得不同国家和地区之间的优势要素相结合而产

生"强强联合"作用,从而表现为一国或地区的优势要素甚至是"闲置"要素,在与流入要素进行协同生产时所激发出的本国比较优势。由于产品生产往往是多种要素共同投入的结果,因此,尽管一国在某种生产要素上十分丰裕,但也可能由于其他要素极度缺乏而难以"物尽其用"甚至根本无用武之地。正如有些学者研究指出,改革开放以来的很长一段时期内,由于受到资本要素供给不足、企业家精神缺乏等现实约束,如果没有国外要素流入,即便中国拥有全球最丰裕的劳动要素,恐怕也难以实现或提高其在劳动密集型产业中的竞争力(华民,2006)。从这一意义上来说,单一要素优势在原有分工模式下还难以形成真正的比较优势,而在全球要素分工条件下,由于国外要素的流入而激发了比较优势。众所周知,就目前发达国家和发展中经济体各自的优势要素分布状况来看,技术、资本、知识、信息等高级生产要素是发达国家的优势要素,同时也是跨国流动性相对较强的要素;而劳动力等初级要素则是发展中经济体所拥有的主要优势要素,也是跨国流动性相对较弱的要素。因此,在全球要素分工条件下,必然表现为发达国家的资本、知识、信息、技术等要素向发展中经济体流动,以与发展中经济体的劳动力等优势要素相结合,发展中经济体的比较优势由此得以激发。

进一步地,从微观层面来看,全球要素分工的发展不仅为发达国家的跨国公司整合利用全球资源提供了机遇,同时也为发展中经济体的中小企业融入跨国公司主导的全球要素分工体系提供了"接触"全球市场的机会,进而有了在全球市场角逐中的成长机会。尤其是在发达国家和发展中经济体仍然存在较大发展差距并由此决定了在要素丰裕度上的显著差异时,发展中经济体流动性相对较低的生产要素低成本优势较为突出,并对发达国家优势要素形成强大引力,吸引生产要素向具有成本优势的发展中经济体流动和集聚,助推着发展中经济体经济增长。从某种意义上来说,从前期亚洲"四小龙"的兴起到现今"金砖国家"经济发展在全球经济中的突出表现,其实质就是发展中经济体和地区抓住了全球要素分工的战略机遇。可能正因如此,Baldwin 等(2013)的研究认为,当前全球分工演进实际上更有利于发展中经济体的经济发展;可能正因如此,我们才能够理解为什么"高唱"贸易和投资自由化的美国等发达经济体,不时地以全球贸易失衡等"全球性问题"为借口而高举贸易保护大旗,而诸如中国等发展中经济体则越来越成为贸易和投资自由化的忠实倡导者和维护者。

第二节　全球要素分工背景下中国产业结构的演进

中国改革开放的伟大事业正是在全球要素分工快速发展的大背景下展开的。改革开放以来，中国以丰富廉价的劳动力等优势要素为依托，通过吸引 FDI 以及大力发展加工贸易等方式，积极融入全球要素分工体系。改革开放以来，流入中国的 FDI 不断攀升，进而在 2003 年第一次超过美国一跃成为全球最大的 FDI 接受国；以及加工贸易在中国"爆炸式"增长的贸易总额中长期占据半壁江山，均是中国快速融入全球要素分工体系的典型事实特征和明证。在此背景下，中国不仅实现了令世界瞩目的经济增长奇迹，与之相伴随的还有意义深远的产业结构的巨大变化。从长期的变动趋势来看，三次产业之间的比重关系出现了显著的改善趋势，产业结构正朝着合理化方向发展，与此同时，产业内部结构也正朝着合理化和高级化方向发展。

国家统计局的数据表明，自改革开放以来，第一产业所占比重呈不断下降的趋势。1979 年第一产业在 GDP 中所占比重为 31.27%，而到了 2012 年这一比重已经下降到了 10.1%，尤其值得注意的是，进入 20 世纪 90 年代以后，其下降趋势十分明显；而第二产业在 GDP 中所占比重虽然在此期间经历了波动过程，但基本上在 41%~49%。因此，总体而言，自改革开放以来，虽然第二产业在中国 GDP 结构中没有发生太大的变化，但其始终占据着十分重要的地位，并且从各产业对经济增长的贡献程度来看，由于其相对稳定且相对较高的比重，第二产业对经济增长率的贡献是最大的。换言之，从各年度来看，样本期间中国经济增长的约 50% 来自第二产业发展的贡献。应该说，出现这一特征的根本原因还在于中国仍处于工业化进程的发展阶段。与此同时，与第一产业在 GDP 中所占比重呈显著下降趋势；相反，第三产业在 GDP 中所占比重呈稳步上升态势，1979 年仅为 21.63%，而到 2012 年这一比重已经迅速攀升至 45.37%。

改革开放以来，中国产业结构的变化不仅表现在三次产业结构之间的比重方面，三次产业的内部结构同样也呈现显著变化趋势。由于第二产业尤其是工业在国民经济中占据绝对重要的地位，而目前仍然处于工业化发展的重要阶段，因此，我们此处仅以工业内部结构变动为例进行简要说明。应该说，作为实体经济主要组成部分的工业增长是支持中国长期以来经济快速增长的根本动力,而与工业快速增长相伴的还有工业内部结构的显著变化。自改革开放以来就轻重工业比例关系的变化来看,轻工业和重工业的工业总产值比重在1985年分别为45%和55%,而到了2012年轻工业的比重下降为28.15%,重工业的比重则上升至71.85%。这一变化趋势也是符合工业化发展的基本规律的,因为发达国家和新兴工业化国家的发展经验表明,工业结构重型化是工业化中后期的一个基本规律。就工业结构的行业构成变化来看,农副食品加工业、通用设备制造业以及纺织业三个行业的比重呈现显著的下降态势:三个行业的工业总产值占工业行业总产值的比重分别由1985年的11.31%、11.02%、16.3%,下降到2012年的5.22%、4.85%及3.86%,其中纺织业工业产值比重下降幅度最大;相比之下,交通运输设备制造业、电子及通信设备制造业以及电力、热力的生产和供应业三个行业的比重呈现显著提升的发展态势:三个行业的工业总产值占工业行业总产值的比重分别由1985年的4.3%、3.5%、3.3%上升到2012年的7.49%、7.56%及5.61%,其中交通运输设备制造业和电子及通信设备制造业的上升幅度更为明显。上述变化趋势表明,一般加工制造业在中国工业中的比重相对稳定或有所下降,而具有资本和技术密集型特征的电子及通信设备制造业产业则迅速增长,由此带动了中国工业结构的升级。

正是因为全球要素分工条件下中国产业发展,尤其是工业快速扩张所取得的令世界惊叹甚至是"不可思议"的巨大成就,学术界通常将中国工业的成长模式称为"压缩式的工业化"(Whittaker等,2010)。从全球的角度来看,中国产业的快速发展特别是工业化技术进步,总体上是西方工业技术的转移和扩散过程,而其中的关键则在于,中国采取了主动接受和积极融合的立场,主要措施就是大量引进FDI和承接发达国家跨国公司的"订单",在融入全球要素分工中实现了产业发展的"跟随模仿"。最新的一项研究揭示(唐东波,2013):在中国,越是资本和技术密集型的行业,其在全球分工中的垂直专业化程度亦就越高,其出口中越是富含更多价值的国外中间品进口;相反,越是劳动密集型的行业,其在全球分工中的垂直专业化程度相对而言就越低,其出口中富含的国外中间品进口价值相对也就越少。这一研究在一定程度上说明了融入全球要素分工对中国产业升级的重要影响。当然,将中国产业发展的成就完全归功于改革开放以来中国融入全球要素分工体系,不免有夸大之嫌,但大概无人否认,二者之间是存在密不可分的关系的,并且从某种意义上来说,融入全球要素分工体系起着十分关键的主导作用。例如，通过优势要素参与国际分工而吸引了大量 FDI 的入驻，不仅增加了我国产业的资本积累，同时还因为 FDI 大量进入我国产业结构升级过程中正在大力发展的产业，由此产生的直接带动作用以及对国内本土企业产生的广泛正向溢出效应等，无疑对我国产业成长和产业升级做出了巨大贡献。况且，现有的研究文献表明，中国自改革开放以来，基本上实行的是较为中性的政策，几乎没有任何国内产业政策和产业升级战略，贸易政策和产业升级策略之间也没有明显的衔接，尽管中国产业升级是官产学界不断讨论的热点话题，但改革开放以来中国实际上并没有实施并可以执行的产业升级政策和策略，而仅仅采取了贸易自由化和投资自由化的开放政策（Fan, 2006）。据此，我们可以形成的一个基本判断是，即便中国没有实施和执行产业升级政策和策略，但开放型经济发展战略的实施，却实现了产业发展和升级，这无疑是诸如要素禀赋理论等传统经典国际经济理论所强调的产业升级之"自然演进"的结果。持有这种"自然演进"观点的国内部分学者，对政府主导的产业政策基本上持否定态度，而积极主张发展中经济体应基于比较优势实现产业发展和升级。但是需要指出的是，国内外学术界对一国参与国际分工是否能够获得利益，以及是否能够实现产业结构的调整和升级，一直以来存在较大的争论，一些理论和实证研究甚至认为，发展中国家依托"比较优势"而融入国际分工，由于在国际分工中处于不利地位，所得贸易利益有限甚至出现福利恶化，进而提出所谓"跌入产业比较优势陷阱"的观点。应该说，这种争论甚至由此为发展中经济体产生"担忧"，在传统产业间和产业内分工模式下，是有一定道理的，然而，在当前全球要素分工背景下，世界经济的发展实践并没有支持"依附理论"，也没有实践表明"比较优势陷阱"存在的真实性。相反，在全球要素分工发展背景下造就出的亚洲"四小龙"经济发展奇迹，以及中国工业发展出现的改天换地的变化，可能进一步证实了前文所述的"当前全球分工演进实际上更有利于发展中经济体的经济发展"的论断。换言之，在全球要素分工体系下，贸易和投资自由化所能促进产业发展和升级的"自然演进"作用机制，可能一方面要更强于传统产业间和产业内分工形态下的作用机制，另一方面也弱化了"跌入比较优势"的可能作用机制，对于发展中经济体来说尤为如此。总之，抓住全球要素分工所带来的战略机遇，面对西方产业技术的转移和扩散，以开放的姿态主动接受和积极融合，是改革开放以来中国产业发展乃至实现升级的经验及其本质所在。然而，除了前文所述的"比较优势创造效应"和"比较优势激发效应"外，从动态的角度来看，融入全球要素分工体系缘何能够促进发展中经济体产业发展和转型升级,或者说其具体的作用机制和渠道是什么?对此,我们还需要进一步地分析。

第三节　全球要素分工促进产业转型升级的作用机制

中国通过融入全球要素分工体系,从而实现产业快速发展和升级的实践,不仅是因为全球要素分工能够带来"比较优势创造效应"和"比较优势激发效应",从而降低了发展中经济体融入经济全球化的"门槛",更为重要的是在全球要素分工条件下,由于要素流动以及中间产品贸易具有知识、技术、观念等溢出效应强的特点,从而能够产生一系列超越传统国际经济理论所揭示的资源优化配置效应的其他重要作用机制,进而促进产业升级。归纳起来,全球要素分工条件下促进产业转型升级的作用机制主要包括产业迁移效应、产业集聚效应、外向配套效应,以及出口中学习效应等。

从全球要素分工背景下的产业迁移效应来看。在全球要素分工条件下,产业转型升级具有两层含义,一是推进工业化发展进程,实现产业发展的"从无到有",即建立新产业;二是促进一国在全球产业价值链中的攀升,从微观角度来看就是学术界通常所说的向"微笑曲线"两端攀升,以获取更多的国际分工利益。当前全球要素分工的一个突出特征就是要素跨国流动和价值链的全球分解。所谓要素跨国流动尤其是资本要素的跨国流动,具体而言,就是发达国家跨国公司主导的国际产业和产品价值增值环节的国际梯度转移。这无疑为诸如中国等发展中经济体建立新的产业,进而为促进产业结构的转型升级提供了重要机遇。中国在融入全球要素分工体系中,从起初的"招商引资"到之后的"招商选资",再到当前某些开放型经济相对发达地区的"招才引智"的发展阶段,其实无不显示了通过吸引国际优势要素与促进中国产业发展以及转型升级之间的战略需求关系。也可以说,以要素引进的方式承接国际产业和产业价值增值环节的转移,是基于中国特定发展阶段产业发展和转型升级的现实需要。所谓全球要素分工条件下的价值链的全球分解,从本质上看,其实质上也是产业或者产品价值增值环节的梯度转移,即产业迁移效应,只不过在国际产品生产分割技术的推动下,这种转移的形式既可以采取FDI的形式,也可以采取所谓的OEM、ODM等外包方式。值得一提的是，这种形式的产业国际转移相比以产品为界限的传统产业间和产业分工形式，更有利于发展中经济体进入高科技产业。因为在传统的以产品为界限的国际分工形式下，发展中经济体可能往往由于个别环节存在无法克服的技术障碍，失去了发展高技术产业的机会或者说被排除在高技术产业之外。但是在全球要素分工条件下，无论是以吸引FDI的方式还是承接跨国公司发出"订单"的方式，都能够以自身的优势要素融入跨国公司主导的国际产业链的特定环节，这就为发展中经济体进入高技术产业提供了捷径，并为高技术产业的进一步发展奠定了基础。

从全球要素分工背景下的产业集聚效应来看。新经济地理学（Krugman，1991）的研究早已揭示，产业集聚有利于技术在厂商和企业之间的扩散和外溢，从而促进企业技术进步和升级，而这种效应从中观的产业层面上来看，就会促进产业结构的转型升级。因此，产业集聚效应对企业进而对产业升级能力可能存在重要影响。尤其值得我们注意的是，在全球要素分工环境中，全球生产网络的一个显著特点就是，具有不同要素密集度特征的价值增值环节和阶段出现地理空间上的分散性，以及具有相同或者相似要素密集度特征的增值环节和阶段在地理空间上的集中性并表现出相互的兼容或者相关。换句话说，具有相同或者相似要素密集度特征的产品价值增值环节和阶段呈现很强的地域集中性，从而形成较为显著的产业集聚现象。这种现象在中国东部沿海地区表现得尤为明显，特别是在中国开放型经济发展的特殊转型阶段，利用开发区这一特殊载体，FDI的入驻以及由此引发的本土相关联企业在同一地区的集聚，演化成众多形式的产业集群。例如广东深圳地区的通信电子产业集群、江苏昆山地区的笔记本电脑产业集群以及精密机械产业集群、上海地区的集成电路产业集群等。袁冬梅等（2011）使用1995~2009年的省级面板数据进行的实证研究也揭示了全球要素分工对产业集群形成的影响，其研究结论表明，出口贸易的发展和外资的大量引进是促进中国产业区域集聚的重要因素，其中外资的大量引进对产业集聚的正向作用最为显著。从大量的实践观察来看，中国在全球要素分工背景下所形成的产业集聚，至少存在三种最为基本的技术外溢和扩散形态：知识外溢、反向工程和人员流动。显然，如果结合企业自有的技术和工艺能力，无论是知识外溢还是反向工程，抑或是人员流动，都可以进一步提高模仿后再创新的能力。

从全球要素分工背景下的外向配套效应来看。所谓外向配套主要是指在全球要素分工背景下，外资企业进入后通过前向或后向联系产生的本土企业向FDI企业提供中间产品的行为,外向配套的发展使得本土企业越来越成为全球价值链中的重要环节。犹如前文所述,在全球要素分工环境中,经济全球化的一个突出特征就是要素,特别是资本要素的跨国流动性大大增强。跨国公司通过对外直接投资的方式进入发展中经济体,其业务很重要的一个特征就是在进口中间品的基础上,通过本地生产或者再加工,形成最终产品或者下游中间品以用于出口或者在东道国国内市场销售。在生产或者再加工的增值过程中,需要使用其他中间产品的投入,显然,所要使用的中间投入品,既可以由外资企业自己生产,也可以由东道国本土企业生产和提供,如果是后者,便形成了本土企业和外资之间的外向配套关系。中国开放型经济发展实践的一个重要内容就是外资的大量利用,而外资企业大量"入驻"和集聚,催生了外向配套型本土企业的产生和发展。换言之,为外资企业进行外向配套成为中国本土企业融入全球要素分工体系的一个重要途径。在中国开放型经济相对发达的诸如东南沿海地区,FDI的大量利用以及本土企业为外资企业进行外向配套,是非常普遍的经济现象。在为外资企业进行外向配套过程中,会产生两种极为显著的正向效应,有助于本土企业成长进而促进产业升级,这两种效应就是外资企业的技术外溢效应(包括主动外溢和非主动外溢)以及配套竞争效应。其中,外资企业的主动外溢效应主要是指,在外向配套过程中,外资企业为了确保本土企业能够提供合格的、符合要求的中间产品,往往会对本土企业进行技术指导和员工培训等,而所谓的非主动溢出效应主要是指,进行外向配套的本土企业在与外资企业发生业务接触的过程中,能够进行的观察、学习、模仿乃至创新的经济活动。这两种效应在中国开放型经济的发展实践中都是存在的。至于外向配套竞争,主要是指本土企业为了能够与外资企业之间形成外向配套关系,而不断努力提高自身技术水平的自我激励和竞争效应。相对本土企业而言,外资企业的生产率水平相对较高,而寻求低成本、高质量以及具有高生产率的本土企业为之配套,是其投资的重要动机之一。这一外向配套选择的机制会促使本土企业相互竞争并逐步升级。

从全球要素分工背景下的出口中学习效应来看,出口因素可能对本土制造业企业的升级具有重要影响。实际上,关于出口是否会对本土企业乃至产业升级产生积极显著的影响,目前学术界的研究尚未形成共识,部分研究肯定了"出口中学习"效应存在;但也有部分研究否定了这种"出口中学习"效应的存在,因为持这一观点的学者认为出口企业的优异表现,更多的可能是"自我选择"的结果。应该说,上述关于"出口中学习"效应是否存在争论,主要还是基于以产品为界限的传统分工模式的讨论，忽视了全球要素分工这一新特征可能会产生的影响。在全球要素分工背景下，贸易的性质也已经发生了根本性的变化，即贸易已经从传统分工形式下为实现价值而进行的跨国流动，变成了为确保完成全球生产而进行的跨国流动。因此，从上述意义来看，发展中经济体本土企业的出口行为，其实质是融入发达国家跨国公司主导的全球生产网络的外在表现。特别地，伴随国际生产分割的快速发展，由于发展中经济体在全球产业链中处于相对低端的位置，因此，其出口贸易的发展往往富含大量进口的中间产品，尤其是具有技术和知识密集型特征的进口中间品。而对进口中间产品，尤其是技术密集型和知识密集型等中间产品进行再生产、组装和加工，往往能够产生更强的外溢效应，从而"出口中学习"效应在本质上也就演化为"生产中学习"效应。一个不争的事实是，中国出口贸易的"爆炸式"增长，其实正是中国参与全球要素分工、抓住产业和产品价值增值环节国际梯度转移的历史性机遇所带来的必然结果。一方面，通过嵌入全球价值链而实施的出口行为，对于本不熟悉国际市场的中国本土企业而言，由于融入跨国公司组织的全球生产分工体系而获取了难得的学习和锻炼机会，包括接受跨国公司的帮助、指导、督促等"主动溢出"，从而促进其升级能力的提升。另一方面，中国本土企业融入跨国公司主导的全球生产网络，其出口行为往往具有对发达经济体市场高度依赖的特征，例如，长期以来中国出口产品就高度依赖于欧、美、日等发达经济体市场。而来自发达经济体的消费者，包括跨国公司，往往更为"挑剔"，从而迫使发展中经济体本土企业不断"升级"，以满足发达经济体的"高要求"。总之，在全球要素分工环境中，发展中经济体本土企业的出口行为，实质上是融入跨国公司主导的全球生产网络，"出口中学习"的本质是"生产中学习"，因而具有促进本土企业以及产业升级的重要作用。

第四节 中国产业转型升级需深度融入全球要素分工

融入全球要素分工体系是中国产业获得巨大发展成就的经验所在，因此，在经济全球化和国际分工仍将深入演进的大趋势下，面临国际国内环境的深刻变化，中国实现产业进一步发展和转型升级，需要进一步深度融入全球分工体系。

问题的关键在于,进一步深度融入全球要素分工体系,中国产业发展是否还具有转型升级的空间?针对这一问题,需要从全球要素分工演进的当代趋势,以及中国目前在全球产业链中所处发展阶段的两个方面进行客观认识和判断。

从全球要素分工演进的当代趋势来看。虽然始于2008年的国际金融危机对全球经济造成了一定冲击且其后续影响仍然存在,并导致一定程度上的贸易保护主义抬头,但经济全球化发展的大趋势不会逆转,全球要素分工仍将深入演进发展,并表现出如下几方面的当代特征。第一,伴随信息通信科技的突飞猛进以及产品生产分割技术的快速发展,价值链的"全球长度"仍在进一步延伸。无论是以FDI还是以外包为表现形式的全球要素分工下,产品价值链的全球分解程度往往取决于两个决定性因素,一是产品生产分割技术的发展,决定了产品生产过程的可分离程度,或者说产品生产的迂回程度;二是交易成本的变化,决定了分割后的产品生产阶段或环节,是否能够被移至不同的国家和地区进行生产。通常而言,产品生产过程的分割程度越是细化,分解出来的特定生产环节和阶段越多,由此所导致的交易成本也就越高。因此,分工深入演进的实质就是这两种因素相互作用的过程。分工的细化提高了效率水平,但也相应地增加了交易环节和提高了交易成本。而在 Baumgardner(1988)看来,产品生产阶段和环节在技术上的可分离性要比人们通常想象的普遍得多,换言之,交易成本的变化可能对分工演进更具决定性影响。从当前经济全球化发展的实践来看,不仅信息、通信等技术进步在不断地促进有形交易成本下降,与此同时,全球多边贸易体制、区域经济一体化发展以及双边贸易体制的快速发展和制度安排,也在促使无形交易成本不断下降。受其驱动,基于全球战略的跨国公司会从效率提升角度出发,将产品价值链进行进一步分解以拓展全球生产网络。Antràs 等(2012)在研究全球价值链的动态变化时发现,近年来产品价值链的全球长度有不断延伸趋势,其中通信设备制造业、汽车业、金属家具制造业、电子设备制造业以及纺织服装业等,其全球碎片化生产的趋势特征越来越显著。这是全球要素分工进一步深入发展的典型特征之一。

第二,要素尤其是资本跨国流动与商品跨国流动,越来越具有融合发展特征,或者说"贸易投资一体化"的发展趋势更为明显。关于要素跨国流动与商品贸易之间的关系,也是传统国际经济理论所关注的重要话题之一,到目前为止仍有两种代表性的理论给出了截然不同的观点和解释。一种代表性的观点认为要素流动与商品流动之间具有替代关系,而另一种代表性的观点认为二者之间具有互补关系。实际上,传统国际经济理论的解释虽然考虑到了要素跨国流动对贸易的影响,但其分析框架仍然停留在以产品为界限的传统分工模式下,并未考虑到跨国公司主导的全球要素分工,或者说全球生产网络这一新的分工形式。可以说,经济全球化的发展实践早已超出了传统国际经济理论所能解释的范围。在以要素为界限的新的国际分工形式下,要素流动和商品流动之间的关系,不再是简单的替代关系或者是互补关系问题,而是融合关系和一体化的关系。实际上,全球对外直接投资流量额及存量额的迅速增加,以及全球贸易量的迅猛增长,二者之间所呈现的一致性变化趋势已经在一定程度上说明了问题。这种相对一致的增长趋势并非巧合,也并非是孤立的经济现象,而是融合发展的表现和结果,并且这一趋势正变得越来越显著。正如联合国贸发会议(UNCTAD,2013)的一项研究所指出:全球对外直接投资存量额与贸易流量额之比已经从20世纪90年代初的50%,上升至2010年的100%以上,FDI主导的全球价值链成为全球贸易增长的重要驱动因素;全球贸易中的80%属于全球生产网络内的商品贸易,并且这一趋势仍在继续;而一国融入全球价值链分工程度与利用外资额存量之间存在显著的正相关关系。这一趋势表明全球生产网络在国际分工中的作用仍在进一步加强,这是全球要素分工进一步深入发展的又一典型特征。

第三,国际金融危机后全球经济格局的变化促使跨国公司调整其全球战略及其价值链的全球分布策略,"逆向创新"将成为未来跨国公司的普遍战略。进入21世纪以来,国际经济格局特别是产业发展的世界格局正在发生着巨大变化,财富和经济权力向新兴市场经济体转移并成为当下经济全球化的重要特征之一。尤其是始于2008年的国际金融危机后,相对于身处"重灾区"的西方发达经济体而言,新兴市场经济体相对优异的表现使得这一对比性变化更为突出。当然,这种变化在某种程度上来说,正是全球要素分工给发展中经济体带来发展机遇的结果。新兴经济体的崛起正在极大地改变着全球经济和产业竞争格局。在全球要素分工快速发展的很长一段时期内,发达经济体的财富和经济权力在全球经济中占据着绝对压倒性的比重,从而使得跨国公司的全球战略也主要是"瞄准"发达经济体市场。换言之,在过去的几十年内,发达国家跨国公司的全球化战略,其产品创新主要是基于发达经济体的市场需求,创新活动也主要源自接近市场需求的发达经济体内部,而销往全球其他市场尤其是发展中经济体市场的产品,只不过是在源自发达经济体的创新产品基础上进行适当的"本土化"而已。实际上,在全球生产网络中,价值链的分布和配置不仅取决于生产环节和阶段的要素密集度特征以及不同国家和地区的要素禀赋差异,市场规模也是其中的重要影响因素。对此,经合发展组织与世界贸易组织联合开展的一项调查(OECD-WTO,2013)给予了证实,因为调查结果显示,在影响跨国公司价值链全球配置的关键因素中,市场需求规模是仅次于生产成本的第二大影响因素。伴随新兴市场经济体的崛起及其财富和经济权力的逐渐"东移",由于新兴市场经济体的市场需求规模的不断扩大,跨国公司也会随之调整其全球价值链分布策略,即将更多的创新活动置于新兴市场经济体,然后将创新性产品再销往包括发达经济体的全球市场。有些学者将这一变化称为"逆向创新"(Reverse Innovation),以区别于以往基于发达经济市场需求进行的创新性产品生产进而销往全球市场的模式。案例研究表明,上述变化趋势已经在许多跨国公司中悄然出现(Jones,2011)。这是全球要素分工进一步深入发展的另一典型特征。

全球要素分工深入演进呈现的上述三个趋势或者说特征,其实质均隐含着这样一个可能性,那就是发展中经济体在全球产业链分工中面临着新一轮转型升级的重要机遇。价值链全球长度的延伸,意味着在"归核化"发展战略下,发达国家跨国公司必然将以往的"核心"环节进行进一步分解,而具有更高技术和知识密集度的生产环节、工序和服务流程,将会被配置到发展中经济体;要素流动与商品贸易的日益融合,意味着一国产业结构将会随着流入要素质量的提高而不断升级,联合国贸发会议的统计数据表明,目前流向三大低碳和绿色经济领域(主要是可再生能源、循环经济领域和低碳技术制造业领域)的全球对外直接投资正呈快速增长之势;而全球经济格局变化下的跨国公司"逆向创新"战略,无疑为发展中经济体攀升全球产业链高端提供了新的发展机遇。总而言之,全球要素分工出现的当代趋势及特征,为包括中国在内的发展中经济体在更高层次上融入以发达国家跨国公司主导的全球要素分工体系、促进产业转型升级带来了新的机遇,这种变化与中国产业结构的演进方向和升级趋势具有明显的一致性。

从中国目前在全球产业链中所处的发展阶段来看。尽管中国在融入全球要素分工体系中实现了产业"压缩式"发展,但从产业国际竞争力和全球产业链的分工态势来看,目前中国几乎所有的主要产业,甚至包括纺织服装业等最具国际竞争力的产业,在核心技术创新能力以及反映综合竞争优势的品牌建设方面,同发达经济体仍然存在较大的差距。尽管从中国出口产品结构角度来看,有研究指出中国的出口商品结构与主要发达经济体的出口商品结构非常相似(Schott,2007),甚至有学者研究发现中国已经超过美国成为全球最大的高科技产品出口国（Lemoine 等，2008），从而表面上看起来似乎中国的产业发展已经实现了高端化，但正如许多实证研究所指出，在产品价值链的全球分解下，由于发展中经济体出口产品中实质上使用了大量来自发达经济体的高技术含量和高附加值的中间产品，从而使得其出口商品结构表现出"虚高"特征。为此，有学者从垂直专业化等角度实证考察了中国产业在全球价值链分工中的地位，大多研究得到了基本一致的结论：目前中国各产业发展的高度化与发达国家相比，均存在一定的差距，特别是在高技术密集型产业领域，差距较大，而目前对发达国家的追赶上，主要表现在中等技术密集型的产业领域，中国产业发展的"专业化"没有与发达国家"趋同"，其高度化也远远未赶上发达国家（施炳展，2010）。由此可见，中国产业的国际竞争力，尤其是从高级化发展的角度来看，还远远没有攀升至全球产业链的高地。

就中国产业发展和升级所处的具体阶段而言。根据全球要素分工条件下对全球产业链升级阶段的划分，Humphrey 和 Schmitz（2002）认为发展中经济体融入全球价值链后会经历四个阶段的产业升级：第一阶段是工艺升级，即采用新的生产组织形式或者采用新的生产技术，提高生产效率；第二阶段是产品升级，即生产出更高技术含量的产品；第三阶段是功能升级，即提高产品生产中的知识和技能含量，实现价值链的攀升；第四阶段是产业链的升级或者部门升级，即从某一产业转型至另一更高端产业。而国内有些学者则将包括中国在内的发展中经济体和新兴市场经济体在全球要素分工背景下的产业发展和升级划分为生产能力国际再配置、生产设备和技能国际再配置，研发创新能力国际再配置，以及品牌优势国际再配置。尽管划分的方法各异，但就中国产业发展所经历的阶段而言，学术界的观点基本一致，即目前中国的绝大多数产业尚处于第一、第二发展阶段，即处于甚至已经完成了工业升级和产品升级阶段，或者说已经基本完成了生产能力国际再配置的第一阶段和生产设备与技能国际再配置的第二阶段，中国在融入全球产业链中的产业升级之路才刚刚走完了"一半"。因此，结合全球要素分工的当代趋势特征，以及中国产业发展的现实阶段，不难看出，中国在进一步深度融入全球要素分工中，只要把握得当，仍然面临着产业升级的巨大发展空间。

全球要素分工：经济影响及中国对策

第五节 结论及对策思考

以上分析表明，改革开放以来，积极融入全球要素分工体系，参与全球竞争与合作，是中国产业获得巨大发展及其转型升级的经验所在。而在全球要素分工已经成为当前国际分工主导形式的大背景下，其深入演进的当代趋势特征以及中国产业发展的现实阶段决定，中国产业的进一步发展和转型升级需要更加深入全面地融入全球要素分工体系。当然，顺应经济全球化发展大势，在进一步深度融入全球要素分工中促进中国产业转型升级，并非意味着我们要固守传统发展道路不变，也并非意味着我们只需"顺其自然"便能"万事大吉"。尤其是当传统发展道路的弊端和局限性日益凸显时，积极主动地及时调整参与全球竞争与合作的开放战略，不仅是当务之急，也是明智之举。目前面临国内国际环境的深刻变化，中国简单纳入全球分工体系以扩大出口的传统"血拼"式发展道路已渐至尽头，参与全球分工的战略也需要相应做出适时调整。因此，我们目前所面临的问题根本不是要不要进一步融入全球要素分工体系，而是如何进一步融入全球要素分工，才能更好地促进中国产业转型升级。为此，我们需要统筹国内国际两个方面的因素，注意以下几个方面的问题。

第一，继续发挥比较优势，以优势要素深度融入全球分工体系。一些代表性的观点认为，全球要素分工条件下中国产业转型升级的方向，就是要实现"中国加工"和"中国制造"向"中国创造"和"中国品牌"方向的全面升级，向技术研发和营销品牌等所谓"微笑曲线"的两端攀升。从长远发展思路来看，这是有一定道理的，也是中国产业发展的根本方向。但是不能操之过急，唯有脚踏实地才有可能扎扎实实地推进中国产业一个又一个地向全球产业链高端攀升。产业的转型升级不可能一蹴而就，更不能脱离目前中国比较优势的现实以及全球要素分工的发展大势。因此，脚踏实地的含义就在于我们要以现实比较优势为基础，尊重循序渐进的原则和经济发展的客观规律。Hausmann 等（2007）对出口产品空间结构动态转换的研究发现，一国比较优势的动态变迁与当前比较优势密切相关，换言之，产业结构的调整和升级会沿着与当前比较优势产业更为"接近"或相关度更高的未来产业方向发展，而难以向远离现有比较优势的产业方向发展。这一研究结论实际上意味着，除非发生产业革命或重大技术变革等，一国比较优势的演进基本上会遵循渐进缓慢的变化过程。目前，相对廉价和更为优质的劳动力仍然是我们最大的比较优势，也是我们融入全球要素分工体系最主要的依赖。而且实践证明，以劳动禀赋优势融入全球要素分工，不仅能够解决中国目前劳动力就业这一最大问题，使广大劳动者能够分享经济发展的成果，同样也会因为资本和技术的"溢出效应"以及本土企业的"学习效应"而促进产业结构的升级和新兴产业的发展，并形成产业链的延伸发展。而进一步融入全球要素分工则是前提。从上述意义来说，中国产业发展和转型升级步入更需要耐心的时代（金碚，2012），这种耐心不仅体现在要踏踏实实地从事实业生产和技术创新，还体现在扎扎实实地用好现实比较优势、遵循循序渐进的规律性方面。

第二，打造综合竞争性环境优势，提升融入全球要素分工的能力。任何事物都有两面性，全球要素分工的发展也不例外。全球要素分工在为发展中经济体带来发展和产业转型升级机遇的同时，也带来一定的风险。例如，许多专家学者常担心的所谓"低端锁定"，或者说被跨国公司"俘获"而置于产业链低端的风险。事实上，在我们看来，全球要素分工所带来的最大风险并非是所谓"低端锁定"或者说"俘获"的风险，而是被"开除球籍"的风险。因为被跨国公司"锁定"或者"俘获"，至少说明一国或地区还具有融入全球要素分工、参与全球生产的能力，还有利用国际国内两种资源进行发展的机会，至少是"跟随模仿"发展的机会。但是一旦被"开除球籍"，其他一切便无从谈起。由于在全球要素分工体系下，跨国公司借助全球生产网络进行价值增值环节的区位配置时，成本因素是其考虑的主要变量，因此，一国或地区是否能够或者说被纳入全球生产网络，主要取决于其是否具有成本优势（此处的成本概念是一个综合性概念，既包括要素成本，也包括商务成本，比如运输、投资和税收激励、基础设施、基础服务、行政管理负担、契约履行成本、制度质量、进口便利程度等）。一些国家或地区由于缺乏成本优势而难以进入全球生产网络，被排除在全球要素分工之外，这是一种被"开除球籍"的表现。而被"开除球籍"的另外一种表现就是，伴随各国或地区成本的相对变化，跨国公司全球生产网络的区位配置会因此而产生"空间漂移"，即原先已经加入全球要素分工的国家和地区由于丧失成本优势，或者由于无法满足跨国公司的"升级"需要，其承接的生产环节和阶段会随之转移到其他更具成本优势的国家和地区。改革开放以来，中国已顺利且非常成功地加入全球要素分工体系，因而并不面临第一种意义上的被"开除球籍"，而伴随中国开放型经济所依托的人口红利、土地红利等传统低成本优势逐步丧失,以及其他更多发展中经济体参与全球经济竞争,则有可能面临第二层意义上的被"开除球籍"。因此,中国已经完成了顺利加入全球要素分工的第一个阶段后,所面临的第二阶段就是要"扎根"其中。这就要求我们在继续发挥传统比较优势的同时,在完善市场机制、提高制度质量、完善产业配套环境、提高政府效率、降低税费、进一步完善基础设施以及提高法制化水平等方面,做足做够功课,据此打造出更具竞争性的综合成本优势,为"扎根"全球产业链奠定基础。

第三,继续大力引进国际先进生产要素,助推中国产业转型升级。引进国际先进生产要素,是中国发展开放型经济的经验所在。面临国内国际环境的深刻变化,我们应正确把握国际产业重组、资本流动、要素转移、技术合作和人才流动等重要战略机遇,在继续大力引进国际先进生产要素、提升国际先进要素聚集能力的同时,注重提升整合各类先进要素进行创新活动的能力。在前一轮开放中,中国引进国际先进要素主要还是侧重在利用外资方面。在新一轮的对外开放中,我们应该在扩大利用外资规模的同时,提高利用外资的质量,并且要确立"全要素"的发展理念,充分发挥通过"引资"带动其他先进要素向中国集聚的功能。实际上,资本流入从来就不只是一个资金问题,而是技术、品牌、管理、营销渠道、制度等"一揽子生产要素的流动"。以"引资"带动引进先进技术、先进管理经验、高级管理人才、研发结构,实现由引资向引进全面优质的生产要素的转变。通过集聚更为全面优质生产要素,尤其是高级管理人才和科技型人才等"外智",提升中国在发展开放型经济中整合各类先进要素进行创新活动的能力,从而能够有效助推中国产业的转型升级。当然,在全球要素分工环境中,要素跨国流动以进行优势要素组合,同样存在质量上的"门当户对"问题。一国或地区能够吸纳什么层次的生产要素,往往取决于其经济发展的质量和自身所拥有的要素层次。因此,这就要求我们进一步在发挥"量"的优势的同时,应着重提升劳动者"质"的提升,以及包括经营环境等广义概念上的生产要素"质"的提升。这就需要我们在进一步加大教育投入,合理分配教育资源,以及大力发展职业教育和培训等方面做足功夫,努力提升劳动者的素质;需要我们在创业留人、事业留人、待遇留人、环境留人等方面,着力打造"招才引智"的优良环境;需要我们围绕先进制造业发展现代服务业,着力为创新活动提供服务平台;需要我们促进"官、产、学、研、媒"的有效结合,加快构建创新体系,建立研发同盟,为创新活动提供坚实的重要保障等。唯有如此,才能在全球要素分工环境下，提升引进国际先进生产要素的能力，助推中国产业转型升级。

第四，以培育国际化的企业家队伍为重点，加快人才国际化步伐，提升整合全球优质要素能力。改革开放之前，由于中国历史上并没有经历过市场经济的发展，所以特别缺乏企业家和企业家精神。自改革开放以来，尤其是1992年中国建立了社会主义市场经济体制以来，中国企业由于并不熟悉国际市场的操作经验，因此，在融入经济全球化进程中，主要是通过引进外国直接投资，为外商直接投资进行配套，或者是接受发达国家跨国公司发出的订单而融入国际分工体系。在要素全球流动性不断增强以及产品国际生产分割的进一步发展趋势下，决定现在和未来一国或地区产业国际竞争力，以及由此所能获得的分工利益的关键因素，不再取决于生产什么、进口什么和出口什么，而是以什么样的要素、什么样层次的要素参与国际分工，对整个价值链的控制能力有多大。而在所有的要素中，最为重要的、最为关键的要素当属企业家要素。尽管依托各种优势和经过多年的努力，中国开放型经济形成了一定的要素集聚优势，也是国际生产要素聚集最多的地区之一，并在一定程度上促进了产业发展及转型升级，但是我们也清醒地看到，到目前为止，整合这些资源进行国际化生产、获益最多的大都是外资企业，中国大多还只是以要素优势而不是通过企业优势去参与国际竞争与合作。因此，从上述意义上来说，中国产业的发展是在发达国家跨国公司引领下的一种被动式发展。因此，培养具有整合全球资源能力的企业和企业家已经是当务之急，这不仅是加快中国产业发展和转型升级的需要，也是提升我们自主发展能力的必由之路。目前有些实证研究已经表明，在国内产业结构还不具备高级化的先决条件下，中国企业"走出去"的主要动机就是为了获取和整合国外先进技术等要素，以带动国内产业结构的转型升级（王碧珺，2013）。这种可喜的变化在一定程度上说明，我们已经开始认识到全球要素分工环境下整合全球要素的重要性，并已开始付诸了行动。可以预期的是，不是单纯以要素优势而是以具有整合全球资源能力的企业去参与国际竞争之日，才是中国步入产业强国之列之时。

第五，将市场规模优势转化为融入全球要素分工体系的新优势，吸引发达国家跨国公司在中国进行"逆向创新"，带动中国产业转型升级。犹如前文所述，财富和经济权力向新兴市场经济体"东移"成为当下经济全球化的重要特征之一，而中国经济的快速发展则是加速世界经济重心东移的巨大引擎。目前，中国已经成为全球第二大经济体，巨大的市场潜在需求规模，理应成为吸引全球先进生产要素的可依托优势。价值链上具有不同要素密集度特征的环节和阶段，其生产成本不仅取决于一国或地区所拥有的要素禀赋特征，还取决于该生产阶段和环节与最终消费市场的"接近程度"。相对而言，组装、加工环节对消费市场的接近要求并不高，而诸如研发、设计、营销、售后等高端环节则对"接近"消费者有着特殊要求，因而具有"接近"市场的先天需求。这或许正是现有案例研究所表明的，为什么发达国家跨国公司已开始基于新兴经济体进行"逆向创新"的根本原因。因此，在全球要素分工条件下，要素尤其是高端要素流向何地或者说在何地进行生产配置，不仅取决于当地要素成本，同时还取决于当地市场规模。应该看到，在前一轮的对外开放中，中国融入全球要素分工主要依托的还是要素成本优势，而不是倚重国内市场需求规模优势（这当然也是由于发展相对落后情况下市场规模优势还没有凸显的原因），包括外资向中国的大量集聚，主要看重的还是我们前述的低成本要素优势。而伴随传统低成本要素优势的逐渐减弱，以及国内市场需求规模优势逐渐凸显，依托国内市场规模优势集聚全球先进生产要素，是我们重要的战略选择。如果说之前以低成本要素优势还只能"吸引"国际相对低端的要素向中国集聚，那么利用潜在的巨大市场规模优势则更能"吸引"国际高端要素向中国集聚，因为以贴近发展中经济体的市场需求为基础，进行研发创新并以此辐射全球，将成为跨国公司未来发展战略调整的重要方向。因此，在新一轮开放中，中国应把握跨国公司战略调整的动向并及时抓住机遇，努力将可依托的经济规模优势转化为对外经济合作的新优势，提高先进要素的"引进来"能力。这就需要进一步扩大国内市场的开放，充分发挥中国经济规模总量优势所形成的巨大国内市场虹吸效应。如此，就一定会有一大批研发中心和营销中心乃至跨国公司总部转移到中国来，由此带动中国产业的转型升级。

第四章 全球要素分工条件下我国本土企业升级能力的影响因素

20世纪90年代以来,国际分工的形式发生了重要变化,即要素流动特别是资本要素流动和生产过程在全球分离成为越来越普遍的现象,从而使得同一价值链的不同生产环节或工序按照其要素密集度特征被配置到具有不同要素禀赋的国家和地区。国家之间的分工形式不再以最终产品为界限,而是表现为以劳动力、资本、技术、知识密集型工序和零部件为界限的生产分工,即同一最终产品的生产由多国要素共同参与,国际分工已由以产品为界限向以要素为界限转变,因此,从本质上看,这种新的国际分工形式可称为要素分工。生产过程的全球分离对一国技术和资源禀赋的要求相对较低,即一国只要在某一生产环节上具有比较优势便可参与国际分工,从而能够产生比较优势的创造效应;而要素的全球流动则有利于一国原有优势要素功能的进一步发挥,从而能够产生比较优势的激发效应。因此,要素分工的发展为各国参与国际分工,尤其是为发展中国家参与国际分工带来了重要机遇。中国改革开放的伟大事业正是在这种背景下展开的。中国抓住了国际产业资本重组和转移的历史性机遇,融入全球要素分工体系,实现了制造业的快速发展,已经贴遍全世界的"中国制造"的标签就是明证。

然而,受制于中国在发展初期的要素禀赋条件,中国只能以低端方式融入全球要素分工体系,大力发展劳动密集型产业,或者是高端产业的低端环节,虽然由此带动了经济发展和制造业规模的快速扩张,但是其粗放型发展特征也较为显著,中国工业化发展道路由此也遭遇了诸多质疑和争论。一些颇具代表性的观点认为,中国以低端嵌入的方式融入全球分工体系,容易陷入"贫困化"增长陷阱,从而形成一种所谓"低端道路"的路径依赖(洪银兴,2002;刘志彪等,2007);而本轮全球金融危机对我国开放型经济造成的巨大冲击,在很多学者看来,正是中国粗放型发展方式脆弱性的典型表现(魏杰,2009;余永定,2010)。因此,加快产业升级、创建自主品牌、向微笑曲线两端延伸,以高端切入的方式融入全球价值链等呼吁便越来越强烈。实际上,在全球要素分工环境下,中国利用丰富廉价的劳动力等初级要素和外资,以"低端嵌入"的方式融入跨国公司主导的全球价值链分工体系,是否陷入"贫困化"增长陷阱以及形成所谓"低端道路"的路径依赖,仍然是存在广泛争议的。例如,张小蒂等(2006)的研究发现,在垂直专业化分工背景下,20世纪90年代以来中国产业竞争力的总体变动趋势表现为:劳动密集型产业竞争力逐渐衰退,而资本技术密集型产业的国际竞争力则快速上升;从中国出口产品结构的角度看,一些学者的研究也发现,中高技术和高技术产品出口份额在中国出口总额中所占比重不断上升,中国出口商品技术含量迅速提高(樊纲,2006;Schott,2007;Lemoine,2008)。上述研究的内在含义是,中国发挥比较优势虽然以低端方式嵌入全球分工体系,但并未出现所谓"低端锁定"。本书不对上述争议进行过多的评论,但是不容置疑的是,随着中国经济的快速发展和各种要素成本的不断上升,以及其他具有低成本优势的发展中国家不断加入全球竞争,中国经济发展所面临的国内国际环境正发生着深刻变化,转变经济发展方式的必要性和迫切性正日益凸显。也正是基于此,在"十二五"时期我国经济社会发展向更高层次迈进的关键时期,中央审时度势,确定了以转变经济发展方式为主线。

在此背景下,研究全球要素分工条件下我国本土制造业企业升级能力的影响因素,从微观角度来看,关系到制造业企业自身竞争能力提升及可持续发展,从宏观角度来看,关系到国家经济的可持续增长,已然成为具有中国实践意义和政策含义的大课题。与现有文献大多从行业视角研究不同,本书利用长三角地区昆山制造业企业的调研数据,从微观层面实证研究了全球要素分工条件下我国本土企业升级能力的主要影响因素。在有效控制企业创新活动、企业人力资本以及企业规模相关变量后,本书研究发现出口因素对本土企业升级能力的提升具有显著作用,从而证实了"出口中学习"效应的存在;为外资企业提供外向配套,不仅为本土企业技术创新提供激励和可能,也为吸收跨国公司消极型和积极型"技术外溢"等提供了重要机会,从而有利于本土企业升级能力的提升;产业集聚效应同样对我国本土企业升级能力的提升具有显著影响,说明在全球要素分工条件下形成的产业集聚在现阶段所带来的技术扩散和外溢效应是显著的。

第四章　全球要素分工条件下我国本土企业升级能力的影响因素

第一节　文献综述

关于发展中国家融入当前全球要素分工体系，实现制造业产业升级问题的研究，很多学者都是基于垂直专业化或者全球价值链的框架下进行分析。Rhee Yung（1984）曾经指出，在全球价值链分工体系下，发达国家的跨国公司往往基于消费者对产品质量、环保、安全等方面的苛刻要求，会通过技术转让以及专利授权行为等，帮助发展中国家企业提升产品生产和设计能力；Evenson（1995）则进一步认为，除上述渠道外，发展中国家的代工企业容易获取发达国家大买家关于产品样式、质量、功能、设计等方面的信息反馈，从而有利于其技术能力提高。与上述观点类似，Humphrey 和 Shmitz（2002）的研究也认为，发展中国家企业融入购买者驱动的全球价值链，由于国际大买家出于自身竞争能力和利益的考虑，往往会鼓励下游各供应商加快升级步伐，从而促使发展中国家本土企业遵循从工艺升级到产品升级到功能升级再到链条升级的路径。与上述研究相比，Gereffi（1999）的研究更为具体地指出了发展中国家本土企业融入全球价值链的升级路径，即"干中学"和"用中学"效应可以促使本土企业通过以下途径实现转型升级：进口零部件从事加工装配→关注零部件及整个产品生产过程→设计自己的产品→创建并在国内外市场上销售自有品牌产品。Memedovic（2003）等学者的研究表明，亚洲"四小龙"正是利用国际垂直专业化分工提供的机会，依照比较优势原理，在不同程度上走出了一条组装—制造—研发的产品内分工升级带来的产业升级之路。从实践角度来看，上述升级路径也仅限于个别的案例研究，其中的影响因素究竟是什么，其实包括 Gereffi 在内的研究者也并不清楚。换言之，这种基于个别案例研究所得出的结论仍然停留在理论假说的层面。与 Gereffi（1999）等学者的研究观点迥异，Gramer（1999）的研究则认为，发展中国家局限于自身的比较优势，被迫嵌入全球价值链的低端生产环节，而这些低端生产环节由于受发达国家领导性跨国公司的行为、结构以及制度所决定，将会被长期锁定，且难以实现升级。Bazan L. 和 Navas – Aleman L.（2001）以巴西的皮鞋产业集群为例进行研究后发现，发展中国家本土企业融入全球价值链，能否实现升级关键取决于价值链的治理模式，不同价值链治理模式对不同的升级环节的影响是不同的。从这一点来看，Gereffi（1999）等学者的"升级乐观论"以及Gramer（1999）等学者的"升级悲观主义"都过于极端和片面了。

具体到中国，学术界基本上存在两种观点，一种观点认为中国本土企业在全球价值链中处于弱势地位，存在升级困难；另一种观点则从动态角度剖析中国本土企业融入全球价值链面临的重要升级机遇。就第一种观点而言，杨友仁等（2005）从纵向压榨的视角，研究认为，中国本土企业在全球价值链中受到领导性跨国公司强势权力挤压，如风险转移和压迫性价格等，从而在一定程度上丧失了升级能力。与之类似，张晔（2005）从跨国公司市场势力的角度指出，中国本土企业与领导性的跨国公司之间的市场势力严重不对等，以至于发达国家的跨国公司可以利用其强大的市场势力对我国本土企业进行压榨，抑制了攀升全球价值链的能力。于明超（2006）等则从外资代工视角指出，我国融入全球分工体系的一个重要方式就是大量利用外资，而外资企业在我国形成了一种相对封闭的生产式网络，与当地本土企业之间基本割裂，这种外来资本主导下的分工模式由于其根植性差、挤出效应强以及知识流动少等特点，从而使得当地本土企业面临着较高的升级障碍。张杰等（2007）的研究指出，由于中国出口企业被国际大买家和跨国公司主导的全球价值链所"俘获"，从而迫使我国本土出口企业被长期锁定在低成本生产模式并形成技术上的路径依赖，抑制了自主创新能力。刘志彪（2009）认为，中国本土企业在"被俘获"的全球价值链中，由于"断点"和"隔离"等效应的存在，所能获取的技术转移和技术溢出是极小的，制造业产业升级和高级化发展面临着严峻困境。张明志等（2011）的分析表明，中国产业结构的"虚高"现象与中国深度介入全球垂直专业化分工体系密切相关，而目前的"介入"方式对产业内升级具有阻碍作用。可见，上述观点所暗含的一个基本看法是：融入全球分工网络不利于我国产业升级。就第二种观点而言，金碚（2004）认为，中国以加工贸易的形式参与全球分工（其实质上就是参与全球要素分工），通过向上下游不断延伸，有利于实现从产能转移到技术转移，然后再到品牌转移，从而提升中国制造业企业在全球分工中的地位。张辉（2005）则从动态学习和创新机制的角度看，指出中国嵌入全球价值链可以逐步改进在产品内国际分工中的地位，但是，由于处于不同价值环节的地方产业集群之间具有严格的空间价值等级体系，由此会演绎着处于低端环节产业集群与处于高端环节产业集群之间升级与反升级的较量，因此，升级可能是一种"不进则退"的艰难过程。安礼伟和张二震（2010）通过对昆山案例的研究后发现，发展开放型经济极大地促进了昆山产业转型升级,换言之,昆山正是抓住了融入国际价值链分工体系所带来的产业升级机遇,在与外资企业配套和融合发展中实现了产业升级。显然,此类观点暗含的一个基本看法是:融入全球分工网络有利于我国产业升级。

总结以上对国内外现有研究文献的讨论可以看出,在全球要素分工背景下,对于发展中国家融入全球价值链,是否有利于本土企业的升级,并未在学术研究范围内达成统一认识,还存在诸多理论和经验上的矛盾和争论。此外,总结现有研究我们可以发现存在以下几个特点:第一,对发展中国家本土企业融入全球分工网络实现升级问题的分析,基本上围绕着回答"是"与"否"进行探讨;第二,针对发展中国家本土企业升级的讨论大多停留在理论假说层面上,包括对升级路径问题的探讨,而少量的实证研究也仅限于个案分析,所得结论其实仍然是一个有待于检验的理论假说;第三,无论是理论研究还是经验研究或者说案例分析,大多都是基于产业层面进行分析,较少深入企业这一微观层面,对企业升级能力影响因素的实证研究则更为缺乏,当然,造成这一现象的根本原因可能在于微观数据的难获得性;第四,就企业层面的研究而言,由于企业的创新活动对于升级而言无疑具有重要影响,因此,现有针对企业创新活动影响因素的研究,为我们深化认识全球要素分工条件下本土企业升级的影响因素提供了间接认识。有关这一方面的研究,国内学者张杰等(2007)已经进行了较为全面的综述,本书不拟赘述。但是与这方面的现有研究不同,本书将直接关注创新活动本身对升级的影响。另外一个不容忽视的问题是,现有研究文献普遍忽略了当前要素分工特征下要素全球流动,特别是资本流动所可能产生的影响。中国开放型经济发展的实践表明,利用外资是其重要内容之一,而外资企业的进驻会为本土企业进行"外向配套"提供重要的机会,进而会对本土企业升级产生一定影响。面临国内国际环境的深刻变化,中国开放型经济正处于转型升级新阶段,而长期以来中国的确又是以"低端嵌入"的方式融入全球分工体系,因此,从本土制造业视角来研究企业升级能力的影响因素,进而探寻其内在作用机理,这既是对中国现阶段发展政策的转型具有重要借鉴意义的重要研究命题,更为重要的是,也将为设计有效的激励机制和政策,促进我国制造业企业转型升级,以及提升本土企业在全球分工中的地位具有重要意义。

第二节 全球要素分工条件下本土企业升级：
昆山经验的简要描述

在分析全球要素分工条件下我国本土企业升级能力的影响因素之前，我们有必要对其现状进行简要地描述以形成基本认知，这不仅有利于我们明晰其中可能的影响因素，也是进一步进行计量研究进而提出有针对性政策建议的前提。实际上，国内学者刘志彪（2007）的研究早已指出，大量的关于 GVC 中本土企业升级的案例研究表明，中国本土企业经历了快速的工艺升级和产品升级。由于本书拟利用昆山制造业企业的调查问卷，分析全球要素分工条件下我国本土企业升级能力的影响因素，因此，本节将着重基于昆山地区外向型经济发展的实践，对本土企业的升级状况加以简要描述。

改革开放以来，中国外向型经济发展的突出特征就是外资的大量利用和出口贸易的迅猛发展，而昆山作为我国东部沿海地区开放型经济较为发达的典型地区，上述特征尤其典型，也尤其具有代表性。自改革开放以来，在国际分工快速发展和深入演进的大背景下，昆山始终坚持经济领域外向驱动战略不动摇，以敢为人先、开拓创新的精神，抢抓机遇，加快发展，走出了一条独具特色的"开放型经济发展之路"。在开放型经济发展战略下，昆山地区抓住了经济全球化和产业重组带来的发展机遇，不仅成为 FDI 的重要流入基地，同时以外向配套为契机，成为本土企业尤其是民营出口企业发达的地区之一。开放型经济发展战略的成功实施，已经使昆山成为我国东部沿海地区开放型经济发展程度最高的地区之一。而作为我国东部沿海地区开放型经济发展程度最高的地区之一，昆山地区的土地面积虽然只占全国的万分之一，但一直以来却是 FDI 的重要流入地和集聚地，也是进出口贸易十分发达的地区之一。据中国商务部和昆山商务局的统计数据显示，2010 年昆山实际利用外资 17.2542 亿美元，占全国实际利用外资总额 1057.35 亿美元的 16.32‰；在进出口方面，2010 年昆山完成进出口总额为 855 亿美元，占全国 36420 亿美元进出口总额的 23.47‰，其中出口 533 亿美元，占全国 18986 亿美元出口总额的 28.07‰，进口 322 亿美元，占全国 17434 亿美元进口总额的 18.46‰。从昆山开放型经济发展的实践中，我们发现，本土企业在为外资企业配套和出口中实现了快速升级。

昆山统计公众信息网的数据显示,近年来在开放型经济发展战略带动下,本土企业无论在数量、规模方面还是在质量方面,都呈现显著的积极变化,例如,本土企业从2000年的3474家,增长到2010年的13886家,10年间增长了3倍,年均增速达14.8%,而从本土企业的工业总产值来看,则从2000年的123.67亿元增长到2010年的764.38亿元,增长了5.18倍,年均增速达19.7%。这一统计数据背后的含义在于,本土企业不仅呈现数量上的增长,同时也表现为平均规模上的扩张。而从出口贸易的角度来看,本土企业也表现为强劲的发展态势,出口额已经从2002年的0.51亿美元迅速攀升至2011年的31.21亿美元,其中,2007年、2008年、2010年的年度增幅均在50%以上,即使在金融危机的2009年,仍实现了24.4%的较快增长。从与外资配套发展的本土企业来看,1996年昆山共有为外资进行外向配套的本土企业140家,配套协作产品240多个,销售收入达10亿元,而到了2006年,为外资企业配套的本土企业数量已突破1000家达到1020家,配套协作产品1500多个,实现销售收入252亿元。这一统计数据同样说明了在配套方面,本土企业不仅呈现由少变多,同时还呈现规模由小变大的发展趋势。而截至2011年底,为外资配套的本土企业已经达到2436家。官产学界通常将这一实践状况形象地描述为"昆山的外资企业像月亮,顶天立地,本土企业像星星,铺天盖地"(管爱国等,2012)。从实践中我们清晰地看到,自1996年昆山成立外向配套协作中心以来,以开发区的外资企业为依托,国际名牌产品为龙头,的确带动了本土企业的快速发展。当然,以数量和规模的变化来表征本土企业的升级现状,可能还不足为据。对此,我们还可以从本土企业所处行业特征的变化以及部分典型本土企业的发展历程中加以明晰。

首先,从本土企业所处行业特征的变化来看,其结构呈现从传统的轻纺、服装行业不断向装备制造业、IT行业等重工业变迁的发展态势。例如,1998年本土企业中仅有9家属于装备制造业,创造产值不足1亿元,IT行业中本土企业仅有6家,创造产值不足2亿元,而截至2010年底,本土企业中已有201家属于装备制造业,创造产值达到106.35亿元;IT行业已经达到74家,创造产值106.29亿元,而与此相对应的是,本土企业在纺织业和纺织服装、鞋、帽制造业两个行业的产值比重却从1998年的12.6%下降到2010年的7.4%。其次,从外向配套和出口的部分本土企业发展实践来看,已经表现为快速升级趋势,这不仅体现在产品技术含量的不断提高,同时也表现为自主创新能力的不断提高。例如，昆山瑞卢卡工业电器有限公司发电机单品种出口量在国内排名前五，现为美国通用、美国福特、日本五十铃、日本丰田等公司配套生产汽车发电机及转子定子零部件；1993年成立的"华新"，建立了苏州市级企业技术中心，目前已在气象卫星、导弹、医用呼吸机等军事、民用领域的多个行业开展配套，并成为"夏普""明基""富士"等多个国际知名企业的配套商；位于千灯的苏州元素集化学工业有限公司在与外企配套中不断开发新产品，目前其产品已经被多个国际著名跨国公司以及国内的大型日化产品生产企业所认可，配套领域也由日化行业延伸到大型彩色显示器生产商；再比如好孩子集团从配套起步，目前已经成为拥有国内外专利2300多项、创新能力很强的企业；再比如，位于昆山地区的江苏苏杭电子有限公司在外向型发展中，通过外向配套，在引进消化吸收的基础上不断创新，使企业由小变大、由弱变强，研发生产出具有自主知识产权的苏杭牌电路板，其产品不仅为当地外资企业配套，还远销海内外，成为美国的微软公司、德国的雷诺汽车、西班牙的尤洛克公司等著名企业的合格供应商。总之，类似的例子在昆山开放型经济发展实践中比比皆是，从笔记本、数码相机到汽车零部件，从软件到传感器、从模具到光电等，基本呈现外企生根、本土企业升级、内外双赢的景象。基于这一实践背景，本书下一节将利用昆山制造业企业调研问卷，计量揭示全球要素分工条件下本土企业升级能力的影响因素。

第三节 数据来源、变量设计与模型设定

（一）数据来源

为了从微观层面明晰我国本土制造业企业升级能力的影响因素，并有针对性地提出政策建议，南京大学"昆山实现经济转型升级的难点与对策研究"课题组选取了昆山本土制造业企业和外资企业为调研对象，于2011年3~7月进行了较大规模的问卷调查。本次调查共收回有效问卷356份，其中本土制造业企业179份，广泛涉及16个制造业行业。本土制造业企业的样本平均规模为27.55（根据2010年固定资产额计算），其中最小企业规模为0.03，最大企业规模为1204.78。问卷对于影响全球要素分工条件下本土企业升级能力的多种可能因素进行了调查，这些多种可能因素分别涉及企业出口密集度、本土企业的外向配套

行为、产业集聚效应、企业创新活动、中高层次技术人才、中高层次管理人才、企业固定资产、企业员工数、企业销售额、企业新产品销售额以及企业发明专利数等方面。

(二) 变量设计与模型设定

1. 被解释变量的选取

目前,学术界关于升级能力的衡量尚未有统一的和普遍认可的方法,尤其是企业升级能力的测度指标。虽然关于产业升级的测度,现有文献已经给出了许多使用相对普遍的方法,主要包括三次产业结构比例指标、霍夫曼比例指标、工业加工程度指标、技术集约化程度指标、高新技术产业发展程度指标、产业成长程度指标等,各种测度方法也各有其优点,但这些基于产业层面分析的指标体系,又很难符合本文基于微观企业调研问卷的分析需要。据此,我们采取两种变通的方法作为本土企业升级能力的替代变量,一是根据 Guerrieri (2001) 的定义方式,本书采用企业新产品销售额占其销售总额之比,二是采用企业发明的专利数量。根据 Guerrieri (2001) 的定义方式,所谓升级即表现为在同一产业内部或同一产品的劳动密集型环节向资本密集型和技术密集型环节的转换,在价值链的基础上,即是指制造业企业在价值链的不同增值环节之间的动态转换。根据上述界定方式可知,无论制造业企业遵循何种升级路径,也无论处于哪一个环节的升级,其最终形式必然表现为产品升级。在我们的调查数据中,反映本土制造业企业升级能力的可得数据是 2010 年企业在新产品方面的销售额。我们采用本土制造业企业新产品销售额与企业销售总额之比作为测度本土制造业企业升级能力的替代变量,要比单纯使用新产品销售额作为本土制造业企业升级能力的度量指标的做法,可能更为恰当。这是因为,不同规模的企业在新产品的绝对销售额方面通常存在较大的差异,新产品销售额较大,完全有可能来自企业本身规模较大而并非一定是产品升级能力较高的结果。使用相对比值的做法能够较好地消除这一不良影响。当然,以新产品销售额占总销售额比重作为企业升级能力的替代变量,虽然在一定程度上能够说明问题,但也有其不可避免的弊端,比如,服装企业出售一件新的衣服,是否就能说明其实现了升级,仍然值得商榷。为此,我们同时使用企业发明的专利数作为升级能力的替代变量。同时采用上述两种方法作为企业升级的替代变量,不仅可以在一定程度上弥补单一变量的弊端,而且使用两种变量的综合分析还可在一定程度上作为稳健性检验。

2. 解释变量的选取

从开放的视角看待我国本土企业升级能力的影响因素,我们主要考虑出口、外向配套以及产业集聚效应三个主要因素。应该说,这三个方面的因素大体反映了当前我国开放型经济发展表现出的较为突出的特征。

第一,出口因素可能对本土制造业企业的升级具有重要影响。实际上关于这一点,目前学术界的研究并未达成共识,有些研究支持了"出口中学习"的假说,即发展中国家的出口企业进入国际市场,通过与发达国家跨国公司接触,能够学习到更为先进的制造技术、管理手段、营销方式等,从而可以促进其技术进步(Bernard 和 Jensen 等,1995);但也有些研究否定了这种"出口中学习"效应的存在(Pavcnik 等,2002)。在这种认识分歧或者说争论的背后,一个极为重要的问题可能被忽略了,那就是在要素分工这一新环境下,发展中国家本土企业的出口,实质上是参与了发达国家跨国公司主导的全球生产的外在表现,特别地,发展中国家的出口行为会涉及大量的中间产品进口,尤其是技术和知识密集型中间产品的进口。而对进口中间产品进行再生产、组装和加工,往往会具有较强的知识和技术溢出效应,从而"出口中学习"效应实质上源于"生产中学习"效应。中国出口贸易的快速扩张正是在全球要素分工快速发展的背景下实现的。在这种新的国际分工形式下,中国本土制造业企业的出口,是否存在"出口中学习"效应,或者说,出口行为是否有助于企业升级,是一个有待于探讨的问题。因此,我们将本土制造业企业出口作为解释变量之一考虑进来。考虑到出口因素所可能产生的非线性影响,在下文计量方程中还纳入了该变量的平方项。在我们的调研数据中,我们使用出口密集度变量(即企业产品出口额占销售总额比重)来考察对本土制造业企业升级能力的影响。需要进一步说明的是,进口显然也是全球要素分工条件下企业的重要经济活动,尤其是对于我国外向型经济较为发达的东部沿海地区而言,更是如此,并且进口贸易可能会对企业的技术进步等带来重要影响(谢建国等,2009)。但是,正如巫强等学者(2009)研究我国东部沿海地区出口奇迹产生的原因时指出,为出口而进口就是其中重要的作用因素。实际上,"两头在外"的贸易模式是包括江苏昆山地区在内的东部沿海地区外向型经济发展的一个突出特征,出口和进口之间存在显著的相关性。有鉴于此,本书着重关注出口因素。

第二,外向配套行为可能是影响中国本土制造业企业升级能力的重要因素。犹如前文所述,在要素分工环境中,经济全球化的一个突出表现就是要素特别是资本要素全球可流动性的大大增强。跨国公司以 FDI 的方式进入发展中国家，其业务很重要的一个特征就是在进口中间品的基础上通过本地增值，形成最终产品或者下游中间品出口或者在东道国国内市场销售，在增值的过程中，需要使用其他中间投入品，显然，这种中间投入品既可以由外资投资企业自己生产，也可以由东道国本土企业生产和提供，如果是后者，则就形成了本土企业和外商投资企业之间的外向配套关系。中国开放型经济发展实践的一个重要内容就是外资的大量利用，而外资企业大量"入驻"和集聚，催生了我国外向配套型本土企业的产生和发展。或者说，为外资企业配套成为我国本土企业融入全球分工体系的一个重要途径。那么，现在的问题是，以外向配套的方式切入全球价值链，到底对本土企业升级产生促进作用还是抑制作用，或者说，发达国家跨国公司对发展中国家配套本土企业的"溢出效应"和"抑制效应"孰大孰小，是一个需要从中国经验出发，从实证层面给予回答的重要现实问题。在我们的调研数据中，我们采用虚拟变量来反映本土企业外向配套行为的影响。即，如果本土企业与外资企业之间有供应、加工或者贴牌生产关系，则存在外向配套关系，我们用虚拟变量 1 表示；否则，用虚拟变量 0 表示。

第三，产业集群效应对单个企业升级能力可能存在重要影响。新经济地理学（Krugman，1991；Krugman 和 Venables，1999）认为产业集聚效应有利于技术扩散和外溢，从而促进企业技术进步和升级。在要素分工环境中，国际生产网络的一个显著特点就是不同特征的价值增值环节在空间上的分散性与相同或者相似特征的增值环节的地区集中表现出相互的兼容或者相关。也就是说，要素密集度特征相似的增值环节表现出很强的地域集中从而形成显著的产业集聚现象。这种现象在我国东部沿海地区表现得尤为明显。在我们的调研数据中，我们采用虚拟变量来反映产业集群的影响效应，即如果某一个企业处于某一产业集群或者某一特定的经济开发区中，则存在产业集群效应，我们用虚拟变量 1 表示；否则，用虚拟变量 0 表示。需要说明的是，我们之所以将处于某一特定的经济开发区也看作具有产业集群效应，虽然并非一定代表两个企业之间必然存在着某种联系，但正如郑江淮等学者（2008）对江苏沿海开发区的调查研究指出，利用开发区这一特殊载体，众多企业集聚在一起，尤其是 FDI 企业与本土企业产生联系进而演化成产业集群。

3. 控制变量的选取

本书所选取的控制变量主要包括企业创新活动、企业规模和企业人力资本。

之所以选取这三个因素作为控制变量，主要是基于如下考虑，并且也是现有文献所着重关注的重要因素（Tybout 等，1995）。

首先，企业创新活动是影响企业升级能力的重要因素之一。尽管由于不确定性以及其他一些不可控因素的存在，可能致使企业的创新活动并非一定能够带来创新成果，但就创新活动本身有利于新产品的开发这一点而言，基本上已经成为理论和实践部门的共识。在我们的调查数据中，反映本土制造业企业创新活动的可得数据是企业的研究与开发的经费投入。借鉴现有研究文献的通行做法，我们使用研究与开发的经费投入占企业销售额之比，作为本土制造业企业创新活动的度量指标。由于科学知识转化为生产力往往具有滞后效应，也就是说，企业当期投入的研发经费所能产生的实际效果可能会在滞后一期或者两期才能显现，因此，我们采用当期、滞后一期和滞后两期的创新活动的度量指标来进行综合对比研究。

其次，就企业规模而言，一般来看，规模较大的企业较之于规模较小的企业，更有能力从事研究、开发、营销、广告等对其升级能力具有重要影响的经济活动。至于测度企业规模的指标，从现有研究方法来看，主要包括销售收入、固定资产总额以及员工总数三种指标，而这三种指标各有利弊（Scherer，1965），因此，我们同时使用这三种方法作为控制变量以进行综合比较研究，所得结果可能更为全面和稳健。

最后，企业所拥有的人力资本通常也是影响企业升级能力的重要因素之一。人力资本反映的是企业在技术、管理以及生产组织等方面的综合优势，通常而言，人力资本积累越高的企业，实现技术进步的能力也就越高，推动企业升级的可能性也就越大。但是对人力资本存量的度量，目前尚无统一的方法。比较常用的两种指标是企业员工的平均受教育年限和企业员工中中高层管理人员及中高级技术人员所占的比重。我们同时使用这两种指标作为控制变量进行综合比较分析。由此，我们设置了企业所拥有的中、高级技术工人和中、高层管理人员占企业员工总数的比重，作为企业人力资本的测度变量之一；在使用人均受教育年限作为企业人力资本的测度变量时，我们采用的计算方法为：平均受教育年限 = 高中以下员工比重（不包括高中）×9 + 接受高中教育的员工比重×12 + 接受本科教育的员工比重×16 + 接受硕士研究生教育的员工比重×19 + 接受博士研究生教育的员工比重×22。

相关变量的设定及其描述性定义如表 4-1 所示，主要变量的描述性统计如表 4-2 所示。

表4-1 研究变量设定及其描述

变量类别	变量符号	变量描述
升级能力变量	Y1 Y2	使用调查问卷中获得的企业新产品销售额与企业销售总额比重作为衡量企业升级能力的测度指标，数据年度为2010年； 使用调查问卷中获得的企业发明专利数作为测度指标，数据年度为2010年
出口变量	EX	使用出口密集度即企业产品出口额占销售总额比重作为企业出口的测度指标，数据年度包括2007年和2010年
配套行为变量	DU	根据调查问卷中本土企业是否与外资企业之间有供应、加工或者贴牌生产关系，我们设置了如下虚拟变量，有则为1，否则为0，数据年度为2010年
产业集群效应	AGG	根据调查问卷中本土企业是否明显处于一个产业集群之中或者某一特定经济开发区，我们设置了如下虚拟变量，是则为1，否则为0，数据年度为2010年
创新活动变量	IN	使用调查问卷中获得的企业研究与开发的经费投入占企业销售额之比作为衡量企业创新活动的指标，数据年度为2007年和2010年。考虑到科学技术转化实际应用成果可能存在的滞后性，还分别使用2008年和2009年企业创新活动的指标
人力资本变量	HU1 HU2	使用企业员工的平均受教育年限作为衡量企业人力资本的指标，数据年度为2010年； 使用企业员工中中高层管理人员及中高级技术人员所占的比重作为衡量企业人力资本的指标，数据年度为2010年
企业规模变量	SC1 SC2 SC3	使用调查问卷中企业销售额数据（千万元）作为测度指标，数据年度为2010年； 使用调查问卷中企业固定资产（千万元）作为测度指标，数据年度为2010年； 使用调查问卷中企业员工总数作为测度指标，数据年度为2010年

注：在调查问卷中，由于只获取了2010年和2007年两个年度的企业研发经费投入数据，因此，对滞后一期和滞后两期指标变量的计算，考虑到企业研发经费投入通常是一个稳定持续的过程，使用2007~2010年研发经费投入的平均增长率粗略估算2008年和2009年的企业研发经费投入。

表 4-2 主要变量的描述性统计

变量	Y1	Y2	EX	AGG	DU	HU1	HU2	IN	IN(-1)	IN(-2)	SC1	SC2	SC3
均值	0.3635	15.4134	0.2187	0.6816	0.7263	10.6987	0.3022	0.6698	0.4189	0.3774	13.076	27.5510	937.905
中值	0.2860	12	0.1693	1	1	10.4333	0.2667	0.1000	0.0897	0.0862	3.211	7.8630	200.000
最大值	1	70	1	1	1	49.8400	0.8848	33.7300	12.6183	10.8602	392.400	1204.7800	56631.000
最小值	0	0	0.0011	0	0	1.7000	0.0263	0	0	0	0.1420	0.0300	12.000
标准差	0.3397	12.8726	0.1834	0.4672	0.4471	3.4693	0.1925	2.8849	1.2765	1.1287	38.096	100.5329	4683.364

注：其中 IN(-1) 和 IN(-2) 分别为创新活动变量的 2008 年和 2009 年两个年度的估算值。

综合以上分析，我们构建如下基本计量模型：

$$Y_i = \alpha + \beta_1 EX_i + \beta_2 EX_i^2 + \beta_3 DU_i + \beta_4 AGG_i + \beta_5 PEER_i + \beta_6 IN_i + \beta_7 SC_i + \varepsilon_i$$

其中，α 为常数项，ε_i 为随机误差项。

第四节 实证结果及分析

(一) 多重共线性及异方差问题

考虑到问卷调研所获数据的年度期间,我们将主要利用2010年的截面数据进行计量分析。但对于横截面数据而言,需要考虑可能的多重共线性及异方差问题。通过观察解释变量以及控制变量之间的相关系数矩阵,我们发现,除了创新活动变量的当期(IN)、滞后一期(IN(-1))以及滞后两期(IN(-2))之外,其他各变量之间相关系数均在0.3以内。当然,创新活动变量各期之间相关系数较高,可能与本书对滞后一期和滞后两期变量值的估计方式有关。为了消除由此而引起的多重共线性问题,我们利用逐步回归分析法,通过对模型进行多次组合回归分析,并对结果进行对比分析后发现,以当期创新活动变量为解释变量的回归结果要普遍优于以滞后一期和滞后两期作为解释变量的回归结果。因此,后文的回归估计使用的创新活动变量均为当期值。根据各变量间相关系数,可以看出,主要解释变量及控制变量之间并不存在严重的多重共线性问题。为了减少模型中可能存在的异方差问题对估计结果稳健性的影响,我们采用加权最小二乘法(WLS)对模型进行估计,从而可以在相当程度上消除模型中存在的异方差问题。

(二) 全样本回归结果分析

针对全球要素分工条件下我国本土企业升级能力的影响因素,利用本书前面所设定的计量模型,我们首先进行全样本回归分析,结果如表4-3所示。

表4-3 本土企业升级能力影响因素的WLS回归结果

模型	以新产品销售额比重作为被解释变量					
	(1)	(2)	(3)	(4)	(5)	(6)
常数项	-0.030257 (-0.555408)	-0.047907 (-0.852659)	-0.057161 (-1.031329)	-0.052415 (-1.387500)	-0.066075 (-1.706936)	-0.070762 (-1.840467)
EX	0.791376*** (3.791654)	0.777615*** (3.545393)	0.793424*** (3.637250)	0.767085*** (3.632396)	0.757421*** (3.393602)	0.778277*** (3.519813)

续表

模型	以新产品销售额比重作为被解释变量					
	(1)	(2)	(3)	(4)	(5)	(6)
EX²	-0.222520 (-1.124045)	-0.221386 (-1.074775)	-0.228619 (-1.110237)	-0.200997 (-1.009348)	-0.203568 (-0.978516)	-0.215210 (-1.037613)
DU	0.065682* (1.987263)	0.074811* (1.919045)	0.069653* (1.923809)	0.064962* (1.873318)	0.074347* (1.811229)	0.069276* (1.817300)
AGG	0.155216*** (3.746844)	0.169515*** (3.976754)	0.168564*** (3.952567)	0.151700*** (3.667699)	0.166765*** (3.927584)	0.166516*** (3.917050)
IN	0.067943*** (3.421884)	0.011471** (2.304696)	0.009351** (2.151502)	0.068186*** (3.429088)	0.011558** (2.311973)	0.009423** (2.159638)
HU1	0.001762 (0.381508)	0.001483 (0.311836)	0.001103 (0.232231)			
HU2	—	—	—	0.034378 (0.401427)	0.026598 (0.300127)	0.020021 (0.226820)
SC1	0.001957*** (3.453187)			0.001966*** (3.461001)		
SC2	—	0.000944** (2.396488)	—	—	0.000957** (2.406504)	—
SC3	—	—	6.28E-06** (2.250307)	—	—	6.38E-06** (2.263329)
调整后的 R²	0.645246	0.624787	0.633946	0.645279	0.624771	0.623940
样本数	179	179	179	179	179	179

注：*、**、***分别表示在10%、5%、1%水平上显著，括号内的数值为t统计量。

表4-3中第（1）栏至第（3）栏的回归结果，是在使用企业员工的平均受教育年限作为衡量企业人力资本指标的情况下，依次使用企业销售额、企业固定资产以及企业员工总数作为企业规模测度指标进行回归所得的结果；第（4）栏至第（6）栏的回归结果，是在使用企业员工中中高层管理人员及中高级技术人员所占比重作为衡量企业人力资本指标的情况下，依次使用企业销售额、企业固定资产以及企业员工总数作为企业规模测度指标进行回归所得的结果。在使用各

种指标有效控制企业创新活动、企业规模和人力资本变量后,我们着重分析全球要素分工条件下出口活动、配套行为以及集聚效应对我国本土企业升级能力的影响。从出口因素来看(EX),第(1)栏至第(6)栏的结果均表明,出口对我国本土企业的升级具有积极的促进作用,或者说"出口中学习"效应是存在的。一个不争的事实是,中国出口贸易的快速增长正是中国融入全球要素分工体系,以及抓住了国际产业资本重组和转移的历史性机遇所带来的必然结果。一方面,在全球价值链不断分解和拓展的情形下,对于原本不熟悉国际市场运作的中国本土企业而言,由于融入跨国公司组织的全球生产分工体系而实施的出口行为,不仅获取了难得的学习和锻炼机会,从而促进其升级能力的提升,而且还会因为参与"全球生产体系"而接受跨国公司的鼓励、督促和帮助等"主动溢出",促进了其自身技术水平和管理水平等的不断提高,从而促进了升级能力的提升。另一方面,中国融入跨国公司主导的全球生产分工体系,承接了来自发达国家和一些新型工业化国家的资本重组和转移,致使出口行为所表现的一个突出特点就是对发达国家市场的高度依赖,例如,长期以来中国出口贸易就高度依赖于欧、美、日等发达国家和地区市场。而来自发达国家和地区的消费者对出口商品的质量、安全等要求可能更为"挑剔",跨国公司也会不断将"挑剔"的消费者日益提升的商品需求信息反馈给我国本土企业,从而迫使我国本土企业不断"升级"其出口产品,以满足国外消费者对出口产品的"高要求"。总之,在要素分工环境中,我国本土企业的出口行为实质上是融入跨国公司全球生产分工体系的表现形式,而全球要素分工则为诸如中国这样的发展中国家的本土企业提供了一些更为显著的"出口中学习"渠道,从而促进了本土企业升级能力的提升。虽然出口密集度变量平方项的回归系数为负,但不具备显著性,这似乎意味着出口行为对本土企业升级能力在达到一定"阈值"后可能产生抑制作用,从而具有非线性作用,但是这种异质性影响是不显著的。这一结论与国内学者张杰等(2007)的研究既有一致的地方,也有不一致的地方,一致的地方表现为二次项的回归系数为负,意味着可能存在的"抑制性",不同的地方在于本书的回归结果不显著,而张杰等(2007)的回归结果是显著的。导致这一差异的可能原因在于调研样本的差异性所致,张杰等(2007)的研究所使用的是针对整个江苏省制造业企业的调研数据,样本相对分散,而本书所使用的样本数据,主要集中于外向型经济发展极为典型的昆山地区。

就配套行为而言,本书设置了虚拟变量分析了其对我国本土企业升级能力的影响。从第（1）栏至第（6）栏的回归结果来看，外向配套变量（DU）至少在10%的显著性水平下表明，对我国本土企业的升级能力具有积极的提升作用，换言之，与外资企业形成外向配套关系，有利于本土企业升级能力的提升。中国对外贸易的快速发展是与大量利用外资分不开的，联合国贸发会议（UNCTAD）的统计数据显示，截至2010年底，中国总共吸收FDI大约为5788亿美元，而大部分FDI企业在中国尤其是在中国沿海地区从事加工、组装和出口等经济活动，例如，现有的文献也早已证实了跨国公司FDI的大量流入对中国对外贸易发展的重要影响（杨迤，2000；朱玉杰和于董等，2004）。在我国开放型经济发展较为发达的诸如东部沿海地区，外资的大量利用以及本土企业为外资企业提供外向配套就是非常普遍的现象。为外资企业提供外向配套，不仅为本土企业技术创新等提供激励和可能，也在吸收跨国公司的"技术外溢"并最终走向自主创新方面提供了重要机会。外向配套之所以能够为本土企业技术创新等提供激励，可能的解释在于，一般而言，外资企业对于中间产品具有较高的质量要求，为获得配套产品市场，本土企业往往会通过技术引进、设备引进等方式提高制造技术水平，与此同时，正如张国华和张二震（2007）对昆山进行大规模的调查研究时指出，配套业务的发展为本土企业获得初步的资金积累进而为进行必要的研发提供了资金保证，从而促进其良性发展。此外，外向配套也是外资企业向本土企业"技术外溢"的重要途径，这种"技术外溢"不仅表现为非主动性的消极型技术溢出，更为重要的是还存在积极型技术溢出效应。也就说，在外向配套中，外资企业为了保证中间品的质量，降低中间品获取成本，通常会对提供中间品的本土企业实施技术指导、员工培训等主动性的积极型技术溢出。在我们的调研过程中，与本土企业的访谈结果也证实了这一点。应该说，在外向配套中，外资企业对本土配套企业的积极型技术溢出效应是普遍存在的现象。通过外向配套，本土企业积累了资金、熟悉了市场操作、提升了技术水平、培育了一定的自主研发能力，在此基础上本土企业逐步拓展，由主要为外资企业配套走向更为广阔的国内外市场，由技术引进消化吸收走向自主创新，不断地提高升级能力。

就集聚效应而言，本书同样通过设置虚拟变量的方式分析了其对我国本土企业升级能力的影响。从第（1）栏至第（6）栏的回归结果来看，在有效控制创新活动、人力资本以及企业规模变量后，集聚效应变量（AGG）均在1%的显著性水平下表明，对我国本土企业的升级能力具有积极的提升作用，换言之，相同或关联产业在地理位置上的集中和接近有利于本土企业升级能力的提升。实际上,产业集聚效应所形成的技术扩散和外溢效应早已被新经济地理学所解释。而从大量的实践观察来看,我国在全球要素分工条件下所形成的产业集聚、技术外溢和扩散至少存在三种最为基本的形态:知识外溢、反向工程和人员流动。知识外溢与产业集聚的地理位置接近特征、企业技术能力相似性特征和吸收能力以及嵌入产业分工网络所形成的信息外溢和互动特征密切相关。反向工程则主要表现为对产品进行解构和破坏性研究,反向了解该产品的设计理念、技术原理、结构机理、制造方法和加工工艺等,从而系统地掌握产品的设计和生产技术。显然,如果结合自有的技术和工艺能力,反向工程则可以进一步提高模仿后再创新的能力。人员流动主要是指掌握了技术诀窍和技术创新知识的人才在不同企业间进行转移和流动,从而实现了技术创新知识在企业间的扩散。改革开放以来,受益于全球要素分工的快速发展以及得益于优越的地理位置和政策环境,我国东部沿海地区形成了大量的产业集聚,昆山产业集聚的发展就是其中很好的例证。在发展开放型经济的大思路下,经过多年的努力,昆山所形成的产业集聚涉及的行业不仅广泛涵盖纺织、服装、金属制品、建材、电器、轻工等传统行业,同时也有环保、软件研发、动漫、创意、医药研发、工业设计、供应链管理和金融服务等新型行业的产业集群;而在规模方面,有的产业集群已经达到了年销售额超过200亿元以上的规模。显然,全球要素分工条件下特别是全球要素分工所带来的产业集聚的快速发展,通过上述三种形式的渠道所形成的技术扩散和外溢效应,会显著地提升本土企业升级能力。昆山瑞卢卡工业电器有限公司、昆山华新电子集团有限公司、昆山沪光汽车电器有限公司,以及昆山好孩子集团、华恒焊接、开思拓空调等企业发展的经典案例(具体可参见张国华和张二震2007年的研究成果),都在不同程度上印证了上述三种基本形态的重要作用。

作为控制变量的企业创新活动(IN),即本土企业的研发投入指标,表4-4中第(1)栏至第(6)栏的估计结果表明,至少在5%的显著性水平下对企业的升级能力提升具有显著的促进作用,这一点在我们的预期之中,也是现有文献所基本认可的事实。作为控制变量的企业规模,本书依次使用企业销售额、企业固定资产以及企业员工总数作为企业规模测度指标进行回归,所得结果表明,无论用何种指标进行回归,企业规模变量(SC)至少在5%的显著性水平下,对本土企业升级能力的提升具有显著的积极影响。实际上,企业规模对其升级能力的影响,可能不仅存在于规模较大的企业,相对于规模较小的企业更有能力从事研究、开发、营销、广告等,对其升级能力具有重要影响的经济活动,还可能内涵于制造业企业所普遍存在的一个共性特征,即规模经济效应。从分工理论来看,规模越大的企业,在企业内部进行细化分工的能力也就越强,而分工越是细化,越有可能产生创新。因此,从一定程度上说,企业规模是影响企业升级能力的一个重要因素。

表4-4 本土企业升级能力影响因素的 TSLS 回归结果

模型	以新产品销售额比重作为被解释变量					
	(1)	(2)	(3)	(4)	(5)	(6)
常数项	-0.030278 (-0.555792)	-0.047928 (-0.853019)	-0.057180 (-1.031670)	-0.052441 (-1.388192)	-0.066097 (-1.707513)	-0.070786 (-1.841082)
EX	0.791995*** (3.794594)	0.778145*** (3.547783)	0.793990*** (3.639818)	0.767639*** (3.634993)	0.757907*** (3.395757)	0.778810*** (3.522202)
EX^2	-0.223169 (-1.127311)	-0.221914 (-1.077329)	-0.229193 (-1.113011)	-0.201557 (-1.012154)	-0.204033 (-0.980744)	-0.215737 (-1.040141)
DU	0.065645* (1.886474)	0.074771* (1.918251)	0.069614* (1.923012)	0.064925* (1.872526)	0.074307* (1.810420)	0.069236* (1.816492)
AGG	0.155204*** (3.746550)	0.169499*** (3.976387)	0.168548*** (3.952205)	0.151687*** (3.667376)	0.1667485*** (3.927196)	0.166500*** (3.916670)
IN	0.067938*** (3.421654)	0.011468** (2.304350)	0.009348** (2.151156)	0.068181*** (3.428850)	0.011555** (2.311611)	0.009420** (2.159308)
HU1	0.001764 (0.381899)	0.001484 (0.312114)	0.001105 (0.232560)			
HU2				0.034342 (0.401007)	0.026561 (0.299717)	0.019985 (0.226404)
SC1	0.001957*** (3.452979)			0.001966*** (3.460766)		
SC2		0.000943** (2.396086)			0.000957** (2.406040)	
SC3			6.28E-06** (2.249896)			6.37E-06** (2.262895)
不足识别检验	31.582 (0.0000)	36.136 (0.0000)	26.784 (0.0001)	27.165 (0.0001)	33.012 (0.0000)	32.295 (0.0000)

第四章 全球要素分工条件下我国本土企业升级能力的影响因素

续表

模型	以新产品销售额比重作为被解释变量					
	(1)	(2)	(3)	(4)	(5)	(6)
弱识别检验	21.312 (0.05)	22.157 (0.05)	25.518 (0.01)	26.021 (0.01)	19.128 (0.05)	20.165 (0.05)
过度识别检验	2.628 (0.3019)	3.231 (0.1408)	0.419 (0.7968)	1.398 (0.4296)	2.012 (0.5712)	2.7985 (0.3028)
调整后的 R^2	0.645246	0.624787	0.633946	0.645279	0.624771	0.623940
样本数	179	179	179	179	179	179

注：*、**、***分别表示在10%、5%、1%水平上显著，括号内的数值为t统计量。

作为控制变量的人力资本，无论是使用企业员工的平均受教育年限作为衡量企业人力资本的指标（HU1），还是使用企业员工中中高层管理人员及中高级技术人员所占的比重作为衡量企业人力资本的指标（HU2），从回归结果来看，都不具有显著性，换言之，人力资本变量并非是影响我国本土企业升级能力的重要因素。这一结果多少有些出乎我们的意料。对此的解释可能在于以下两个方面：一是正如彭国华（2007）的研究所指出：不同层次的人力资本对企业的影响作用不同，其中高等教育文化程度的人力资本与企业进步呈显著正相关，中等教育程度的人力资本呈显著负相关，而基础教育程度人力资本则不具显著影响。如果情况真的如此，那么对本书的回归结果也就不难理解：因为我们的调研数据中显示，虽然不同企业的人力资本构成各有差异，但一个普遍现象就是，中等及其以下教育程度的员工在企业中仍然占据绝对主导地位。当然，这也从另一个方面说明，就总体情况而言，高素质人力资本供给仍然相对不足，而在我国本土制造业企业在竞争中又处于弱势地位的情形下，人力资本对企业生产率的促进作用不明显，就更容易理解了。目前我国本土企业在全球要素分工体系中仍然处于价值链底端，比较优势仍然集中于劳动密集型产业和环节，高素质人力资本供给的相对不足，是一种客观事实。因此，从这一点来看，并非说明人力资本对企业升级不具有重要影响，只是说明当处于比较优势仍然以劳动密集型为主的发展阶段时，人力资本的作用难以得到显著体现。实际上，本书回归结果显示人力资本变量的参数估计值虽然不具显著性，但仍然为正，可能就是对上述解释的最好证明。二是随着社会分工的细化，现代生产者服务业从制造业中分离的趋势越来越明显。

生产者服务业特别是高级生产者服务业，所内含的技术、人力资本、知识等高级要素较之于制造业本身可能更为丰富。在这一背景下，制造业企业效率提升和企业升级可能更多地取决于外部生产者服务业的发展状况，而与制造业企业自身所拥有的人力资本的关系可能并不显著，或者说二者之间的关系在逐渐弱化。正如加拿大经济学家 Grubel 和 Walker（1989）的研究指出，生产者服务业是把社会中日益专业化的人力资本等高级要素导入商品生产过程的飞轮。当然，事实是否如此，需要专文对其研究。

当然，上述回归结果可能存在一个关键性的约束问题，那就是衡量企业升级变量和出口密集度之间可能存在的内生性问题。因为通常而言，升级能力越强的企业，也越有可能具备出口能力。为此，本书选取一个与当期出口密集度相关但与被解释变量无关的工具变量，以此进行两阶段最小二乘法（TSLS）估计。钱学锋等（2010）以及陈勇兵等（2012）的研究均表明，企业出口往往具有持续性，即当期出口受上一期出口影响，据此，我们选取的工具变量为滞期的出口密集度变量，即使用2007年企业产品出口额占销售总额比重。当然，工具变量的有效性还需要进行进一步检验。为此，我们对工具变量进行了弱识别检验、不足识别检验以及过度识别检验，结果连同回归结果体现如表4-4所示。其中，弱识别的原假设是工具变量与内生变量弱相关，如果原假设被拒绝，则意味着所选工具变量和内生变量是强相关关系；不足识别以及过度识别检验均是检验工具变量的内生性问题，如果不足识别的原假设被拒绝，并且接受了过度识别的原假设，则意味着工具变量是外生的。从表4-4的检验结果中容易看出，我们所选的工具变量是有效的。将采用工具变量进行回归所得结果（见表4-4）与表4-3的回归结果相比较，不难发现，其中各关键变量的回归结果基本一致，并无实质性差异。

犹如前文分析指出，采用新产品销售额比重作为企业升级能力的替代变量，虽然在一定程度上能够说明问题，但也有其局限性。为此，我们再使用企业发明的专利数作为企业升级能力的替代变量。将企业发明的专利数作为解释变量时，由于这一变量的单位为"个"，即为不小于零的整数，从而具有离散整数的特征，因此使用计数模型对其进行估计更为合适。而对于计数模型而言，较为令人满意的办法是认为其符合泊松分布。因此，我们采用泊松模型进行估计，结果如表4-5所示。

表4-5 本土企业升级能力影响因素的Poisson估计结果

模型	以企业发明专利数作为被解释变量					
	(1)	(2)	(3)	(4)	(5)	(6)
常数项	1.333698*** (17.50560)	1.332286*** (17.30088)	1.336840*** (17.61829)	1.341943*** (19.32200)	1.339870*** (19.20831)	1.344093*** (19.46118)
EX	6.421728*** (15.61695)	6.431386*** (15.66166)	6.424196*** (15.65562)	6.424298*** (15.77816)	6.433358*** (15.81838)	6.426361*** (15.81637)
EX^2	-3.834893 (-1.13590)	-3.841925 (-1.16194)	-3.834053 (-1.14910)	-3.842063 (-1.24572)	-3.848526 (-1.26732)	-3.840357 (-1.25647)
DU	0.118196* (1.908708)	0.117989* (1.803019)	0.114957* (1.865846)	0.119424* (1.922210)	0.119306* (1.817423)	0.116094* (1.877976)
AGG	0.014664** (2.201477)	0.015461** (2.212377)	0.015797** (2.217156)	0.014940** (2.205196)	0.015718** (2.215835)	0.016020** (2.220154)
IN	0.002793** (2.691114)	0.002845*** (3.703622)	0.002836** (2.701954)	0.002523** (2.604161)	0.002576*** (3.615981)	0.002596** (2.621739)
HU1	0.000113 (0.025345)	6.41E-05 (0.014312)	9.85E-05 (0.022022)			
HU2				0.025775 (0.255255)	0.025581 (0.252733)	0.022816 (0.225792)
SC1	0.000188*** (3.976635)			0.000184*** (3.564415)		
SC2		0.000301*** (3.395018)			0.000287*** (5.374925)	
SC3			6.68E-06*** (3.862194)			6.58E-06*** (4.847703)
调整后的R^2	0.974050	0.973841	0.974429	0.974166	0.973963	0.974521
样本数	179	179	179	179	179	179

注：*、**、***分别表示在10%、5%、1%水平上显著，括号内的数值为z统计量。

将表4-5的回归结果与表4-3和表4-4的回归结果进行对比分析，不难看出，无论采用新产品销售额比重作为被解释变量（即本土企业升级能力的替代变量) 还是采用企业发明专利数作为被解释变量，所得结果均无实质性差异。换言之，各关键解释变量对被解释变量的影响方向（即参数估计值的正负性）基本一致。唯一的细微差异在于，从各关键变量参数估计值的统计量可以看出，出口变量以及以各种指标测度的规模变量，对被解释变量影响的显著性都有了进一步的提高。这一结果再次表明，当以企业发明的专利数作为升级能力的替代变量时，本土企业的"出口中学习效应"以及来自出口市场消费者和国际大买家的"逼迫效应"，对于本土企业升级能力的"推动"作用更为显著；至于规模变量，与前文分析类似，规模越大的企业可能越有能力从事研究、开发，也越有能力从事企业内更细的分工，从而越有能力实现各种发明创造，从而对其升级能力产生重要影响。

(三) 基于产品特征划分的回归结果分析

仅以全样本进行回归分析，考察全球要素分工条件下我国本土企业升级能力的影响因素，无法反映企业产品特性的差异性影响。这是因为，在要素分工条件下，不同国家和地区或者不同企业，其比较优势主要体现在某一生产环节上，而不同产品特性的生产企业，由于在全球生产分工体系中所处位置不同，可能对企业的升级能力的影响也不尽相同。因此，有必要从企业生产的产品特性差异角度，进行进一步的深入研究。在课题组设计的调查问卷中，有这样一个问题：贵企业主营生产的产品是什么（可多选）？①中间品：即贵企业主营生产的产品是用于生产其他商品和服务的中间投入品；②投资品：即贵企业主营生产的产品是用于生产的机器设备以及交通等运输设备；③消费品：即贵企业主营生产的产品是用于满足人们物质生活需要的产品。根据调查问卷中企业主营的产品类别，我们将企业以中间品、投资品和消费品这三类特征的产品进行分组，并以此为基础进行回归。由于本书上一部分的实证分析结果已经表明：在使用测度企业规模的三种不同指标以及测度企业人力资本的两种不同指标，所得结果基本上无实质性差异，因此，这一部分以产品特征划分进行回归，我们仅给出使用企业销售额数据作为企业规模的测度变量，以及使用企业员工的平均受教育年限作为衡量企业人力测度变量进行回归。此外，本书上一部分的实证分析结果显示出口密集度的平方项并不具备显著性，因此这一部分将不纳入该变量。分别采用新产品销售比重和企业发明专利数作为本土企业升级能力的替代变量，表 4-6 给出了按照企业生产的产品特性进行划分的回归结果。

第四章 全球要素分工条件下我国本土企业升级能力的影响因素

表4-6 按产品特征划分的本土企业升级能力影响因素的回归结果

产品特征	中间品		投资品		消费品	
被解释变量	新产品销售额比重	发明专利数	新产品销售额比重	发明专利数	新产品销售额比重	发明专利数
估计方法	WLS	Poisson	WLS	Poisson	WLS	Poisson
常数项	-0.030892 (-0.537659)	1.596683*** (22.78974)	-0.030619 (-0.696600)	1.584226*** (22.24257)	-0.034714 (-0.141643)	1.471167*** (9.360586)
EX	0.496473*** (5.172812)	2.362321*** (25.64932)	0.506297*** (5.477034)	2.467644*** (15.75751)	0.694868*** (6.240394)	2.804034*** (15.25791)
DU	0.133781** (1.830677)	0.326764*** (4.501822)	0.115287** (1.726025)	0.306808*** (4.197184)	0.113894** (2.117434)	0.300635*** (4.092064)
AGG	0.159737*** (3.332749)	0.159189** (2.214971)	0.160895*** (2.940728)	0.152969** (2.247443)	0.159443** (2.003226)	0.156964** (2.197165)
IN	0.018365** (2.182631)	0.117550** (2.682762)	0.019380*** (3.316946)	0.111105** (2.510395)	0.018912*** (2.834320)	0.108718** (2.420876)
HU1	0.002723 (0.590122)	0.008017 (1.644386)	0.010109 (0.382980)	0.005770 (1.294953)	0.001628 (0.820466)	0.016408 (1.190972)
SC1	0.001982** (2.413305)	0.000323*** (2.945503)	0.002220** (3.317389)	0.000309** (2.289772)	0.002683** (2.046819)	0.000315* (1.804045)
调整后的 R^2	0.607913	0.952238	0.644157	0.951701	0.662098	0.941600
样本数	98	98	61	61	55	55

注：在我们的问卷调查中，由于同一企业在选择主营产品时可能不止一种，因此，按照企业产品特征划分的样本数总和要多于全样本总数。*、**、***分别表示在10%、5%、1%水平上显著，括号内的数值为t统计量。

我们首先将表4-6的回归结果和表4-3至表4-5的回归结果进行简单的比较，可以发现，在各变量参数估计值的显著性方面（包括解释变量和控制变量），基本上是一致的。也就是说，除了人力资本变量对不同产品特征的各分组企业升级能力的影响均不具备显著性之外，其余变量的影响均是显著的。进一步地，在有效控制企业创新活动、企业规模以及企业人力资本后，根据表4-6的回归结果，总体而言，影响本土企业升级能力的主要因素，除了集聚效应

(AGG)之外，出口因素（EX）和外向配套因素（DU）的影响，在不同产品特征的分组企业之间还是存在一定差异的，这一点无论是从以新产品销售比重作为被解释变量，还是以企业发明专利数作为被解释变量来看，都是如此。具体而言，从出口因素（EX）来看，出口对于中间品和投资品生产企业升级的促进作用要小于对消费品生产企业升级的促进作用。对此可能的解释在于，在全球要素分工环境下，消费品生产出口企业较之于中间产品生产出口企业，不仅同样面临来自跨国公司对其出口产品的质量"要求"，还直接面临"挑剔"消费者的要求及其反馈，因此，出口行为可能更容易"迫使"企业不断升级，也就是说消费品生产出口企业的"出口中学习"效应更明显，来自出口市场消费者和国际大买家的"逼迫效应"更为显著。而从配套因素（DU）来看，外向配套对于中间品生产企业升级的促进作用要稍高于对投资品和消费品生产企业升级的促进作用，这一结果表明，以中间产品为主营产品的为外资企业进行外向配套的本土企业，可能能够更多地获取外资企业的消极型和积极型"技术溢出"。而集聚效应变量（AGG）的回归结果显示，对不同产品特征的分组企业升级影响并不存在显著的差异。作为控制变量的企业创新活动变量（IN）、企业规模变量（SC1），无论是对中间产品生产企业，还是对投资品生产企业，抑或是对消费品生产企业，对其升级能力均具有显著影响，而作为控制变量的企业人力资本变量（HU1），其影响则不具备显著性，这一点与全样本回归分析所得结果基本是一致的。

第五节　简要结论及启示

利用来自昆山微观层面的本土制造业企业调研数据，本书实证分析了全球要素分工条件下，影响本土制造业企业升级能力的关键因素。结果发现，在有效控制企业创新活动、企业规模以及企业人力资本后，出口因素、外向配套行为以及产业集聚，均对本土企业升级能力具有显著性影响。虽然现有研究文献关于"出口中学习"效应是否仍然存在有一定争议，但是本书的经验研究结果证实了我国本土制造业企业"出口中学习"效应是存在且显著的。这可能是因为中国本土企业出口贸易的快速增长，是在全球要素分工大发展的背景下实现的，国际分工的形式和环境发生了变化，发展中国家本土企业融入全球分工体系所能获取的

"出口中学习"的渠道和机遇也较以往有所不同。换言之，中国本土企业的出口实质上是参与了跨国公司组织的全球生产体系的表现形式，而融入全球生产体系，无论是在熟悉国际市场运作方面，还是在接受跨国公司的鼓励、督促和帮助等方式而获取"主动溢出"方面，我国本土企业都面临着重要的学习机遇。与此同时，中国开放型经济发展的一个突出特征就是外资的大量利用，而为外资企业进行外向配套，不仅为我国本土企业技术创新等提供激励和可能，也在吸收跨国公司的"技术外溢"并最终走向自主创新方面提供了重要机会。这也是全球要素分工条件下提升我国本土企业升级能力的重要影响因素之一。与此同时，本书的实证研究发现，产业集聚效应对我国本土企业升级能力具有显著的积极促进作用，或者说，全球要素分工背景下所呈现的产业集聚发展特征，可能会通过知识外溢、反向工程和人员流动等渠道，同样为我国本土企业升级能力的提升带来了重要机遇。此外，作为控制变量的企业创新活动和企业规模对本土企业升级能力也具备显著影响，而出人意料的是，人力资本变量对本土企业升级能力的影响则不具备显著性，对于造成这一结果的原因，本书上述给出了可能解释。

本书的研究具有以下两个方面的重要启示：第一，作为中国开放型经济转型升级的重要内容之一，我国本土制造业企业升级，不能脱离全球分工体系，而应在进一步融入经济全球化中实现升级能力的提升。因为本书以昆山地区为样本的经验研究至少说明，在当前发展阶段，跨国公司对我国本土企业升级能力的促进作用要大于抑制作用。应当看到，中国出口贸易包括本土企业出口贸易的"增长奇迹"，是在全球要素分工背景下参与全球生产体系的表现形式和必然结果。在新的国际分工形式下，"出口"的内涵已经发生了本质变化，或者说出口贸易不再是简单地为商品价值的实现而进行，而是为了确保全球生产的正常进行而进行，因此，进一步融入全球生产体系，"密切"与发达国家跨国公司的关系，以"出口"促进我国本土企业升级是我们应该坚持的战略取向，通过"出口中学习"不断提升我国本土企业在全球分工中的地位。与此同时，不断扩大开放领域，继续大力引进外资特别是国际先进制造业在我国的集聚，积极发展我国本土企业与外资企业的配套关系，对于提升我国本土企业外向配套的层次和水平，以及在更高层面上发挥产业集聚的技术外溢和扩散效应，从而提升我国本土企业的升级能力，无疑具有重要意义。第二，虽然本书研究发现，人力资本对我国本土企业升级能力的影响并不显著，但这并非否定人力资本的重要作用，恰恰相反，这一结果可能说明了在当前发展阶段，我国大部分本土企业的高素质人力资本供给不足。当然，也有可能是因为在生产者服务业从制造业中日益分离的背景下，人力资本更多地富含于生产者服务业而非制造业企业本身。因此，通过大力发展教育等方式培育和积累人力资本，以引进外资带动"外智"向国内集聚，大力发展生产者服务业特别是高级生产者服务业，可以有效提升我国本土企业升级能力。当然，囿于研究资料的有限性，我们只是使用了微观层面的截面数据，以我国开放型经济较为发达的昆山地区为样本，初步探讨了全球要素分工条件下本土企业升级能力的影响因素。这一研究结论固然对于我国开放型经济尤其是其他地区发展开放型经济具有重要借鉴意义，然而就其结论而言，是否符合当前我国开放型经济发展的总体情况，仍然有待进一步的深入研究。今后的研究应在跨地区、跨时期的企业调研数据基础之上，更为全面、深入地对这一问题进行进一步考察，从而为经济全球化背景下我国本土企业升级能力和全球分工地位的提升，贡献更具有针对性的对策建议。

第五章 融入全球要素分工对经济增长质量影响

中国经济增长自改革开放40多年以来取得了巨大的发展，可以说，中国"经济增长奇迹"的成功经验概括起来无非就是四个字：改革开放。实际上，融入以全球要素分工为主要特点的经济全球化是过去40多年中国开放的实质。换言之，全球要素分工的分工演进是中国经济取得奇迹般增长的一个重要战略机遇，而中国则在实施得当的战略中抓住了这一重要机遇并实现了经济的高速增长（张二震，2018）。多年来的经济高速增长促使中国实现了从以往的"贫穷落后"向"富起来"的成功转变，进而改变了中国特色社会主义初级阶段的主要矛盾。犹如习近平总书记在党的十九大报告中所指出的："中国特色社会主义进入新时代，我国社会主要矛盾已经转化为人民日益增长的美好生活需要和不平衡不充分的发展之间的矛盾。"至于如何解决这一矛盾，党的十九大报告同时做出了明确战略部署并指出了进一步发展方向，并将经济增长质量置于首要地位。可以说，这一重大战略判断表明：我国经济增长已经由高速增长向高质量发展阶段转变，正处于经济结构亟须优化、发展方式亟待转变以及增长动力亟须转换的关键期。如何提升经济增长质量，无疑是理论和实践部门面临的历史性新课题。

由于当前世界经济从本质上看仍然是开放型经济，因此，对于已经深度融入经济全球化的中国而言，经济增长质量提升同样离不开全球分工体系。中国在前一轮开放的发展过程中，虽然获得了"量性增长"的丰厚果实，但由于主要依托"低端嵌入"方式，因此不平衡、不协调、不可持续等问题也如影随形，经济增长质量不尽如人意。因此，现在关键的问题是，融入全球要素分工体系是否对经济增长质量具有重要影响？如果答案是肯定的，那么，新阶段如何通过进一步深度融入全球要素分工体系而实现高质量发展？实际上，在全球要素分工模式下，对于同一产品来说，不同生产环节和阶段的要素密集度仍然存在差异，而各国正是在遵循比较优势原理下，基于自身要素禀赋状况选择了相应的专业化生产。这种分工模式和格局对经济增长质量可能产生的影响在于，一方面，不同生产环节和阶段的要素密集度特征差异使得经济增长的质量具有差异性。比如，专业化于价值链低端的劳动密集型、污染密集型、资源能源消耗型的生产环节所推动的经济增长质量水平必然较低。另一方面，由于不同生产环节和阶段自身特性决定了其技术进步和提升速度及空间也各不相同，比如专注于关键零部件生产和研发阶段相较于专业化与组装加工阶段，其技术进步和提升空间显然会更大，从而同样会影响到经济增长质量。现实国际分工格局和国别经济增长质量状况，似乎也说明了这一点：发达经济体掌控着全球要素分工制高点，并具有较高经济增长质量，而主要处于中低端的诸如中国等发展中国家，经济增长质量则令人"不太满意"。价值链分工模式下的路径依赖似乎在一定程度上制约了经济增长质量的提升。虽然上述常识性观察可能意味着，融入全球要素分工可能对经济增长质量具有重要影响，但遗憾的是，对于上述判断和推测还缺乏有说服力的经验证据。

鉴于此，本书将利用跨国面板数据，从计量层面实证回答融入全球要素分工对经济增长质量是否具有显著影响。在党的十九大报告已将质量提升作为新一轮经济增长目标背景下，这一研究不仅有助于我们更加深刻地理解融入全球要素分工与经济增长质量之间的关系，而且对于中国现阶段经济开放战略转型，即中国如何在进一步扩大开放中，利用融入全球要素分工的战略机遇，助推经济高质量发展，提供重要启发和借鉴意义。

第一节 文献综述

在国内外已有文献中，直接研究价值链分工影响经济增长质量的文献并不多见，已有研究主要侧重于探讨全球要素分工的改善生产率效应，以及有关全球要素分工中"低端锁定"的一些相关的分析。这两种文献虽然并没有直接探讨全球要素分工与经济增长质量的关系，但仍与本书研究密切相关，从而能够为我们的研究提供有益借鉴和启发。

归纳已有文献,参与全球要素分工主要通过以下三个渠道改善生产率,即出口效应、中间品进口效应以及纯技术溢出效应。

第一,多国实证研究结果表明,在企业的生产率这一方面,出口企业优于非出口企业(Antras 等,2008;范剑勇和冯猛,2013),鉴于此,有学者猜测可能是出口效应引致。首先,参与全球要素分工扩大了本国市场规模,使得本国市场潜力得到充分挖掘与发挥,从而实现规模经济,因此在学习新的技术和生产新产品时变得更有效率(Feder,1983;Baldwin 和 Yan,2014)。其次,鉴于波特的国家竞争优势理论可知,替代进入者和潜在进入者的存在,都会提高企业竞争力,因此,参与全球要素分工可能会倒逼企业提高生产效率(Bernard 和 Wagner,1997)。具体说来,一国通过满足其他国家消费者需求将产品出口到其他国家,如此,各国对于产品要求的不断提高以及日益激烈的国际市场竞争,会倒逼参与全球要素分工的企业不断提高自身生产效率。以中国为例,虽然中国目前已成贸易大国,但也面临着来自其他很多更具低成本竞争优势国家和地区的挑战,中国企业若想不被其他国家企业所替代,就必须注重技术进步和生产效率的提升。

第二,中间品进口效应,价值链分工使得各国只需专注于生产自己具有要素禀赋优势的某一生产环节或者阶段,同时在这种全球化大生产的背景下,这种分工模式使得参与全球要素分工的国家可以获得更多样化、高质量和价格低廉的中间产品(Kelly,2004)。这种中间品效应通过以下两个途径对生产率产生影响。其一,多样化的可供选择的中间品使得企业在提高中间品质量的同时,也能从中间品中学习并吸收到其他国家先进生产技术(张少军和刘志彪,2013)。其二,除了中间品质量以外,中间品种类也能在很大程度上促进生产效率的提高,对于那些在生产过程中需要运用多种中间投入品的企业而言,其重要性则更加明显(Grossman 和 Helpman,1993)。

第三,纯技术溢出效应,企业一方面通过进口中间品获得管理经验和高端技能,另一方面通过直接投资或者并购等方式获得技术溢出效应(Sharma 和 Mishra,2011)。虽然全球要素分工的布局会伴随技术的国际转移,但毋庸置疑的是,价值链主导的企业通常仍将最核心的技术环节留在国内,因此,若想学习最先进的技术,投资或者并购是比较可取的办法。全球要素分工高附加值的环节往往都是研究开发等,但承担这些环节不仅需要大量资金和时间投入,而且具有较高风险。通过投资或者并购等"资金换技术"的方式,不仅能够近距离吸收、模仿甚至创新东道国最新的技术,更加方便直接地雇用到东道国更多的高层次研发人员,更为重要的是,能够直接了解相关技术的最新发展动态和未来可能的发展趋势,有利于企业将来自身的研发与创新发展。

与积极的促进论观点不同,也有部分研究的间接推论表明,参与全球要素分工对经济增长的影响存在"低端锁定"。Grunsven 和 Smakman(2005)在对新加坡的服装业进行研究后指出:低端锁定的原因主要包括能力差距、沉淀成本以及转型成本。中国主要以加工贸易参与全球要素分工(刘志彪,2007),这种方式使得企业缺乏对国际市场需求的洞察力以及满足这种需求的能力(卢福财和胡平波,2008;胡大力,2013)。另外,当一国想在全球要素分工上实现攀升时,往往会受到跨国公司在技术、产权和品牌等方面的封锁阻碍,而突围的关键只能依托研究开发等创新活动,但这对于很多发展中国家来说都是极为困难的(刘志彪和张杰,2007)。这种"低端锁定"阻碍了企业在产品功能、品牌和质量上的进步与创新,导致企业出口优势逐渐丧失,不仅造成本国逐渐陷入"悲惨增长"困境,同时也使出口贸易结构逐渐失衡,进一步降低企业出口利润从而缺乏打破"低端锁定"动力,形成恶性循环(郝凤霞和张璘,2016)。

与现有文献相比,本书的可能贡献在于:第一,在研究视角方面,本书从嵌入全球分工这一特定视角,分析全球要素分工位置以及全球要素分工参与度对经济增长质量的可能影响。第二,在指标测度方面,现有文献多从单一渠道讨论经济增长质量(多采用 TFP 指标),本书采用多因素评价方法,利用 PCA 方法合成一系列反映经济增长的效率、可持续性、福利和环境成本等与经济增长质量有关的五个方面共 19 个基础指标的综合评价体系,能够更为全面地刻画经济增长质量。第三,在研究内容方面,本书利用跨国面板数据对价值链分工影响经济增长质量进行实证分析,并将总样本分为发展中经济体和发达经济体,以更加明晰全球要素分工对不同经济发展水平国家的异质性影响。

第二节 模型设定与数据说明

基于上述关于全球要素分工对经济增长质量的理论分析,本节及以下部分试图利用世界投入产出表中 42 个国家的经验数据,对上述两者之间的关系进行逻辑一致性计量检验。

(一) 模型设计与变量说明

经济增长质量的提升必然受到很多因素的影响,不仅有当前经济决策的影响,也有经济惯性本身的作用,借鉴近年来研究经济增长质量及 TFP 变动因素的文献,本书构建如下计量模型:

$$quality_{it} = \alpha_0 + \alpha_1 GVC\_position_{it} + \alpha_2 GVC\_participation_{it} + \alpha_3 index_{it} + \alpha_4 OFDI_{it} + \alpha_5 FDI_{it} + \alpha_6 gs_{it} + \alpha_7 dr_{it} + \varepsilon_{it} \quad (5-1)$$

1. 被解释变量的选取

$quality_{i,t}$ 表示国家 i 在 t 期的经济增长质量。关于经济增长质量存在狭义观点和广义观点。狭义观点通常将其定义为增长过程中的效率因素,大多用市场化程度或者创新效率等单一指标作为代理变量,其中全要素生产率的使用最为流行。随着多因素分析方法的发展,综合评价增长质量更加具有现实意义。有些研究把增长的效率、稳定性、结果、可持续性以及动力等一系列指标考虑进来,综合之后生成增长质量指标。本书对经济增长质量的定义采用后者即广义定义方法,从以上五个方面衡量经济增长的质量,具体评级体系包含 19 个基础指标。鉴于后文均使用正向指标,因此为解决指标非同向问题,正向指标保持不变,逆向性指标取倒数,适度性指标取离差倒数,具体如表 5-1 所示。

表 5-1 经济增长质量指标分解

分类指标	次级指标	基础指标	代理变量	单位	指标属性 正	指标属性 逆	指标属性 适度
增长效率	要素生产率	资本生产率	资本生产率	%	√		
		劳动生产率	劳动生产率	%	√		
增长稳定性	产业结构稳定性	工业化率	非农产业就业比重=非农产业就业人数/总就业人数	%	√		
		农业比较劳动生产率	农业产值占比/农业就业占比	%	√		
		工业比较劳动生产率	工业产值占比/工业就业占比	%	√		
		服务业比较劳动生产率	服务业产值占比/服务业就业占比	%	√		
	收支结构稳定性	国内收支	净进口值/GDP	%	√		
	投资消费结构	投资率	资本形成额/GDP	%			√
		消费率	最终消费支出/GDP	%			√
	产出稳定性	产出波动	经济增长率绝对值	%			√

续表

分类指标	次级指标	基础指标	代理变量	单位	正	逆	适度
增长结果	福利变化	收入情况	人均GDP	元	√		
	成果分配	公共医疗卫生情况	公共医疗卫生支出/GDP	%		√	
增长可持续性	资源消耗	单位地区生产总值电耗	电力消耗量/GDP	%		√	
		森林覆盖面占比	森林面积/土地面积	%		√	
	环境污染	单位产出污水排放数	工业污水排放总量/GDP	%		√	
		单位产出大气污染程度	二氧化碳排放总量/GDP	%		√	
增长动力	资本	知识存量	专利申请数（居民）/GDP	%	√		
	科技	研发投入	研发支出/GDP	%	√		
	劳动力	人力资本	中学入学率/总人数	%	√		

2. 核心解释变量的选取及测度

关于价值链分工位置测算，目前学术界尚无普遍认可的统一测度方法，相对而言，Koopman 等（2012）的全球要素分工位置指数采用得相对普遍，本书同样使用此方法对中国处于全球要素分工中的何种分工位置进行测算，具体测算方法如公式（5-2）所示：

$$GVC\_Position_i = \ln\left(1 + \frac{IV_i}{E_i}\right) - \ln\left(1 + \frac{FV_i}{E_i}\right) \tag{5-2}$$

在式（5-2）中，$GVC\_position$ 表示价值链分工地位，E 表示出口总值，IV 表示本国中间品间接投入在其他所有国家出口中所占比例，FV 表示所有其他国家的增加值投入在本国的出口总值中的占比。该指标的大小对应一国处于全球要素分工中的分工位置高低。

关于价值链的参与度测算，也借鉴 KPWW（2012）提出的价值链参与度指数，$GVC\_Participation$ 代表价值链参与程度指数，如式（5-3）所示：

$$GVC\_Participation_i = \frac{IV_i}{E_i} + \frac{FV_i}{E_i} \tag{5-3}$$

3. 其他控制变量的选取及测度

除了本书最为关注的上述两个核心解释变量外，考虑到计量结果的稳健性以及对被解释变量的解释力度,计量模型中还纳入以下控制变量:净易货贸易条件指数(Index)、对外直接投资的净流出(OFDI)、外商直接投资的净流入(FDI)、政府最终消费支出(gs)和政府抚养比(dr)。之所以选取以上五个因素作为控制变量,主要是基于以下考虑。

Index 表示贸易条件指数,是进出口物价指数的比值。贸易条件指数增加,则出口等价商品可以交换到的进口商品数量越大,所以贸易对本国有利,反之则不利。出口是拉动经济增长的重要因素,中国经济的前一轮飞速上涨以至于取得"中国增长奇迹",主要归功于出口贸易的持续增长。出口贸易在很大程度上受贸易条件指数影响,从而影响着经济增长质量。OFDI 表示对外直接投资净流出,用对外直接投资在 GDP 中所占百分比衡量。众所周知,全球要素分工背景的主要表现为贸易投资的一体化过程,这一表征使得"走出去"的战略意义不仅在于以国家产业梯度转移为媒介提供更宽广的市场资源给国内产业结构,同时通过从国家市场获得资金、战略和技术等资源,促进本国经济增长质量的提升。FDI 表示外商直接投资净流入,用外商直接投资于 GDP 中的占比衡量。双向循环的开放型经济发展表明既要"引进来"也要"走出去"。gs 表示政府最终消费支出,即政府服务于公共的需求而提供的劳务和用于消费的商品。可以说,国民经济在很大程度上受到政府消费的指引。一方面,由于政府消费支出的规模不断扩大,其调节经济增长作用也日益凸显。dr 表示政府抚养比,此指标反映了国内年龄结构的分布,具体来说,人力资本由于少儿抚养比的上升而不断积累进而促进经济增长,但这种助推作用次于由于少儿抚养比上升而削弱物质资本的积累所带来的经济增长阻力。因此,总抚养比与经济增长负相关(刘渝林和尹兴民,2016)。另一方面,政府抚养比也可以用来测度公共福利,而福利是衡量经济增长质量的重要因素之一。

(二)数据来源与描述性统计

全球要素分工位置、参与度的测算数据均取自 2016 年最新发布的世界投入产出数据库(WIOD)。除此之外的其他数据包括测量经济增长质量的 19 个基础指标以及其他控制变量的数据均来源于世界银行。需要说明的是,由于 WOID 公布的世界投入产出表有两个版本,其中一个版本涵盖的数据年份是 1995~2011 年,而最新版即 2016 年公布的世界投入产出表,涵盖的数据年份是 2000~2014 年。考虑到尽可能使用年份更近的数据,我们采用后一版本。为与之相匹配,其他变量的数据年份也采用的是 2000~2014 年的数据。表 5-2 是前述各关键变量的描述性统计。

表 5-2 各指标描述性统计

变量	含义	样本量	均值	标准差	峰度	偏度
quality	经济增长质量	630	-0.008	1.009	43.555	-2.901
GVC_position	价值链位置	630	-0.744	0.236	52.905	-5.405
GVC_participation	价值链参与度	630	0.588	0.940	89.952	15.948
Index	贸易条件指数	630	99.892	19.345	11.207	1.759
OFDI	对外直接投资净流出	623	5.768	22.420	49.459	5.522
FDI	外商直接投资净流入	626	8.318	32.251	19.552	9.573
gs	政府最终消费支出	630	18.270	14.486	-0.456	3.446
dr	政府抚养比	630	48.392	5.087	3.526	0.021

为了防止下文实证分析中多重共线性问题的出现,我们计算了各关键解释变量的相关系数,观察表 5-3 可发现,各关键解释变量并不存在显著的两两共线性问题。

表 5-3 相关系数矩阵

变量	quality	GVCpo~n	GVCpa~n	Index	OFDI	FDI	gs
quality	1						
GVC_position	-0.2098	1					
GVC_partic~n	0.1102	-0.7863	1				
Index	-0.0315	0.2726	-0.0422	1			
OFDI	0.0945	-0.2252	0.2491	-0.1175	1		
FDI	0.2292	-0.3327	0.3524	-0.0615	0.793	1	
gs	0.2966	-0.0499	0.0225	-0.0204	0.0483	0.0401	1
dr	-0.0456	0.0998	-0.0717	0.0253	-0.0515	-0.0947	0.0344

第三节 实证结果及分析

(一) OLS、FE 和系统 GMM 回归结果

考虑到实证结果的稳健性,本书进行了多种方法的计量分析。首先使用 OLS

进行最基本的实证分析。与此同时，考虑到面板数据中可能存在不随时间变化的个体效应，进而采用固定效应模型（FE）做稳健性分析。此外，已有大量文献表明价值链会通过三个机制，即出口效应、中间品进口效应以及纯技术溢出效应等方面影响经济增长质量，并且这三种机制在不同阶段下的影响程度不尽相同；同时基于前述文献，当发展中经济体进入技术攀升阶段、试图建立自己的核心技术时，可能会受到价值链垄断势力的阻碍，从而固步于在 GVC 低端环节，限制经济增长质量的进一步提升。因此猜测 GVC 嵌入对经济增长质量的影响是分阶段的，并不是简单的单调递增或者单调递减的关系，而是存在非线性、非对称的复杂关系。此外，一方面，考虑到经济增长质量的变化不是一蹴而就的，必然存在惯性作用，因此把经济增长质量的滞后一期引入，从而构建了动态面板的数据模型；另一方面，鉴于经济增长质量也有可能影响参与国嵌入价值链的位置和参与度，还可能会导致模型存在内生性问题。针对上述两点，本书进一步采取两步系统动态矩估计（GMM）方法作进一步的稳健性分析。表5-4报告了基于上述三种方法的结果。

表5-4　价值链对经济增长质量的影响分析

变量	OLS		FE		GMM	
	(1)	(2)	(1)	(2)	(1)	(2)
GVC_position	0.241 (1.481)	0.201 (1.243)	0.277* (1.923)	0.251 (1.547)	0.169*** (7.854)	0.148*** (4.645)
GVC_participation	0.006 (1.431)	0.005 (1.125)	0.007 (1.592)	0.006 (1.421)	0.006*** (10.53)	0.005*** (7.097)
Index		-0.002 (-1.14)		-0.002 (-1.21)		-0.003*** (-3.01)
OFDI		-0.008*** (-3.717)		-0.007*** (-3.516)		-0.005*** (-13.811)
FDI		0.006*** (3.414)		0.005*** (2.925)		0.003*** (12.711)
gs		0.058*** (3.29)		0.037 (1.58)		0.032*** (7.08)
dr		0.017 (1.521)		0.030** (2.36)		-0.004 (-1.29)

续表

变量	OLS		FE		GMM	
	(1)	(2)	(1)	(2)	(1)	(2)
L. quality					0.090*** (63.73)	0.085*** (47.87)
_cons	-0.002 (-0.01)	-1.625** (-2.43)	-0.001 (0.000)	-1.894** (-2.41)	-0.006 (-0.74)	-0.115 (-0.52)
Hausman	0.1591	0.1637	0.1591	0.1637		
AR1					0.2205	0.2149
AR2					0.2952	0.2547
Sargan					0.2476	0.1449
R^2	0.005	0.0434	0.0051	0.0473		
N	630	622	630	622	588	583

注：*、**、***分别表示在10%、5%、1%水平上显著，括号内的数值为t统计量。

观察表5-4的回归结果可发现，无论是采用最小二乘法、固定效应模型还是两步系统动态矩估计模型，全球要素分工位置的系数始终为正值。虽然在OLS回归中不显著，但在FE中在10%水平下基本显著，在系统GMM中在1%水平下显著。总体来看，在所考察的样本期间内，全球要素分工地位对经济增长质量基本上表现为正向促进作用，换言之，具有更高的分工地位往往能够提升更高的经济增长质量。Hausmann（2007）的研究指出，一个国家（地区）出口的商品包含的技术更为复杂，其往往能够实现更好的经济增长绩效。如果说出口产品技术复杂度也能够表征一国分工地位的话，那么本书的研究与现有发现也是较为一致的，只不过Hausmann（2007）的研究考察速度，而本书研究发现则是考察质量。这一结论同时也意味着，对于诸如发展中国家来说，以低劳动力成本和其他低价要素融入价值链低端并不断提升，有助于提升经济增长质量，但当达到一定位置时，会受到处于价值链高端位置的发达国家在技术、产权和品牌等方面的封锁，进而服务更高经济增长质量的目标将会受限。在模型中，全球要素分工参与度的系数也始终为正值。虽然在OLS回归和FE中不显著，但在系统GMM中在1%水平下显著。总体来看，在所考察的样本期间内，嵌入全球要素分工的参与度对经济增长质量提升具有促进作用。嵌入全球要素分工的参与度实际上表现了参与国际分工的细化，随着价值链分工不断深度演进，参与度越高，往往意味着分工细化程度越高,从而更加有利于资源优化配置,促进经济增长质量提升。此外,就模型中的其他解释变量而言,贸易条件系数基本显著为负,这进一步说明样本国在考察期间内的规模扩张,更多的是依靠数量而非质量取胜,是牺牲了环境、资源等代价取得的经济增长。对外直接投资系数基本显著为负,表明绝大多数样本国的对外投资领域并没有很好地促进其自身经济发展,或者说并没有获得其本应获得的利益,因此参与国需要重新调整对外投资领域及规模。外商直接投资、政府消费支出在各回归估计中基本显著为正,这一点与大多数文献的发现是一致的,也是符合预期的。另外,虽然政府抚养比在 OLS 和 FE 中的回归系数为正,但在 GMM 中显著为负,因此基本也是符合预期的。

(二)不同发展水平经济体中全球要素分工与经济增长质量的关系

实际上,由于发达国家和发展中国家在全球要素分工中的分工地位不同,所处的环节和阶段的要素密集度特征具有显著差异性,因而融入全球要素分工对经济增长质量可能具有差异性影响。为证明上述回归结果的稳定性,同时也为了分析在不同发展水平国家全球要素分工对于经济增长质量的影响,WIOD 数据库中列入的 42 个国家中处于发展中水平的有 12 个,处于发达水平的有 31 个,本书基于此将其分为两个样本,并做实证研究。观察表 5-5,可以很容易看出全球要素分工对不同类型国家的影响不尽相同。其中发达经济体的回归结果与总样本分析结果基本类似,且在 GMM 回归中所有系数均在 1% 显著性水平上通过了检验。但发展中经济体的回归结果与总样本就有些出入,且即使在 GMM 回归中也并不显著。其主要原因可能在于,大多发展中国家主要以低端切入的方式融入全球要素分工体系,因而对经济增长质量的提升并没有显著的促进作用;与之相比,由于发达国家主要处于全球要素分工的中高端,参与国际分工本身的质量水平就比较高,从而对经济增长质量的影响也就更为显著。

表 5-5 分样本国家价值链对经济增长质量的影响分析

变量	发展中经济体			发达经济体		
	OLS	FE	GMM	OLS	FE	GMM
GVC_position	0.232 (0.071)	3.202 (0.727)	12.457 (1.123)	0.229 (1.229)	0.252 (1.413)	0.166*** (7.512)
GVC_participation	0.042 (0.071)	0.521 (0.702)	2.182 (1.135)	0.006 (1.115)	0.006 (1.213)	0.005*** (12.231)

续表

变量	发展中经济体			发达经济体		
	OLS	FE	GMM	OLS	FE	GMM
Index	0.001 (0.191)	-0.002 (-0.415)	-0.004 (-1.011)	-0.003 (-1.118)	-0.003 (-1.023)	-0.006*** (-3.259)
OFDI	0.032 (0.453)	-0.001 (-0.021)	0.024 (0.761)	-0.008*** (-3.724)	-0.008*** (-3.419)	-0.005*** (-5.646)
FDI	-0.003 (-0.109)	-0.018 (-1.123)	-0.019 (-1.253)	0.006*** (3.217)	0.005*** (2.853)	0.003*** (24.822)
gs	0.102*** (4.404)	0.105*** (2.713)	-0.037 (-1.136)	0.027 (1.125)	0.133 (0.474)	0.041*** (13.136)
dr	0.037*** (2.932)	0.028 (1.651)	0.013 (1.027)	0.010 (0.645)	0.028 (1.529)	-0.022*** (-14.933)
L.quality			0.097 (1.256)			0.098*** (8.712)
_cons	-3.924 (-3.954)	-3.278 (-2.67)	0.409 (0.391)	-0.483 (-0.562)	-1.112 (-1.029)	0.968*** (4.516)
Hausman		0.899			0.8993	
AR1			0.019			0.226
AR2			0.255			0.221
Sargan			0.998			0.427
R^2	0.060	0.086		0.041	0.044	
N	176	176	165	461	461	432

注：*、**、***分别表示在10%、5%、1%水平上显著，括号内的数值为t统计量。

（三）稳健性分析

犹如前文所述，GVC参与度和位置的指标目前有不同的提法，考虑到估计结果的稳健性，我们再采用Antràs等（2012）提出的上游度指数（US），作为核心变量对上述计量模型进行重新估计。从表5-6各列汇报的结果来看，上游度指数的系数估计值为负数且至少在5%的显著性水平下通过统计检验。由于上游度指数越低通常表明一国参与全球要素分工程度越深且分工地位越高（苏庆义和高凌云，2016），因此，上述结果意味着融入全球要素分工的程度及其分工地位的提高，对经济发展质量提升具有显著的正向作用。这一回归结果在一定程度上说明了前述估计结果的稳健性。

表 5-6 价值链对经济增长质量的影响分析

变量	OLS (1)	OLS (2)	FE (1)	FE (2)	GMM (1)	GMM (2)
US	0.241 (1.483)	0.201 (1.223)	0.277* (1.753)	0.251 (-1.577)	0.169*** (7.885)	0.148*** (4.634)
Index		-0.002 (-1.154)		-0.002 (-1.129)		-0.003*** (-4.013)
OFDI		-0.008*** (-3.727)		-0.007*** (-3.516)		-0.005*** (-3.821)
FDI		0.006*** (3.443)		0.005*** (2.259)		0.003*** (5.701)
gs		0.058*** (3.292)		0.037 (1.568)		0.032*** (7.028)
dr		0.017 (1.527)		0.030** (2.316)		-0.004 (-1.239)
L.quality					0.090*** (3.703)	0.085*** (7.875)
_cons	-0.002 (-0.021)	-1.625** (-2.403)	-0.001 (0.000)	-1.894** (-2.431)	-0.006 (-0.724)	-0.115 (-0.522)
Hausman	0.159	0.163	0.159	0.163		
AR1					0.220	0.214
AR2					0.295	0.254
Sargan					0.247	0.144
R^2	0.005	0.043	0.005	0.047		
N	630	622	630	622	588	583

注：*、**、***分别表示在10%、5%、1%水平上显著，括号内的数值为 t 统计量。

第四节 简要结论及启示

对于融入全球要素分工能否促进经济增长质量的提升，现有文献仍然是语焉不详。与现有文献主要集中于对经济增长数量层面的探讨，并没有涉及经济增长质量层面的分析相比，本书基于 WIOD 和世界银行等数据库，在借鉴学术界广泛使用的方法测算全球要素分工地位指标和参与度的基础上，采用主成分分析法测度了 42 个国家的经济增长质量，分别使用 OLS、FE 和 GMM 等估计方法，利用跨国面板数据分析了全球要素分工地位和分工程度如何影响经济增长质量。结果显示，就整体层面而言，全球要素分工地位对经济增长质量呈现显著的积极作用，同样，全球要素分工参与度显著促进经济增长质量。进一步地，针对不同经济发展程度国家的回归结果显示，全球要素分工嵌入对发展中经济体影响的显著性要弱于对发达经济体的影响显著性。换言之，全球要素分工地位和价值链参与度对经济增长质量的积极影响在发达经济体均表现出更为显著的促进作用。

以上发现不仅有助于深入理解融入全球要素分工对经济增长质量的影响，而且就新阶段中国经济如何在进一步融入国际分工体系中实现高质量增长也具有一定的政策意涵。这其中，有两个方面的问题尤为值得我们注意。首先，当前的世界经济是一个开放型经济，提升经济增长质量离不开对国际市场资源和技术等的利用。本书的实证结果也揭示了这一点。虽然经济增长质量受融入全球要素分工的影响具有阶段性差异，但影响的存在本身就说明了只要战略得当，其对于驱动经济高质量发展还是有积极影响的。因此，在中国开放发展进入新阶段后，我们应通过扩大开放范围和深化开放层度，进一步深度融入全球要素分工体系，从而进一步服务于新阶段我国高质量经济增长的达成。其次，正确认识和客观判断我国在全球要素分工中处于怎样的分工地位以及在其中的参与程度。不同价值链位置和参与程度对经济增长质量的影响不尽相同，利用全球要素分工提升经济增长质量是一个复杂的过程，在现实条件和客观发展阶段的基础之上，我们应该从参与度和分工地位两个层面，寻求和实施更加有利于"提升经济增长质量"的国际分工战略。比如，就分工地位而言，现有研究表明，发展中国家融入全球要素分工，初期在工艺、流程等方面实现升级较容易，但继续向产品、功能两个方向发展并实现升级，则会越来越困难，甚至会面临发达经济体的掣肘风险。而在全球要素分工中谋求更加有利的分工地位，更有助于推进经济高质量增长。因此，新一轮的开放发展，如何摆脱可能的技术封锁等阻碍攀升全球要素分工的不利因素，加快我国的产业进一步迈向中高端，其重要意义不仅在于获取更多的分工和贸易利益本身，更能有助于我国经济高质量增长这一重要战略目标。

第六章 全球要素分工、制度质量与出口技术复杂度

本章从分工演进视角，提出了制度质量、融入产品内国际分工程度及其二者的交互作用，促进出口技术复杂度提升作用机制的理论假说。借鉴 Hausmann 等（2005）的方法，利用 1996~2010 年 HS 92 六位数分类贸易统计数据，本书测算了 62 个国家（地区）的出口技术复杂度，并分别运用 OLS 法、TSLS 法以及系统 GMM 法进行了实证研究。计量结果表明，制度质量的完善对提升出口技术复杂度具有显著正向作用，与此同时，融入产品内国际分工程度及其与制度质量的交互作用，同样也对出口技术复杂度提升具有显著促进作用，从而对理论假说给予了较好的逻辑一致性计量检验。据此，伴随中国人口红利等传统低成本国际竞争优势逐步丧失，新一轮开放应注重释放制度红利，从而在进一步深度融入产品内的国际分工体系中，提升中国出口技术复杂度、谋求全球分工新地位。

第一节 问题提出

20 世纪 80 年代以来，伴随信息通信科技的突飞猛进以及产品生产分割技术的快速发展，国际分工的形式发生了巨大变化，即国与国之间的分工，从以产品为界限的传统产业间和产业内分工为主导，逐渐向以产品价值增值环节为界限的产品内国际分工为主导转变。中国改革开放的伟大事业正是在此背景下开展的。自改革开放以来，中国抓住了全球产业结构调整和转移以及产品价值增值环节的国际梯度转移所带来的历史性机遇，积极融入以发达国家跨国公司为主导的产品

内国际分工体系,在参与全球竞争与合作中,将"人口红利"等低成本优势发挥到极致,从而实现了对外贸易尤其是货物贸易的"爆炸式"增长。这一不可思议的巨大成就被国内外学术界称为所谓"中国贸易量增长之谜"。然而,由于在改革开放之初,中国面临着劳动要素相对过剩、资本要素供给相对不足、企业制度相对落后造成企业家资源的高度稀缺、国家在教育以及研究开发方面所进行的投入非常不足等约束,由此决定了中国产业在国际竞争力十分低下的条件下,只能采取"低端嵌入"的弱势者竞争方式,走出一条"血拼"式竞争道路(金碚,2012)。因此,伴随贸易规模的快速扩张,中国出口商品结构虽然在一定程度上实现了不断优化和升级,但总体而言,中国产业发展仍然处于全球产业链的中低端,多数产业属于劳动密集型产业,或者是高端产业的低端环节,附加值较低的粗放型特征依然十分明显。在理论和实际工作部门的许多同志认为,中国出口贸易"只赚数字不赚钱"的本质,实际上就是这种粗放型发展的必然结果,这也是中国开放型经济发展备受诟病的焦点所在。

不可否认,采取"低端嵌入"全球产业链的"血拼式"发展策略及其所表现出的粗放型特征,在特定的发展阶段具有必然性和合理性,也为中国经济发展做出了巨大贡献,但毕竟是高代价的和不可持续的。尤其是随着更多其他发展中国家参与到全球竞争中来,以及中国已进入土地、能源、资源、劳动力等要素价格集中上升时期,再加之本轮全球金融危机后中国开放型经济发展面临外需不足、贸易保护主义、全球经济不稳定因素增多等,中国出口贸易所依托的"人口红利"等传统低成本优势正在逐步丧失,粗放式增长弊端也日益凸显。因此,如何进一步提升作为外贸发展方式转型升级重要内容之一的出口技术复杂度,已经成为理论和实践部门面临的紧要课题。国内学者普遍认为,伴随中国人口红利日渐衰竭,未来的经济发展(当然包括国民经济重要组成部分的对外贸易)应转向依靠制度红利(聂辉华等,2012)。实际上,更确切地说,应该是从依托"人口红利"为主转向依托"制度红利"为主,因为能够将人口资源优势真正转变为"红利",离不开制度变革的重要作用,即适应性的制度变革才是包括人口资源在内的任何资源物尽其用的动力引擎。例如,农村家庭联产承包责任制的推行、户籍管理的二元体制松动,以及坚持对外开放的基本政策不动摇等制度变革,是改革开放后"人口红利"得以实现的制度性保障。问题的关键在于,从对外贸易的角度来看,制度质量尤其是在产品内国际分工背景下,是否影响着出口技术复杂度?虽然关于制度质量与国际贸易之间关系的研究早已有之(Anderson 等，2002；Beck 等，2005），但鲜有文献对全球要素分工条件下制度质量与出口技术复杂度之间的关系进行直接研究。而对上述问题的回答，不仅对于我们理解中国所处全球分工地位有着重要意义，也是据此寻求能够加快提升中国出口技术复杂度有效政策的关键。有鉴于此，本书拟提出全球要素分工下制度质量影响出口技术复杂度的理论假说，并对待检验理论假说进行逻辑一致性的计量检验。

第二节 文献回顾

传统国际经济理论认为，技术、偏好、要素禀赋、规模经济、不完全竞争等是贸易模式和贸易量的关键决定因素。但是，国家间的差异不仅表现在上述方面，同样还会表现在制度质量方面，很显然，制度质量方面的差异同样会对国际贸易产生深刻影响。正是基于这一思路，20 世纪 80 年代以来，兴起了针对制度质量和国际贸易关系的研究热潮。较早的研究可追溯到 Williamson（1985）关于企业垂直一体化和水平一体化的选择决策的分析，其研究指出，在一个合约实施制度不完善的环境中，企业尽可能地拥有"控制权"所带来的益处是较大的，因此，企业更多地会选择将交易"内部化"，而从跨国交易的角度来看，这会影响到一国贸易结构和模式。类似地，Grossman 和 Hart（1986）的研究同样认为，当内部治理成本显著地高于"外包"产生的搜寻成本和不完全合约所产生的"敲竹杠"风险时，会激励企业进行跨国外包，从而促进国际贸易的发展。正如 Antras 和 Helpman（2004）在力图解释 20 世纪 90 年代以来日益显著的全球公司内贸易现象时所指出，当企业所面临的外部制度质量不佳时，确切地说，由于合约的不完全性所带来的"敲竹杠"风险增大时，跨国公司更倾向于选择将中间产品的供给和最终产品的生产都纳入企业内部进行，以抵消合约不完全化所带来的风险和困境，这是全球贸易中跨国公司内部贸易比重日益上升的本质原因。Hart 和 Moore（1990）的理论分析也表明，对于任何一个国家和地区而言，更为完善的制度质量和环境都能够增加一国的比较优势，从而为该国创造出更多的参与国际分工和贸易，进而获取更多贸易利益的机会。Grossman 和 Helpman（2005）的研究进一步指出，不同产业和产品之间存在特征性差异，某些产品的生产需要的投资具有显著的"专用性"特征,或者说具有"量身定制"的特征,因此,投资一旦形成了,在一个不完全契约的制度环境中,企业面临的"敲竹杠"和"反敲竹杠"的风险都会大大增加;相反,在一个契约制度较为完善的环境中,"敲竹杠"和"反敲竹杠"的风险就会大大下降,据此,Grossman 和 Helpman(2005)认为,制度质量在很大程度上决定了跨国公司是否将产品生产"外包"于他国,从而对贸易模式和贸易量产生深刻影响。Levchenko(2007)在 Grossman 和 Helpman 的不完全契约分析框架基础之上,将制度质量差异化引入模型,分析结论表明,包括契约执行质量、知识产权保护、投资者法律保护程度等在内的制度质量和制度环境,的确可以构成一国比较优势的重要来源,对于制度质量比较糟糕的国家而言,由于存在各种扭曲效应甚至会导致该国丧失获取分工和贸易利益的机会。在实证研究方面,Corcos 等(2009)分析了法国制造业企业公司内进口贸易现象的决定因素,研究结论表明,公司内贸易规模与东道国和母国的制度环境质量之间存在显著的相关性。同样地,Bernard 等(2010)利用美国"企业交易链接数据库"(Linked/Longitudinal Firm Trade Transaction Database)对美国跨国公司企业内贸易进行实证分析后发现,政府管制和企业执行等制度质量对公司内贸易具有决定性影响。其他类似的实证研究,基本上得出了与上述较为一致的结论(Defever 和 Toubal,2007;Yeaple,2006)。

针对制度质量和国际贸易关系的实证研究,国内文献也可见少量的研究。例如,朱希伟等(2005)的实证研究认为,经典的国际贸易理论难以解释中国企业的出口行为,其中的关键在于中国国内市场分割这种外在扭曲制度所致;类似地,张杰等(2010)实证研究发现,市场分割确实激励了本土企业的出口,并且,市场分割程度越高的省份和地区,生产效率越低,创新能力低以及资本密集度高的本土企业更偏向于出口;金祥荣等(2008)基于中国省际层面数据的实证研究表明,法律制度和产权保护制度对省际地区间出口差异具有显著影响;张杰、李勇和刘志彪(2010)利用中国省际层面4分位行业的经验数据,通过运用固定效应模型和工具变量方法,研究发现,在制度越是完善的省份,制度依赖型的行业越具有较高的出口份额。

既然制度质量对国际贸易可能产生深刻影响,甚至影响某些产业的比较优势,那么沿着上述研究思路,我们所提出的一个自然而然的问题便是:在产品内国际分工大背景下,由于各国的优势更多地体现为价值链上某一特定环节上的优势,制度质量是否成为影响价值链区位配置进而影响出口技术复杂度的重要因素？现有研究对于我们深化上述问题的认识，无疑具有重要的参考价值和借鉴意义，但遗憾的是，针对这一重要问题，迄今为止，仍然是一个鲜见研究的重要命题。有鉴于此，与现有研究文献相比，本书试图在下述几方面做出边际贡献：第一，在研究视角方面，与现有文献主要考察制度质量与最终产品贸易之间的关系不同，本书以产品内国际分工这一现实背景为切入点，对制度质量影响出口贸易的文献进行拓展；第二，在研究内容方面，本书直接研究制度质量、融入产品内国际分工程度及其二者的交互作用，对出口技术复杂度产生的可能影响；第三，在经验研究方面，本书借鉴 Hausmann 等（2005）的方法，利用 1996～2010 年 HS 92 六位数分类贸易统计数据，测算了 62 个国家（地区）的出口技术复杂度，并分别运用 OLS 法、TSLS 法以及系统 GMM 法，在有效控制其他影响因素的情况下，实证研究了制度质量对出口技术复杂度的影响，结果不仅与理论假说具有逻辑一致性，而且也丰富和发展了对出口技术复杂度影响因素的经验研究。

第三节　理论分析与待检验假说

伴随产品内国际分工的快速发展，跨国公司通过充分挖掘和利用各国比较优势，固然能够获取源自各国要素禀赋结构差异、技术差异、需求偏好差异以及规模经济等所带来的生产效率提升和生产成本节约的好处，但分工细化同时意味着交易费用也会因此上升，而影响交易费用高低的重要因素之一即为包括市场完善程度、政府行政效率，以及法律法规完善程度等制度质量。产品生产分割快速发展的一个重要特征就是，在纵向上分解出许多不同层次，从而对应着不同的技术复杂度水平。从价值链的不同区间来看，处在较低分工层次上的横向差别变得越来越小，即技术复杂度较低的生产环节和阶段的资产专用性会逐步弱化为通用性，而"通用性"特征意味着其对制度质量决定的交易成本相对而言不太敏感；与此相对应，处于较高层次上的劳动横向差别变得越来越大，即技术复杂度较高的生产环节和阶段的劳动要素异质性和专业化逐步增强，专业化知识在分工中的重要性日益显著，越来越多的基本生产要素的职能日益专业化而逐渐成为专用性资产，而"专用性"特征意味着其对制度质量决定的交易成本相对而言会越来越敏感。上述不同生产环节和阶段所具有的不同特征也就意味着，处于较低层次的生产环节或者说技术复杂度较低的生产阶段,主要依托要素价格优势,对制度质量并没有太高的要求,而处于较高层次的生产环节或者说技术复杂度较高的生产阶段,更多地取决于制度质量所能带来的交易费用和交易风险的降低程度,而对要素价格的依赖性相对较弱。由此,我们提出理论假说1:

假说1:在产品内国际分工条件下,制度质量对于一国(地区)在全球价值链中的定位使出口技术复杂度具有重要影响。

当前全球要素分工发展的实质是发达国家跨国公司在全球范围内进行资源整合和优化配置,"保留核心的,外包其余的"成为产品内国际分工条件下跨国公司的普遍战略。显然,一方面,"保留核心"意味着发达国家跨国公司可能更专注于产品价值链中的高端环节,从而不断地将中、低端环节外包出去,或者配置于其他更具成本优势的国家(地区),这种更为高端专业化的过程,从发包方所在国家(地区)来说,必然意味着其出口技术复杂度也越来越高。另一方面,从"外包其余"的角度来看,跨国公司不断"外包"出来的生产环节和阶段,相对于承接国(地区)现有的专业化生产环节和阶段来说,可能是更为高端的生产环节和阶段,显然,从全球生产过程的一个流转环节来看,如果把承接更为高端部分的生产环节和阶段,看作承接国(地区)专业化生产和出口的产品种类增加的话,那么这一扩展边际必然意味着更高的出口技术复杂度。因此,对于承接国(地区)来说,通过不断地承接发达国家跨国公司外包出来的"其余部分",可以提高其边际出口技术复杂度,从而有助于其在整体上提升出口技术复杂度水平。由此可见,无论是对于不断进行"发包"的经济体来说,还是对于不断承接"外包"的经济体来说,作为国际分工的进一步深化,或者说是融入产品内国际分工程度深化的表现,都会对出口技术复杂度产生显著正向影响。于是,我们提出了理论假说2:

假说2:产品内国际分工的深化,或者说融入产品内国际分工程度的加深,有助于一国(地区)提升其出口技术复杂度。

Johnson 等(2007)的研究曾指出,开展分工和贸易不仅能够带来比较优势利益和规模经济效益,还提供了改进和完善一国(地区)制度安排的可能,即开展对外贸易是改善经济制度和政治制度的重要途径。许多实证研究也证实了,贸易开放可以通过包括减少寻租、强化产权保护、提升契约执行效率以及增加部门改革投入和支持等途径,改善一国(地区)的制度质量(Rodrik,2004;Acemoglu 和 Robinson,2008;Dang,2010)。那么由此我们不难推断,在产品内国际分工条件下，融入全球要素分工程度会对制度质量的完善具有促进作用。与此同时，Gereffi等（2011）的研究发现，一些国家或地区由于缺乏成本优势（此处的成本概念是一个综合性概念，既包括要素成本，也包括由制度质量所决定的投资和税收激励、基础设施、基础服务、行政管理负担、契约履行成本等商务成本）而难以加入全球生产网络，被排除在国际全球要素分工体系之外。这一发现背后的逻辑思想是，制度质量的完善显然有助于一国（地区）融入产品内国际分工体系，也可以说，制度质量的完善有助于一国（地区）更为深度地融入产品内国际分工。可见，融入产品内国际分工程度和制度质量完善之间可能存在相互推动的作用。于是，结合前文的假说1和假说2我们提出了理论假说3：

假说3：融入产品内国际分工程度与制度质量的交互作用，对一国（地区）的出口技术复杂度产生重要影响。

第四节　变量选取、计量模型及数据说明

在产品内国际分工条件下，上述关于制度质量影响出口技术复杂度的理论假说，主要还是停留在逻辑上的推演，缺少来自包括中国在内的实践经验验证。本节及以下部分的内容，旨在利用包括中国在内的跨国面板数据，对上述理论模型的推演结论进行经验验证，以进一步明晰制度质量是否显著影响出口技术复杂度。

（一）变量选取及模型设定

1. 被解释变量及其测度

本书重点关注的是产品内国际分工条件下，制度质量是否对出口技术复杂度具有显著影响，不言而喻，出口技术复杂度（ES）即为被解释变量。针对如何测算出口技术复杂度问题，Hausmann等（2005）较早提出了两步计算法。第一步先测度每一种可贸易商品的技术复杂度指数（Technological Sophistication Index，TSI），其计算公式如下：

$$TSI_k = \sum_j \frac{x_{jk}/X_j}{\sum_j (x_{jk}/X_j)} Y_j \qquad (6-1)$$

其中，TSI_k为可贸易商品k的技术复杂度指数。x_{jk}为国家j的商品k出口额，

X_j 为国家 j 的出口总额，Y_j 为国家 j 的人均收入水平，通常以人均 GDP 表示。在测算出每种可贸易商品的技术复杂度之后，第二步再通过以下公式计算一国总体出口技术复杂度：

$$ES = \sum_k \frac{x_k}{X} TSI_k \qquad (6-2)$$

其中，ES 为一国出口技术复杂度指数，x_k 为该国商品 k 的出口额，X 为该国出口总额，TSI_k 为商品 k 的技术复杂度指数。在此基础上，此后虽然有很多学者根据不同的研究需要，对上述测算出口技术复杂度方法进行了各种改进，例如，Xu（2007）根据产品质量对产品技术复杂度进行了调整；杜修立和王维国（2007）以产品的总生产在世界的分布为权重，而不是以产品的总出口在世界的分布为权重，计算出口技术复杂度；姚洋和张晔（2008）则进一步区分了出口产品的国内技术含量问题等。但总体而言，各种方法仍各有利弊，有鉴于此，本章采用 Hausmann 等（2005）的测度方法。

2. 解释变量及其测度

在解释变量的选取上，本章着重关注制度质量（INST）和全球要素分工（SP）。针对制度质量，其量化往往比较主观而且难以测量。目前学术界已经提出了多种测算制度质量的方法。例如，Knack 和 Keefer（1995）使用的世界银行跨国治理指数，Acemoglu 等（2001）采用产权保护指标，Johnson 等（2000）区分的法律制度，Glaeser 等（2004）提及的民主和威权衡量方法，以及国内学者王小鲁和樊纲（2004）开发的中国市场化指数等。显然，不同学者往往因为关注的侧重点不同而设计了不同的测度方法。然而，正如 North（1989）的研究所指出，制度是一个涵盖包括政治和经济等多维层面的体系。有鉴于此，本章使用世界各国风险指南（International Country Risk Guide，ICRG）数据库中的政治风险指数（PR）、经济风险指数（ER）以及金融风险指数（FR）三种指标，作为制度质量的替代变量，以进行综合对比分析。这三种指标也是目前学界使用较为普遍的和公认较为可靠的指标，三种指标的指数值越高，表明制度质量也就越高。至于全球要素分工程度的测度方法，目前学术界使用较为普遍的方法主要是Hummels 等（2001）提出的垂直专业化指标，以及 Koopman 等（2008）提出的分拆投入产出表方法。实际上，当前国际生产分割或者说产品国际分工的深入发展，不仅表现在垂直型国际分工方面，同时也存在水平型国际分工。而国际生产分割一个最为直接的表现就是中间产品贸易的快速增长，这无论对于垂直专业化分工还是水平型专业化分工，都是如此。因此，使用中间产品贸易的相关统计数据来间接度量一国融入产品内国际分工的程度，更具直接性，也具有合理性。据此，本章借鉴 Yeats（2001）的方法并进行适当改进，即采用一国（地区）中间产品进出口额在本国进出口总额中所占比重，作为该国（地区）融入产品内国际分工程度的替代变量。此外，由于开放条件下一国（地区）融入产品内国际分工体系，可能会与制度质量产生交互作用进而影响到一国（地区）的出口技术复杂度，因此，我们将制度质量与全球要素分工程度变量的交互项（SP × INST），作为基础解释变量之一纳入计量模型。

3. 其他控制变量的选取

综合现有关于出口技术复杂度影响因素的研究（Hausmann 等，2005；Schott，2008；王永进等，2010），考虑计量检验结果的稳健性，本章还纳入以下控制变量，主要包括：利用外资存量额（FDI）、人力资本变量（HU）、人均 GDP 变量（PC）、创新能力变量（RD）、人口规模变量（POP），以及基础设施变量（INF）。

据此，本章设定如下面板数据模型：

$$ES_{i,t} = \alpha_0 + \alpha_1 INST_{i,t} + \alpha_2 SP_{i,t} + \alpha_3 INST_{i,t} \times SP_{i,t} + \gamma Z_{i,t} + \mu_t + \nu_i + \varepsilon_{i,t} \quad (6-3)$$

其中，INST 分别为政治风险指数、经济风险指数以及金融风险指数表示的制度质量替代变量，Z 代表各种控制变量，μ 为时期固定效应变量，ν 为国家（地区）的固定效应变量，ε 为误差项。考虑到不同变量水平值的巨大差异，在实际估计过程中，我们对被解释变量（ES），以及解释变量中的制度质量（INST）、利用外资存量额（FDI）、人均 GDP 变量（PC）、人口规模变量（POP）取了自然对数。

（二）数据来源及说明

本章计算了 1996~2010 年 62 个国家（地区）的出口技术复杂度指数，使用到的贸易数据来自联合国 COMTRADE 原始数据库中 HS 92 六位数分类贸易统计数据，人均 GDP 数据则来自于世界银行 WDI 数据库；中间产品进出口贸易数据来自 COMTRADE 数据库中的广义经济分类法（Broad Economic Classification，BEC）下的中间品贸易数据（Intermediate Goods）；作为制度质量（INST）的三种替代变量即政治风险指数（PR）、经济风险指数（ER）以及金融风险指数（FR）均来自世界各国风险指南（International Country Risk Guide，ICRG）数据库；利用外资存量额（FDI）、人口规模变量（POP）来自联合国贸发会议网站统计数据库（UNCTAD Statistics）；人力资本变量（HU）采用公共教育经费支出占 GDP 比重，创新能力变量（RD）采用研发投入占 GDP 比重，基础设施变量采用每百人中因特网使用人数。上述三种数据均来自世界银行统计数据库。各关键变量的描述性统计如表 6-1 所示。

表 6-1 各关键变量的描述性统计

变量	样本数	均值	标准差	中值	最大值	最小值
ES	930	32543.220	45005.620	15332.500	258350.600	3059.025
SP	930	0.3966	0.1438	0.3726	0.8514	0.159
PR	930	69.725	10.845	69.900	91.500	43.000
ER	930	36.819	4.968	36.686	52.776	25.475
FR	930	38.350	5.831	38.275	58.270	22.500
FDI	930	143239.400	371807.200	25821.360	2995459.000	15.845
HU	930	4.720	1.446	4.740	9.798	0.979
INF	930	27.914	26.816	18.250	95.000	0.001
PC	930	15592.560	15826.620	8822.598	93156.840	122.181
POP	930	69117.280	210892.300	10285.020	1318194.000	270.119
RD	930	1.134	1.008	0.740	4.836	0.031

第五节 实证结果及分析

（一）OLS 估计结果

考虑到仅以样本自身效应为条件而进行研究，因此，对上述计量模型（6-3）的估计，本章采用固定效应模型。表 6-2 报告的估计结果是使用 OLS 回归分析所得。

表6-2 OLS回归估计结果

变量	(1)	(2)	(3)	(4)	(5)	(6)
PR	4.76974* (1.9056)	—	—	0.66691* (1.85325)	—	—
ER	—	2.91145*** (3.18633)	—	—	0.40691*** (3.58417)	—
FR	—	—	0.27501** (2.32102)	—	—	0.10398*** (2.15614)
SP	3.83086*** (3.93908)	3.47353** (2.89411)	2.93482** (2.13494)	2.32603** (2.28521)	1.48531*** (3.70992)	1.02014** (2.34359)
SP×PR	8.89050** (2.44852)	—	—	1.53497** (2.59906)	—	—
SP×ER	—	1.40784** (2.30655)	—	—	1.03674*** (3.99490)	—
SP×FR	—	—	0.33949** (2.47335)	—	—	0.20842* (1.99723)
FDI	—	—	—	0.00482** (2.16325)	0.00502** (2.17563)	0.00503* (1.88604)
HU	—	—	—	0.25467*** (3.8915)	0.25747*** (4.5378)	0.25637*** (3.2617)
PC	—	—	—	0.03345** (2.00235)	0.03782** (2.69337)	0.04283** (2.38492)
RD	—	—	—	0.10289*** (6.2386)	0.10008*** (6.12013)	0.09855*** (5.62375)
POP	—	—	—	0.00033 (0.07122)	0.00062 (0.13059)	-0.00142 (-0.28217)
INF	—	—	—	0.02457** (2.41857)	0.02427* (1.90326)	0.02421** (2.73129)
常数项	-10.36358*** (-8.36987)	-0.64974** (-2.81753)	8.82258** (2.64859)	4.52697* (1.87221)	5.39997* (1.89312)	7.25727*** (7.33121)
样本数	930	930	930	930	930	930
R^2	0.58009	0.55781	0.50187	0.68501	0.68431	0.68406

注：*、**、***分别表示在10%、5%、1%水平上显著，括号内的数值为t统计量。

表6-2中第(1)至第(3)列报告的结果,是仅将本章最为关注的制度质量变量、全球要素分工程度变量及其二者交互项作为解释变量进行回归所得。结果显示,无论是以政治风险指数作为制度质量的替代变量,还是以经济风险指数作为制度质量的替代变量,抑或是使用金融风险指数作为制度质量的替代变量,其回归系数值均为正且至少在10%的显著性水平下具有显著影响。由于上述三个指数值越高表示的制度质量也就越高,因此,上述回归结果意味着制度质量与出口技术复杂度呈现正相关关系,即在不考虑其他变量的作用下,制度质量越高的国家(地区)其出口技术复杂度也就越高。换言之,制度质量对出口技术复杂度具有显著正向影响。从某种意义上来说,这一结果与现有关于制度质量能否成为一国比较优势的经验研究(Nunn,2007;Martincus,2009)所得结论也是相一致的,即制度质量对于贸易模式的决定具有显著影响,而本章的研究则进一步补充印证了制度质量对出口技术复杂度的正向作用。融入全球要素分工程度变量(SP)的系数估计值也为正,并且至少在5%的显著性水平下对出口技术复杂度存在显著影响。这一结果意味着融入产品内国际分工程度越高的国家(地区),其出口技术复杂度相应的也就越高。或者说,融入产品内国际分工的程度对出口技术复杂度具有显著正向影响。实际上,在当前产品内国际分工的大背景下,融入产品内国际分工的程度越高,也就意味着一国(地区)的对外开放程度越高,从而使一国(地区)的企业在参与国际分工和贸易过程中获得了可能的学习效应,进而提升了自身技术水平并最终表现为出口技术复杂度的不断提高。换一个角度来说,在产品内国际分工深入发展的背景下,无论是发达国家还是发展中国家,都会在深度融入国际分工过程中不断提高出口技术复杂度,这是因为,发达国家往往因"保留核心,外包其余"的发展战略而表现为其"专业化"的产品越来越具有高技术复杂度,而发展中国家则因为"承接"了相对自身原先状况而言的更为"高级"的生产环节和阶段,并且进口了来自发达国家的高技术复杂度的"中间品"(从而在产品内国际分工条件下其出口产品内含了进口的高技术复杂度"中间品"),同样会表现出其出口技术复杂度不断提升的发展趋势。总之,本章的计量结果验证了融入产品内国际分工程度对出口技术复杂度的正向影响。就制度质量与融入产品内国际分工程度变量的交互项来看,第(1)栏至第(3)栏的回归结果均表明,其系数估计值为正,且至少在5%的显著性水平下对出口技术复杂度具有显著影响。这一结果验证了制度质量和融入产品内国际分工的可能交互作用及其对出口技术复杂度的正向作用。已有的研究表明,制度

质量越低的国家,其对外贸易活动越少,参与国际分工程度越低,尤其是在当前产品内国际分工体系下,制度质量低下甚至成为某些国家和地区融入国际分工体系的重要障碍,而从另一角度来看,这就意味着制度质量的提高会有助于贸易开放的发展;与此同时,参与国际分工和贸易同样会有利于制度变迁(Lanz 等,2011;Baldwin 等,2013)。从这一意义上来说,本章的计量结果不仅与现有研究文献的结论是基本一致的,同时也在一定程度上补充说明了二者交互作用对出口技术复杂度产生的重要正向影响。

表 6-2 中第(4)至第(6)列报告的结果,是在计量模型中纳入其他控制变量后所得的回归结果。容易看出,纳入控制变量后,作为本章最为关注的关键解释变量的制度质量、融入全球要素分工程度变量以及二者交互项,其系数估计值大小虽有所变化,但其与出口技术复杂度的正相关关系并未改变,从而在一定程度上说明了上述估计结果的稳健性。就其他控制变量而言,外资利用存量额的系数估计值在第(4)至第(6)列报告的结果中均为正,且至少在 10% 的显著性水平下对出口技术复杂度具有显著影响。这一结果与现有关于 FDI 对出口技术复杂度的实证研究文献所得结论也是基本一致的(Rodrik,2006;Wang 和 Wei,2008;Harding 和 Javorcik,2009)。人力资本变量的系数估计值为正且第(4)列至第(6)列的报告结果中均显示出其在 1% 的显著性水平下对出口技术复杂度具有显著影响,说明人力资本对出口技术复杂度的重要作用,这一结果也在我们的预期之中。而作为衡量一国(地区)富有程度的人均 GDP 变量(PC),其系数估计值同样为正并且对出口技术复杂度具有显著影响,这一结果与 Hausmann 等(2005)实证研究所发现的出口技术含量与人均 GDP 水平具有正相关的结论,也是相一致的。作为创新能力替代变量的研发经费支出占 GDP 之比(RD)的系数估计值为正,并且在 1% 的显著性水平下对出口技术复杂度具有显著影响,这一点与现有文献的研究结论是一致的,也符合我们的预期。而作为衡量一国(地区)可能内含的规模经济因素的人口规模变量(POP),表 6-2 第(4)至第(6)列报告的结果在系数估计值的正负性方面虽有所变化,但总体而言其对出口技术复杂度并不具备显著影响。当然,出现这一结果的可能原因在于,一方面,人口规模可能并不能如实反映一国(地区)真实的市场潜力和可能具有的规模经济因素,其典型表现就是改革开放之初的中国,其大国的意义还主要体现在"人口规模"方面而非体现在市场方面;另一方面,在产品内国际分工快速发展的背景下,人口规模因素对于不同发展阶段的国家(地区)所具有的意义

可能也不尽相同，例如，对于处于高级发展阶段而言，人口规模因素可能意味着富含更多的人力资本等高端要素，而对处于初级发展阶段而言，人口规模因素可能更多地意味着在初级要素上所具有的比较优势，从而对出口技术复杂度具有不同的影响。由于本章样本同时包括发达经济体和发展中经济体，上述可能原因的存在，从而导致了估计结果不仅没有表现出与出口技术复杂度始终一致的相关性，同时也不具备显著性。总而言之，无论可能的原因是上述哪一方面，在某种意义上来说均与经济发展阶段具有密切关系，也就是说，人口规模变量对出口技术复杂度的影响可能存在"门槛效应"，当突破某一临界值时就会表现为正向作用，而当低于某一临界值时可能就表现为负向作用。当然，进一步的实证检验并非本章所关注的重点，需要专文进行探讨。基础设施变量（INF）的系数估计值为正并且至少在10%的显著性水平下对出口技术复杂度具有显著影响，这一结果意味着基础设施的完善能够提高各国（地区）的出口技术复杂度。这一结果与现有文献研究所得结论也是一致的（王永进等，2010）。

（二）TSLS估计结果

当然，使用OLS估计方法对计量模型（6-3）进行回归分析，可能会由于内生性问题而使估计结果出现有偏性和非一致性，因为制度质量与出口技术复杂度可能具有较强的内生性，这不仅体现在制度变迁会对贸易进出口技术复杂度产生影响，同时还体现在现有文献所揭示的，发展以贸易为表现形式的开放型经济同样也会对一国（地区）的制度质量产生重要影响。为此，我们再采用两阶段最小二乘法（TSLS）对上述计量模型（6-3）进行估计，所使用的工具变量为制度质量的滞后一期变量，回归结果报告如表6-3所示。当然，为了考察所选工具变量是否有效，我们对工具变量进行了不足识别检验、弱识别检验和过度识别检验，结果表明所选工具变量是合适的。

表6-3 TSLS回归估计结果

变量	(1)	(2)	(3)	(4)	(5)	(6)
PR	2.86378* (1.89817)	—	—	0.60559* (1.90109)	—	—
ER	—	1.53926** (2.22227)	—	—	1.07861*** (3.69463)	—

续表

变量	(1)	(2)	(3)	(4)	(5)	(6)
FR	—	—	1.68835** (2.81937)	—	—	0.48672** (2.63842)
SP	2.36911** (2.74633)	1.36875** (2.33344)	3.79416** (2.43149)	2.08198*** (4.02232)	3.40761*** (3.54708)	2.95934** (2.32513)
SP×PR	10.5650*** (3.28657)	—	—	1.22034*** (3.93545)	—	—
SP×ER	—	0.758828** (2.66642)	—	—	2.36219*** (3.59425)	—
SP×FR	—	—	0.62922** (2.85685)	—	—	0.84427* (1.87594)
FDI	—	—	—	0.00292** (0.65676)	0.00714** (1.64277)	0.00735* (1.88230)
HU	—	—	—	0.25262*** (6.4547)	0.25658** (2.3633)	0.25189*** (4.1541)
PC	—	—	—	0.03638** (2.86002)	0.03457*** (4.74129)	0.04277** (2.32421)
RD	—	—	—	0.09456*** (4.22117)	0.09142*** (3.78989)	0.09772*** (5.10781)
POP	—	—	—	0.00274 (0.52915)	0.00427 (0.80450)	−0.00691 (−1.37716)
INF	—	—	—	0.02409** (2.80928)	0.02391* (1.93326)	0.02372** (2.44674)
常数项	−10.86922*** (−5.52388)	−10.78246*** (−3.07626)	5.99842*** (8.08662)	4.94969*** (7.36514)	3.58419*** (3.40718)	5.74777*** (5.41542)
样本数	868	868	868	868	868	868
不足识别检验	35.96521 (0.0000)	31.88612 (0.0000)	34.01284 (0.0000)	40.19823 (0.0000)	29.53642 (0.0001)	28.87361 (0.0001)
弱识别检验	18.96552 (0.05)	19.36584 (0.05)	22.01351 (0.05)	22.98442 (0.05)	28.01334 (0.01)	27.96581 (0.01)
过度识别检验	3.01987 (0.1309)	2.03121 (0.6128)	2.99364 (0.3319)	3.71523 (0.1431)	0.50136 (0.7985)	1.40216 (0.4502)
R^2	0.57973	0.51005	0.45542	0.98378	0.98280	0.98267

注：*、**、***分别表示在10%、5%、1%水平上显著，括号内的数值为t统计量。

与表6-2呈列回归估计结果的逻辑一致,表6-3第(1)至第(3)列报告的回归结果,是仅将本章最为关注的制度质量变量、全球要素分工程度变量及其二者交互项作为解释变量进行回归所得,而第(4)至第(6)列报告的回归结果则是在纳入其他控制变量后进行回归所得。首先,将表6-3和表6-2的回归结果进行比较后容易发现,无论使用普通最小二乘法(OLS)还是两阶段最小二乘法(TSLS)进行估计,作为制度质量替代变量的政治风险指数、经济风险指数以及金融风险指数,均对出口技术复杂度具有显著正向影响;同样,融入全球要素分工程度的系数估计值仍然为正,且在5%的显著性水平下对出口技术复杂度具有显著影响;此外,从制度质量和全球要素分工程度的交互项来看,其估计结果也与表6-2保持了较高的一致性,即制度质量和全球要素分工程度的交互作用与出口技术复杂度仍然显示出显著的正相关关系。其次,将表6-3中第(1)列至第(3)列的估计结果与第(4)列至第(6)列的估计结果进行对比,可以看出,在纳入控制变量后,并没有改变制度质量、融入全球要素分工程度变量以及二者交互项的系数估计值的正向性及其显著性,即上述三个基础性解释变量仍然显示出与出口技术复杂度具有显著的正相关关系。这一点与表6-2的估计结果也是一致的,从而在一定程度上说明估计结果的稳健性。就其他控制变量的估计结果而言,表6-3报告的结果与表6-2报告的结果基本一致,未发生实质性改变,对此我们不再赘述。

(三)GMM估计结果

虽然使用两阶段最小二乘法(TSLS)能够较好地解决可能存在的内生性问题,但是,正如Cameron等(2005)和Roodman(2007)的研究所指出,面板数据估计过程中仍然会存在其他一些计量问题,比如扰动项的自相关问题以及某些回归变量并非严格外生而是先决变量等。此外,企业的出口往往具有持续性特征,从出口技术复杂度变化的角度来看,同样如此。因此,将出口技术复杂度的滞后项作为解释变量之一纳入计量模型(6-3)后,相应地就有了如下动态面板数据模型:

$$ES_{i,t} = \alpha_0 + \alpha_1 ES_{i,t-1} + \alpha_2 INST_{i,t} + \alpha_3 SP_{i,t} + \alpha_4 INST_{i,t} \times SP_{i,t} + \gamma Z_{i,t} + \mu_t + \nu_i + \varepsilon_{i,t}$$

(6-4)

显然,在动态面板数据模型(6-4)中,由于解释变量中含有被解释变量的滞后项这一内生性变量,因此使用一般的最小二乘法容易产生"动态面板估计偏误"的不良结果(Roodman,2007)。对此,Arellano和Bover(1995)提出的系统广义矩估计方法（System GMM）可以有效解决上述问题。为此，我们采用系统广义矩估计方法对动态面板数据模型（6-4）进行估计，结果报告如表6-4所示。

表6-4 GMM回归估计结果

变量	(1)	(2)	(3)	(4)	(5)	(6)
ES(-1)	0.97276*** (3.14248)	1.00227*** (3.79552)	1.01349*** (3.59801)	0.35787*** (5.37937)	0.35685*** (4.97662)	0.3664*** (5.36991)
PR	0.33561** (2.08298)	—	—	0.483329* (1.931686)	—	—
ER	—	0.22730*** (3.99525)	—	—	0.83353*** (3.0250)	—
FR	—	—	0.20379** (2.92434)	—	—	0.39885** (2.41499)
SP	1.14741** (2.14625)	2.49326** (2.29161)	0.60455** (2.70017)	4.203112*** (3.45896)	6.46423** (2.90893)	2.49372** (2.17588)
SP×PR	0.24882** (2.06015)	—	—	1.00288* (1.91684)	—	—
SP×ER	—	0.66639** (2.21161)	—	—	1.81004** (2.94026)	—
SP×FR	—	—	0.14142** (2.59737)	—	—	0.70365* (1.90939)
FDI	—	—	—	0.00284** (2.19812)	0.00419* (1.91294)	0.00443** (2.06179)
HU	—	—	—	0.16774*** (5.26809)	0.17095*** (4.34211)	0.16495*** (4.16606)
PC	—	—	—	0.02815** (2.97533)	0.02613** (2.75624)	0.03225** (2.95085)
RD	—	—	—	0.05773** (8.73184)	0.05474** (8.33711)	0.05849** (8.95118)
POP	—	—	—	0.00217 (0.44320)	0.00358 (0.71571)	-0.00510 (-1.08383)
INF	—	—	—	0.01559** (2.40001)	0.01547* (1.8162)	0.01510** (2.12186)

续表

变量	(1)	(2)	(3)	(4)	(5)	(6)
常数项	-1.04533 (-4.11970)	-0.73054 (-3.98787)	-0.76325 (-3.92516)	2.75228 (4.31278)	1.77308 (1.80161)	3.29052 (3.18228)
样本数	868	868	868	868	868	868
Wald 检验	135812.3 (0.0000)	216543.1 (0.0000)	198364.2 (0.0000)	256381.9 (0.0000)	309153.3 (0.0000)	298736.7 (0.0000)
Sargan 检验	27.76591 (0.2358)	22.19543 (0.5982)	28.01521 (0.2295)	29.0912 (0.2031)	25.1985 (0.4356)	26.381 (0.4019)
AR（1）检验 p 值	0.0328	0.2915	0.0893	0.3628	0.0782	0.9126
AR（2）检验 p 值	0.8413	0.7526	0.9135	0.8817	0.7526	0.9359

注：*、**、***分别表示在10%、5%、1%水平上显著，括号内的数值为 t 统计量。

与表6-2和表6-3呈列回归结果的逻辑一致，表6-4第（1）至第（3）列给出的结果，是将出口技术复杂度滞后一期变量、制度质量变量、全球要素分工程度变量及其与制度质量变量交互项作为基础解释变量，进行回归所得，而第（4）至第（6）列的回归结果则是在纳入其他控制变量后进行回归所得。从表6-4报告的各列回归结果中，我们可以总结出以下几点基本结论：第一，在所有各列的回归估计结果中，作为解释变量的滞后一期出口技术复杂度变量，均在1%的显著性水平下对当前出口技术复杂度具有显著正面影响，这一结果意味着出口技术复杂度的确存在"持续性"特征。第二，在第（1）列至第（6）列的回归估计结果中，作为制度质量的替代变量，无论是政治风险指数，还是经济风险指数，抑或是金融风险指数，其系数估计值及其显著性统计特征，大体而言，均保持了较好的一致性。这一结果意味着制度质量对出口技术复杂度具有显著正面影响，换言之，制度质量越是完善的国家（地区），相应地其出口技术复杂度也就会越高。第三，在所有的回归结果中，融入产品内国际分工程度变量及其与制度质量交互项，均对出口技术复杂度具有显著的正向影响。不言而喻，从分工的互利性原理及其比较优势的动态变化角度来看，当前全球要素分工是比较优势潜在能力的进一步释放，以及各国由此可能产生的比较优势"升级"，从而在整体上提升了出口技术复杂度。此外，制度质量作为一国（地区）比较优势的可能重要来源，会有助于其融入全球分工体系，而在融入全球经济过程中开放型经济发展战略又会促进制度质量的变迁，从而使二者相互作用提升了出口技术复杂度。第四，各列的回归结果均表明利用外资对提升出口技术复杂度具有显著的积极影响。实际上，当前产品内国际分工的实质就是发达国家跨国公司在全球范围内进行的资源整合，而其中一个重要方式就是通过 FDI 的方式构建全球生产网络。由于外资企业相对于本土企业而言通常具有更高的生产率，这无疑会对接受FDI 的东道国（地区）出口技术复杂度产生可能的积极影响，再加之 FDI 企业产生的诸如"溢出效应"等影响，从而进一步提升东道国（地区）出口技术复杂度。第五，人力资本变量、人均 GDP 变量、创新能力变量以及基础设施变量，均对出口技术复杂度具有显著正向影响，说明这些影响出口技术复杂度的传统因素的确发挥着重要作用。第六，在各种组合的回归结果中，作为衡量一国（地区）可能内含的规模经济因素的人口规模变量，与前文表 6-2 和表 6-3 所得回归结果一致，均没有迹象表明其对出口技术复杂度产生了显著的影响。况且，在不同组合的回归结果中，人口规模变量的系数估计值甚至出现有正有负的反转变化，从而说明了人口规模变量系数估计符号的不确定性，或者说对出口技术复杂度影响的不确定性。

第六节 简要结论及启示

在前一轮的开放型经济发展中，中国主要依托人口红利等传统低成本优势，融入产品内国际分工体系，由此实现了中国出口贸易的"爆炸式增长"奇迹。但与此同时，也由此决定了中国出口商品大多属于劳动密集型产品或者是高端产品的劳动密集型生产环节、在全球价值链分工中被定位于"低端"的事实特征，这也是中国开放型经济发展备受诟病的焦点所在。尤其是本轮全球金融危机后，中国开放型经济发展不仅面临着日益严峻的资源、环境以及要素成本不断高企等内部约束，更面临着外需不足、贸易保护主义抬头、全球经济不稳定因素增多等外部约束。在此背景下，正如中国十二五规划纲要所指出的：要提高中国出口产品的技术含量和附加值，加快转变外贸发展方式，引导产业向价值链高端延伸。因此，如何提高中国出口产品技术复杂度，以此谋求中国在全球分工体系中的新地位,已经成为摆在理论和实践部门的重要课题。对此,现有研究已从本土要素升级和培育高级要素、提升自主创新能力、发展高级生产性服务业等方面(程大中,2008;安同良等,2009;张幼文,2010;江静和刘志彪,2010)进行了十分有益的探索,但从制度质量角度直接研究出口技术复杂度决定因素的文献还较为鲜见。本章的理论分析认为,相比传统的以最终产品为界限的分工模式,在以"价值增值环节"为界限的产品内国际分工模式下,由于价值链中越是高端的生产环节和阶段,对制度质量的要求也就越"敏感",从而制度质量可能成为影响出口技术复杂度的重要因素。换言之,制度质量在很大程度上决定着产品价值链的区位配置,从而影响一国(地区)的出口技术复杂度。而融入产品内国际分工程度及其与制度质量的交互作用,同样会对出口技术复杂度产生重要影响。

借鉴 Hausmann 等(2005)提出的方法,利用 1996~2010 年 HS 92 六位数分类贸易统计数据,本章测算了 62 个国家(地区)的出口技术复杂度,并分别运用 OLS 估计法、TSLS 估计法以及系统 GMM 估计法,对产品内国际分工下制度质量影响出口技术复杂度的理论假说进行了逻辑一致性计量检验。结果表明,制度质量对出口技术复杂度具有显著的积极影响,即更为完善的制度质量会对提升出口技术复杂度具有积极的促进作用。与此同时,融入产品内国际分工程度及其与制度质量的交互作用,同样对出口技术复杂度具有显著的正向影响。此外,本章的实证研究还发现,利用外资、人力资本、人均 GDP 水平、创新能力、基础设施等传统因素对出口技术复杂度具有重要影响,而作为衡量一国(地区)内包含的可能规模经济因素的人口规模,则并没有表现出对出口技术复杂度的显著影响,并且在不同的组合回归下,其系数甚至出现正负反转的情形,而导致这一现象的可能原因在于,人口规模对出口技术复杂度的影响或许存在"门槛效应"。

本章的研究结论不仅有助于我们理解中国出口所处全球价值链分工地位,而且对如何加快提升中国出口技术复杂度、谋求全球分工新地位有着重要的政策含义:在人口红利等传统低成本竞争优势接近尾声之际,在进一步深度融入产品内国际分工中不断完善制度质量,有助于增创中国开放型经济发展新优势、提升中国出口技术复杂度。目前,面临国内国际环境的深刻变化,中国开放型经济发展已经进入了亟待转型的关键时期。在发展开放型经济的过程中,在实现要素升级和生产性服务业等发展的同时,不断加大改革力度,不断完善开放型经济发展的制度质量,对于推动我国提升出口技术复杂度、向全球价值链高端攀升具有重要的战略意义。换言之,着眼未来,中国应该通过不断完善制度质量而谋求全球分工中的有利地位和增强国际竞争力。虽然自改革开放以来，尤其是 1992 年我国确立了社会主义市场经济体制以来，我们在制度质量的完善方面取得了显著成就和进步，但是不可否认的是，我们在市场完善程度、政府行政效率、社会信用体系、市场分割和地方保护主义，以及法律法规的完善程度等方面，仍然面临着一系列需要改革和完善的地方。况且，在中国的对外开放进程中，各地区具有明显的开放次序和程度差异，从而影响着各地区制度发育和发展进程，使不同区域制度质量存在较大差异。更为确切地说，开放型经济相对发达的诸如长三角地区，制度质量的发育和发展可能同样走在全国前列，而开放型经济相对落后的中西部地区，制度质量的发育和发展可能相对缓慢。因此，适应开放型经济发展新要求，进一步加大改革力度以完善制度质量，不仅存在着巨大的进步空间，同时有助于在实现区域间协调发展过程中打造整体对外竞争新优势，提升出口技术复杂度。中国开放型经济发展正处于转型升级的关键阶段，而提升制度质量则是加速这一进程的重要举措，甚至是必然选择。为此，中国需要继续深化政治和经济体制改革，着重在保护公民财产和权利、遏制官员腐败、鼓励技术创新和保护知识产权、保护契约关系、推进法治进程、提高政府行政效率等方面做足做好功课，从而打造出更适宜的贸易、投资、创业、创新、人居等综合软环境，进一步完善我国开放型经济发展的制度质量。当然，采取怎样的举措才能实现上述目标，则需要专文探讨，是一个值得有待深入研究的大课题，也是我们今后研究的努力方向。

第七章 全球要素分工下中国制造业国际竞争力再评估

在全球要素分工条件下,传统衡量制造业国际竞争力的测度方法面临较大的局限性。鉴于此,本章借鉴 Koopman 等(2010)提出的全球要素分工地位测度原理和方法,利用世界投入产出数据库(WIOD)最新发布的投入产出表,分别在整体和细分产业层面,测算了全球 44 个国家(地区)2000~2014 年制造业部门全球要素分工地位指数,以作为制造业国际竞争力指数替代变量,据此对中国制造业国际竞争力进行再评估。研究发现,中国制造业国际竞争力在样本期内呈现先降后升的"V"形趋势;虽然劳动密集型产业领域仍然是中国竞争力最强的产业部门,但近年来技术密集型产业领域国际竞争力提升较快;从国际比较看,中国制造业国际竞争力指数的全球排名较为靠前,"大而不强"的传统认识更多源于与少数作为制造业强国的发达经济体相比的结果,从更为宽泛以及基于中国自身要素禀赋和发展阶段看,中国制造业国际竞争力仍可算"优等生"。中国制造业衰退乃至崩溃论的观点是不足为据的。当然,在全球经济进入深度调整期和中国经济发展进入"新常态"后,依托制造业转型升级,实现全球价值链攀升,进一步提升国际竞争力,无疑是中国制造业所面临的重要任务和发展战略方向。

第一节 问题提出

改革开放以来,中国依托"人口红利"等传统低成本比较优势,以开放的姿态积极接受发达国家的技术转移和扩散,通过快速而全面地融入发达国家跨国公司主导的全球要素分工体系,实现了制造业的长足发展,进而成为全球制造业第一大国。目前,贴遍全球的"中国制造"标签在一定程度上说明了中国制造业已经取得了一定的在位规模优势和国际竞争力。不可否认,作为世界制造业第一大国和全球贸易大国,中国制造业规模的迅速扩张及其国际市场份额比重的快速提升,在国际上的确产生了对中国竞争压力的强烈反响。与此同时,部分基于出口技术复杂度的实证研究文献还发现,伴随中国制成品出口规模快速扩张的同时,中国制成品出口技术复杂度同样表现出不可思议的快速提升之势(Schott,2007)①,甚至有研究认为,早在 21 世纪初,中国制成品出口技术复杂度就已经达到了 3 倍于其人均 GDP 水平及以上的发达经济体制成品出口技术复杂度水平(Hausmann 等,2005)②。Lemoine 和 Ünal(2008)③ 的研究指出,中国的制成品出口技术复杂度不仅已经步入"发达经济体行列",甚至于 2004 年就已经超越美国成为全球最大高科技产品出口国。上述研究发现背后的逻辑意蕴是,中国制造业国际竞争力水平的提升其实不仅表现在体量之大方面,同样也表现在"筋骨"之强方面。

然而,在全球要素分工条件下,无论是传统的贸易总值核算法所显示的体量情况,还是采用出口技术复杂度所体现的技术水平状况,其实都已经无法揭示制造业国际竞争力的真实水平。这是因为在全球要素分工条件下,由于存在中间产品多次跨境流动的情形,从而总值核算法通常会"虚高"真实贸易额。这也是当前对贸易统计从总值核算法开始向增加值核算法演进的主要原因。另外,由于在全球要素分工条件下,一国只是专业化于价值链链条上的某个或某些特定环节,由此出口技术水平提升可能来自内含的高技术进口中间品。正如有些学者研究指出,一些国家尤其是发展中国家出口的高技术产品貌似由发展中国家生产,然而其中主要的高技术部分却产自发达国家(Johnson,2009④;Theodore H. Mo-

---

① Schott, P. The Relative Sophistication of Chinese Exports [J]. Economic Policy, 2007, 23 (53): 5 – 49.
② R. Hausmann, Y. Huang and D. Rodrik. What You Export Matters. NBER Working Paper No. 11905.
③ Lemoine, F., Ünal D. Rise of China and India in International Trade: From Textiles to New Technology [J]. China & World Economy, September – October, 2008, 16 (5).
④ Johnson, Robert C. and Guillermo Noguera. Accounting for Intermediates: Production Sharing and Trade in Value – Added, Manuscript. Dartmouth College, 2009.

第七章 全球要素分工下中国制造业国际竞争力再评估

ran, 2011①）。也正因如此，长期以来中国制造业规模扩张的同时，也引发了诸如效益不高等诸多诟病，甚至引发了所谓"低端锁定"和陷入"比较优势陷阱"的大讨论。可见，在全球要素分工条件下，无论是基于贸易规模认识制成品国际竞争力，还是基于技术水平认识制造业国际竞争力的传统方法，均面临较大的局限性。对中国制造业国际竞争力的真实状况，亟待基于全球要素分工的实践特征，采用合适的方法予以再评估。由于价值链条上不同环节和阶段通常具有不同的要素密集度特征以及意味着不同的技术水平和增值能力，因而所处环节和阶段不同也就对应着不同的分工地位或者说价值链分工中不同的竞争能力。因此，全球要素分工条件下对中国制造业国际竞争力的再评估，亟待综合分工环节和价值增值能力进行重新测算。

第二节 文献综述

针对中国制造业国际竞争力的研究，目前国内学术界已经取得了较为丰硕的实证研究成果。但是综观现有成果来看，大多仍然采用的是诸如市场占有率指数法（刘林青等，2006②；张小蒂等，2006③）、贸易竞争力法（陈立敏等，2009④；傅京燕等，2010⑤）、显示性比较优势指数法（李钢等，2012⑥），以及产品结构分析法（金碚等，2013⑦）等传统方法。这些研究发现对于我们认识中

---

① Theodore H. Moran. Foreign Manufacturing Multinationals and the Transformation of the Chinese Economy: New Measurements, New Perspectives [D]. Peterson Institute for International Economics Working Paper Series WP11 – 11, 2011.

② 刘林青，谭力文. 产业国际竞争力的二维评价——全球价值链背景下的思考 [J]. 中国工业经济，2006（12）：37 – 44.

③ 张小蒂，孙景蔚. 基于垂直专业化分工的中国产业国际竞争力分析 [J]. 世界经济，2006（5）：12 – 21.

④ 陈立敏，王璇，饶思源. 中美制造业国际竞争力比较：基于产业竞争力层次观点的实证分析[J]. 中国工业经济，2009（6）：57 – 66.

⑤ 傅京燕，李丽莎. 环境规制、要素禀赋与产业国际竞争力的实证研究——基于中国制造业的面板数据 [J]. 管理世界，2010（10）：87 – 98 + 187.

⑥ 李钢，刘吉超. 入世十年中国产业国际竞争力的实证分析 [J]. 财贸经济，2012（8）.

⑦ 金碚，李鹏飞，廖建辉. 中国产业国际竞争力现状及演变趋势 [J]. 中国工业经济，2013（5）：5 – 17.

国制造业国际竞争力无疑具有重要启发作用,但同时也面临着犹如前文指出的在全球要素分工条件下的固有缺陷。虽然也有部分文献考虑到了全球要素分工的影响,从而以贸易增加值代替传统总值核算法,重新测算了中国制造业显示性比较优势指数(戴翔,2015)①,但是这种方法主要还是从"量"的角度对中国制造业国际竞争力给予一种全新认识,在"质"的层面涉及较少,尤其是未能从全球要素分工地位角度揭示制造业国际竞争力状况。应该说,中国制造业在融入全球价值链中已经获得了规模性扩张,因此,竞争力进一步提升的本质是在转型升级中实现价值链攀升,相应地,对制造业国际竞争力的认识也就需要从价值链分工地位角度予以重新评估。

伴随全球要素分工的演进,如何测度全球要素分工地位,学术界也进行了较为广泛的探讨。应该说,全球要素分工地位规范测算方法最早可追溯到 Hummels 等(2001)提出的垂直专业化水平指数(VS)。VS 指数通过计算一国出口中包含的进口中间品投入来衡量该国的全球价值链参与程度。但 VS 指数存在假设条件过于严格、在加工贸易国家的通用性差以及自身解释意义不够贴近等问题,导致衡量一国全球要素分工地位面临着较大局限。之后学者们在 Hummels 等的研究基础之上,相继提出了一系列运用贸易附加值衡量全价值链分工地位的方法(Daudin 等,2011;Johnson 和 Noguera,2012;Koopman 等,2012)。在这些研究中,Koopman 等(2012)的研究吸收了其他学者对总值出口分解研究的经验,从总值出口中有效剔除了重复计算的部分,实现了在多国多部门的条件下对总值出口的完全分解。在国内也有一定数量的运用出口附加值衡量分工地位的应用研究(张海燕,2013;樊秀峰和程文先,2015;戴翔,2015),但是运用该指数仅能了解一国在出口中获得多少附加值,无法得知该国所处分工位置乃至国际竞争力,使得单独运用该指数对制造业国际竞争力的解释并不全面。除了垂直专业化指数和贸易附加值外,以 Antras 等(2012)为代表的一些学者另辟蹊径,提出了所谓产业上游度指数,即通过测算一个国家某一特定产业离最终消费端的距离,以有效地衡量其在全球价值链中的所处分工环节。但上游度指数无法衡量价值增值能力以及分工地位,从而在认识制造业国际竞争力方面是不足的。

相比较而言,Koopman 等(2010)提出的全球要素分工地位指标(GVC_Position)是一个综合了分工环节和附加值增值能力的指标,即该指标既综合衡

---

① 戴翔. 中国制造业国际竞争力——基于贸易附加值的测算 [J]. 中国工业经济,2015 (1):78 - 88.

量分工定位又能对附加值增值能力有一定的解释能力，因而对于全球要素分工条件下制造业国际竞争力的分析和理解具有较好的实用性。运用该指标理解全球要素分工地位的理论逻辑在于：如一个国家在全球价值链中更多地出口中间产品而较少使用国外中间产品，那么该国 IV（Indirect Value – add Export）大于 FV（Foreign Value – added），此时 GVC_ Position 指数大于零，该国就处于更具有竞争力的全球价值链上游，GVC_ Position 指数越大全球要素分工地位就越高，或者说处于更加有利的竞争地位；如一国在全球价值链中更多使用国外中间品而较少出口中间产品，此时 FV 大于 IV，GVC_ Position 指数小于零，该国就处于竞争力相对较弱的全球价值链下游，GVC_ Position 指数越小全球要素分工地位越低，或者说处于更加不利的竞争地位。可见，运用该指数分析制造业国际竞争力是具有一定的合理性和适用性的。但遗憾的是，由于该指标计算方法复杂，在国内关于其应用的研究数量还极其有限。虽然有部分学者将其应用于制造业分工地位的研究（王岚，2014；周升起等，2014；尚涛，2015；王厚双等，2015；李惠娟和蔡伟宏，2016），但这些零星的研究一方面主要聚焦于总体层面，从而缺乏对制造业细分行业的认识；另一方面也是更为重要的方面，由于缺乏国际比较从而对中国制造业国际竞争力分析不够。此外，以往的研究所采用数据大多过于陈旧，时效性不强，尤其难以掌握近年来中国制造业国际竞争力的变化情况。

鉴于此，本章将 Koopman 等（2010）提出的测度方法拓展至产业层面，运用世界投入产出数据库（WIOD）最新发布的投入产出表，测算全球 44 个国家和地区 2000~2014 年制造业部门的全球要素分工地位指数，基于测算结果，对中国制造业整体和内部各细分行业的分工地位演进趋势进行分析，并结合与其他部分样本经济体进行国际比较，从而对中国制造业国际竞争力进行再评估。如此更能本质地揭示中国制造业产业的真实国际竞争力，也是据此提高有关政策的针对性和有效性的关键所在。

第三节 方法与数据

（一）制造业国际竞争力指数测算方法

如前文所述，在全球要素分工条件下，正确评估制造业国际竞争力需要综合考虑分工环节和价值增值能力两个方面的基本因素,而 Koopman (2010) 提出的全球要素分工地位指标 (GVC_ Position) 即是综合了前述两个方面的因素。遵循 Koopman (2010) 提出的全球要素分工地位指标测算的基本原理,从产业层面测度全球要素分工地位指数以表征制造业国际竞争力的计算公式可表述为:

$$GVC\_Position_{ir} = \ln\left(1 + \frac{IV_{ir}}{E_{ir}}\right) - \ln\left(1 + \frac{FV_{ir}}{E_{ir}}\right) \quad (7-1)$$

其中,r 表示国家,i 表示产业,$GVC\_Position_{ir}$ 即表示国家 r 的 i 行业全球要素分工地位指数。运用该指标表征制造业国际竞争力的基本原理在于:如一国在全球价值链中更多地出口中间产品而较少地使用国外中间产品,此时 IV 大于 FV,$GVC\_Position$ 指数大于零,表明该国就处于全球价值链的上游环节且具有更强的附加值创造能力。显然,$GVC\_Position$ 指数越大,表明一国在全球要素分工中的竞争能力越强。如一国在全球价值链中更多地使用国外的中间品而较少出口中间产品,此时 FV 大于 IV,$GVC\_Position$ 指数小于零,表明该国处于全球价值链的下游环节且附加值创造能力相对较弱。显然,$GVC\_Position$ 指数越小,表明一国在全球要素分工中的竞争能力越弱。

根据公式 (7-1) 测算全球要素分工地位指标以表征制造业国际竞争力,其中有一个必要环节,即需对出口总值运用增加值核算方法进行分解。至于如何分解出口增加值,Koopman (2012) 给予了详细的说明。为便于理解,本书对出口增加值分解原理加以简单介绍。假设存在 G 个国家 N 个部门,每个国家的所有产品,既可以在本国也可以在其他国家作为中间品继续参与生产或作为最终消费品被使用,一国总产出可以分解如下:

$$x_s = a_{ss}x_s + \sum_{r \neq s}^{G} a_{sr}x_r + y_{ss} + \sum_{r \neq s}^{G} y_{sr}, \quad r, s = 1, 2, \cdots, G \quad (7-2)$$

其中,x_s,x_r 分别表示 s 国和 r 国的总产出,a_{ss},a_{sr} 分别表示一单位 s 国产出中包含的来自本国的中间品投入量和一单位 r 国产出中包含的来自 s 国的中间品投入量,y_{ss} 表示 s 国对本国最终产品的需求量,y_{sr} 表示 r 国对 s 国最终产品的需求量。公式 (7-1) 等式右边第二项和第四项相加即为 s 国的出口总值 (Es^*)。

公式 (7-2) 的矩阵形式为:

$$\begin{bmatrix} x_1 \\ x_2 \\ \cdots \\ x_G \end{bmatrix} = \begin{bmatrix} I - A_{11} & -A_{12} & \cdots & -A_{1G} \\ -A_{21} & I - A_{22} & \cdots & -A_{2G} \\ \cdots & \cdots & \cdots & \cdots \\ -A_{G1} & -A_{G2} & \cdots & I - A_{GG} \end{bmatrix}^{-1} \begin{bmatrix} \sum_r^G Y_{1r} \\ \sum_r^G Y_{2r} \\ \cdots \\ \sum_r^G Y_{Gr} \end{bmatrix} \quad (7-3)$$

公式（7-3）中等式右边乘积的第一项是一个 $GN \times GN$ 的里昂惕夫矩阵，将该矩阵定义为 B，$B = (I-A)^{-1}$。B 即为完全消耗矩阵。将总值出口矩阵定义为 E，令 E 的对角矩阵为 $\hat{E}s^*$，其余元素皆为 0，E 可以表示为：

$$E = \begin{bmatrix} \hat{E}_{1*} & 0 & \cdots & 0 \\ 0 & \hat{E}_{2*} & \cdots & 0 \\ \cdots & \cdots & \cdots & \cdots \\ 0 & 0 & \cdots & \hat{E}_{G*} \end{bmatrix}_{GN \times GN} \quad (7-4)$$

其中，$\hat{E}s^*$ 为列向量 Es^* 的 $N \times N$ 维对角矩阵形式，即对角线元素是 s 国按 N 个部门分解的出口总值。接着，令 $V_j = 1 - \sum_{i=1}^{G} A_{ij}$，$1$ 是 $1 \times N$ 的元素为 1 的行向量。V_j 为 j 国生产的直接价值增值系数，即 j 国生产一单位产出扣除中间投入最终增值的量。那么 G 国 N 部门的直接价值增值系数矩阵可以表示为：

$$V = \begin{bmatrix} \hat{V}_1 & 0 & \cdots & 0 \\ 0 & \hat{V}_2 & \cdots & 0 \\ \cdots & \cdots & \cdots & \cdots \\ 0 & 0 & \cdots & \hat{V}_G \end{bmatrix}_{GN \times GN} \quad (7-5)$$

矩阵 $\hat{V}_j$ 是 V_j 的对角矩阵形式。直接价值增值系数矩阵 V、完全消耗系数矩阵 B 和总值出口矩阵 E 的乘积为：

$$VBE = \begin{bmatrix} V_1 B_{11} \hat{E}_{1*} & V_1 B_{12} \hat{E}_{2*} & \cdots & V_1 B_{1G} \hat{E}_{G*} \\ V_2 B_{21} \hat{E}_{1*} & V_2 B_{22} \hat{E}_{2*} & \cdots & V_2 B_{2G} \hat{E}_{G*} \\ \cdots & \cdots & \cdots & \cdots \\ V_G B_{G1} \hat{E}_{1*} & V_G B_{G2} \hat{E}_{2*} & \cdots & V_G B_{GG} \hat{E}_{G*} \end{bmatrix}_{GN \times GN} \quad (7-6)$$

VBE 矩阵 r 行的非对角线元素加总表示所有其他国家向第三国的出口中包含的 r 国中间品间接投入（Indirect Value – add Export，IV）：

$$IV_r = \sum_{s \neq t} V_r B_{rs} \hat{E}_{st} \qquad (7-7)$$

VBE 矩阵 r 列非对角元素的加总表示 r 国出口中包含的所有其他国家的增加值投入（Foreign Value – added，FV）：

$$FV_r = \sum_{s \neq r} V_s B_{sr} \hat{E}_{r*} \qquad (7-8)$$

VBE 矩阵 r 行的对角线元素，表示 r 国出口中包含的本国增加值内容（Domestic Contents，DC）：

$$DC_r = V_r B_{rr} E_{r*} \qquad (7-9)$$

依据上述方法对出口增加值进行分解后，便可根据前述公式（7-1）对全球要素分工地位指数（GVC_Position）进行计算，以表征制造业国际竞争力。

（二）数据来源及说明

本书使用的数据是来自世界投入产出数据库（WIOD）2016 年最新发布的世界投入产出表，该表包含 44 个国家（地区）① 56 个行业 2000～2014 年的投入产出数据。在 WIOD 划分的 56 个行业中，代码 C5 - C22 共 18 个行业为制造业行业，分别为食品、饮料及烟草业（C5），纺织、服装及皮革业（C6），木材加工（家具除外）及木、竹、藤、棕、草制品业（C7），造纸及纸制品业（C8），印刷及出版业（C9），炼焦及石油业（C10），化工产品制造业（C11），医药制品业（C12），橡胶及塑料制品业（C13），其他非金属矿物制品业（C14），基本金属制品业（C15），金属制品业（机械设备除外）（C16），计算机、电子及光学设备制造业（C17），电气设备制造业（C18），机械设备制造业（C19），小汽车、拖车、半挂车制造业（C20），其他运输设备制造业（C21），家具制品及其他制造业（C22）。

---

① 文章中的中国仅为中国大陆地区的数据，香港、澳门特别行政区和台湾省的数据均未包含在内。

第四节 测算结果及分析

(一) 中国制造业国际竞争力指数及演变

依据前文所述的测度方法,我们首先分别从整体和细分行业两个层面,对 2000~2014 年中国制造业国际竞争力指数进行测度,并明晰其中的变化趋势。测算结果报告如表 7-1 所示。

表 7-1　2000~2014 年中国制造业整体及细分行业国际竞争力指数

	行业代码	2000 年	2002 年	2004 年	2006 年	2008 年	2010 年	2012 年	2014 年	2000~2014 年增量
劳动密集型	C5	-0.006	-0.015	-0.024	-0.010	0.021	0.033	0.065	0.078	0.084
	C6	-0.103	-0.114	-0.129	-0.996	-0.092	-0.077	-0.055	-0.042	0.061
	C7	0.057	0.045	0.038	0.089	0.073	0.072	0.099	0.107	0.050
	C8	0.177	0.225	0.292	0.229	0.399	0.233	0.133	0.117	-0.060
	C9	0.200	0.268	0.268	1.073	0.389	0.349	0.356	0.318	0.118
	C16	-0.025	-0.028	-0.064	-0.316	-0.052	-0.055	-0.053	-0.038	-0.013
	C22	-0.067	-0.069	-0.100	-0.522	-0.074	-0.068	-0.056	-0.051	0.016
资本密集型	C10	0.107	0.061	0.027	0.172	0.168	0.150	0.021	0.053	-0.054
	C11	0.095	0.084	0.020	0.049	0.026	0.041	0.043	0.058	-0.037
	C12	-0.007	-0.003	-0.033	-0.235	-0.040	-0.037	-0.030	-0.017	-0.010
	C13	-0.014	0.006	-0.051	-0.337	-0.047	-0.029	-0.009	0.013	0.027
	C14	0.110	0.050	0.001	0.011	0.007	-0.006	-0.008	0.007	-0.102
	C15	0.105	0.163	0.078	0.185	0.086	0.085	0.050	0.045	-0.060
技术密集型	C17	-0.175	-0.191	-0.240	-1.495	-0.238	-0.190	-0.169	-0.141	0.034
	C18	-0.089	-0.081	-0.140	-0.928	-0.133	-0.124	-0.113	-0.097	-0.008
	C19	-0.008	-0.026	-0.091	-0.391	-0.095	-0.091	-0.077	-0.058	-0.050
	C20	0.100	0.128	-0.029	-0.057	-0.046	-0.013	-0.027	0.000	-0.100
	C21	-0.100	-0.087	-0.141	-0.640	-0.138	-0.148	-0.141	-0.100	0.000
制造业整体		-0.069	-0.076	-0.124	-0.124	-0.108	-0.094	-0.078	-0.058	0.011

资料来源:笔者计算,且受篇幅限制未展示完整数据,行业代码与行业名称如前文所述。

表7-1报告的数据中最后一行是2000~2014年中国制造业整体层面的国际竞争力指数，其余各行是细分行业层面国际竞争力指数，并且借鉴邱爱莲等（2016）的划分方法，对细分行业按照要素密集度特征划分为三个组别，即劳动密集型制造业、资本密集型制造业和技术密集型制造业。从表7-1报告的测算结果，基本可以看出以全球要素分工地位为表征的中国制造业国际竞争力，其变动趋势具有如下几方面的重要特征。

首先，从整体层面看，以全球要素分工地位指数表征的中国制造业国际竞争力，呈现先降后升的"V"形发展趋势。而且这种"V"形变化趋势大体以2008年全球金融危机爆发年份为分界点。具体而言，2000~2007年以全球要素分工地位为表征的中国制造业国际竞争力指数呈现明显的下降趋势。这一变化可能与中国加入WTO有关。即"入世"后伴随自由化进程和国内改革进程的不断推进，国内企业参与国际分工的门槛越来越低，大量的企业以"血拼"的低成本竞争方式相继融入全球要素分工体系，呈现低端嵌入的典型特征。因此，这一参与国际分工的方式虽然实现了制造业规模的快速扩张，但总体而言，由于身处全球价值链的低端并且附加值创造能力相对较弱，从而在充分考虑价值链分工环节和附加值创造的双重因素后，"血拼式"的竞争方式所带来的一个必然结果就是制造业"综合竞争"能力的不断下降。但自2008年之后，以全球要素分工地位为表征的中国制造业国际竞争力指数呈现明显的上升趋势。这种变化可能主要受到以下三方面因素的影响。一是2008年全球金融危机后全球经济进入深度调整期，对中国以往粗放型开放发展模式造成巨大冲击，倒逼着中国开放型经济发展必须尽快转型升级；二是伴随国内生产要素成本上升的国内因素变化，中国经济进入"新常态"，也在一定程度上倒逼着中国必须加快攀升全球价值链；三是中国开放发展战略的主动和适时调整。分阶段来看，2008年之后中国制造业国际竞争力指数的上升幅度要高于之前的下降幅度，最终使得2000~2014年中国制造业GVC地位指数总体上升0.011，国际竞争力总体而言有所提升。但2014年GVC地位指数依然为负的事实特征表明，中国制造业整体上由于仍然处于全球价值链低端生产环节并且附加值创造能力相对较弱，国际竞争力似乎仍然不高。

其次，从细分行业层面角度看，表7-1最后一列报告的结果显示，以价值链分工地位为表征的制造业国际竞争力指数表明，中国18个制造业行业在2000~2014年的15年间有超过一半呈现国际竞争力不断下降趋势，这种情况在资本密集型和技术密集型行业领域表现尤甚。换言之，在资本密集型制造业领域和技术密集型制造业领域，大多行业的国际竞争力均出现了下降趋势。这种情况可能进一步证实了在比较优势的作用机制下，快速全面地融入全球要素分工体系，使得更多资源向低端环节涌入和集中，从而导致资本和技术密集型行业的资源配置相对下降，而资源配置不足制约了价值链升级和附加值创造能力，所体现的国际竞争力也就越来越弱了。此外，需要特别指出的是，几乎所有的制造业行业在2005～2008年分工地位指数都出现了大幅度的波动，直到2008年以后波动才趋于平稳。但如果将观察的起点放在2008年，会发现2008～2014年，除了造纸及纸制品业（C8）、印刷及出版业（C9）、炼焦及石油业（C10）和基本金属制品业（C15）四个行业的GVC地位指数出现下降外，其他行业的价值链分工地位指数均呈现上升趋势。尤其是在技术密集型行业领域，所有细分行业全球要素分工地位指数均呈上升趋势。这一点不仅与基于制造业整体层面的变化情况是基本一致的，同时也说明了2008年全球金融危机后，中国融入全球要素分工体系发展开放型经济虽然受到了一定程度的冲击，但受其倒逼等机制的作用，转型升级出现了良好的发展势头，中国制造业国际竞争力水平的提升不仅表现在劳动和资本密集型领域，更表现在技术密集型领域。

进一步地，如果我们对比不同要素密集度的制造业行业国际竞争力变化趋势，可以发现，具有不同要素密集度特征的中国制造业行业国际竞争力不同，且表现出不同的变化趋势。更确切地说，中国制造业行业国际竞争力指数似乎与制造业技术密集度是呈现负向相关性，突出表现为中国制造业行业的国际竞争力指数总体上按照劳动密集型、资本密集型和技术密集型的顺序表现为下降趋势。但从变化趋势来看，尤其是从2008年之后的发展趋势来看，制造业国际竞争力的提升速度在技术密集型行业领域表现得甚至更为明显。尽管如此，我们必须清晰地看到，2014年中国劳动密集型和资本密集型制造业行业，以GVC地位指数表征的国际竞争力多数是大于零的，而在技术密集型制造业，以GVC地位指数表征的国际竞争力几乎全部小于零。这一情况说明中国技术密集型制造业主要是以进口国外中间品进行加工组装的方式融入全球价值链，而在劳动密集型和资本密集型制造业领域，中国以中间品供应方角色融入全球价值链的趋势已较为明显。

（二）中国制造业国际竞争力指数的国际比较

以上分析还只是从中国单一的绝对角度考察中国制造业国际竞争力及其变化趋势。由于指标是指计算的特殊性，其所得结果可能更适合于分析国际竞争力的变化趋势，而很难确切说明国际竞争力所处的具体地位。比如根据公式（7-1）

测度的制造业国际竞争力指数，可能对于大多数国家和地区来说都会出现小于零的情况，其本身可能并非意味着国际竞争力处于比较劣势的地位。所处实际地位不能单纯根据测算结果进行独立观察，而应该置于国际比较的角度进行再认识。为了进一步深入了解中国制造业在全球价值链中的真实竞争力状况，有必要将中国制造业国际竞争力指数与其他代表性国家和地区进行横向比对。利用前文所述方法和数据库，我们同时测算了数据库中除中国之外的所有其他样本国家（地区）2000~2014年制造业国际竞争力指数，所得结果报告如表7-2所示。

表7-2 中国制造业国际竞争力指数的国际比较

单位：百万美元，%

国家或地区	GVC-P指数值		DC		DC份额		IV		FV	
	2000年	2014年	2000年	2014年	2000年	2014年	2000年	2014年	2000年	2014年
中国	-0.069 (9)	-0.063 (6)	108246 (4)	927970 (1)	54.34 (4)	46.52 (6)	20323 (8)	211746 (1)	35898 (12)	342982 (2)
澳大利亚	-0.063	-0.681	17118	28023	43.91	38.95	5132	7740	8086	16914
奥地利	-0.142	-0.201	24072	54525	45.67	37.31	8353	22989	17243	60208
比利时	-0.244	-0.347	33711	54719	31.15	24.19	11476	21698	44224	126855
保加利亚	-0.231	-0.304	239	4285	29.22	25.29	91	1510	325	8260
巴西	-0.042	-0.061	18089	47295	39.64	32.23	4222	12982	6124	23486
加拿大	-0.232	-0.205	86147	115359	42.52	41.10	12110	24678	68465	93507
瑞士	-0.143	-0.152	30016	88463	50.50	48.81	8401	25132	18353	59597
塞浦路斯	-0.261	-0.212	166	448	33.66	46.55	25	115	182	360
捷克	-0.158	-0.258	8242	41189	44.38	31.19	2825	17926	6558	63380
德国	-0.067	-0.059	227323	579134	48.66	44.14	65110	184699	110076	383427
丹麦	-0.159	-0.213	16154	30488	46.48	40.40	3467	7594	10098	26391
西班牙	-0.160	-0.231	38181	88097	41.28	33.69	9679	26830	27952	101345
爱沙尼亚	-0.218	-0.317	453	2971	37.89	26.75	137	1083	470	5672
芬兰	-0.112	-0.215	20160	25219	46.35	33.24	5996	9441	11576	28838
法国	-0.146	-0.185	98532	161859	38.75	35.56	27237	50739	70103	154736
英国	-0.062	-0.067	105949	140394	45.66	45.79	32410	45142	50361	90013
希腊	-0.121	-0.277	1976	5761	44.69	23.17	676	2415	1330	11076
克罗地亚	-0.132	-0.146	1408	4215	45.29	37.63	388	1368	856	3411

续表

国家或地区	GVC-P 指数值		DC		DC 份额		IV		FV	
	2000 年	2014 年	2000 年	2014 年	2000 年	2014 年	2000 年	2014 年	2000 年	2014 年
匈牙利	-0.350	-0.350	5882	23461	29.10	26.70	1722	9149	10907	50216
印度尼西亚	-0.092	-0.079	23353	65652	43.59	44.09	5464	18513	11295	30427
印度	-0.051	-0.173	14097	67634	39.80	29.08	3345	18879	5505	67521
爱尔兰	-0.273	-0.319	20756	42729	36.81	38.93	5345	10975	24428	57225
意大利	-0.079	-0.133	87789	181926	42.51	38.45	22520	57466	42827	133112
日本	0.071	-0.061	254043	331004	61.65	49.58	71933	100544	40220	171456
韩国	-0.141	-0.188	78810	252984	46.73	42.24	23447	79245	53157	221224
立陶宛	-0.166	-0.279	848	6374	44.46	33.55	208	2017	590	8939
卢森堡	-0.265	-0.368	1578	2182	36.05	26.79	699	996	2213	5103
拉脱维亚	-0.132	-0.228	397	2376	41.22	35.23	123	773	272	2450
墨西哥	-0.292	-0.281	51721	101160	38.67	35.51	5522	15081	51895	112982
马耳他	-0.362	-0.337	396	557	30.89	36.63	93	141	686	806
荷兰	-0.169	-0.395	38139	74012	34.84	28.61	12263	30101	34670	130977
挪威	-0.081	-0.115	8948	16871	40.22	33.32	3467	7044	5497	13702
波兰	-0.135	-0.179	12195	56801	38.92	35.73	3623	22708	8593	59333
葡萄牙	-0.183	-0.232	6187	14974	39.74	32.02	1431	4963	5030	18562
罗马尼亚	-0.161	-0.113	3043	16946	40.13	43.90	784	6870	2218	12052
俄罗斯	0.135	0.142	20247	78102	69.27	53.86	8553	39436	3910	15258
斯洛伐克	-0.221	-0.339	2105	15569	35.41	26.09	804	6762	2454	33879
斯洛文尼亚	-0.171	-0.219	2656	8419	44.37	39.03	742	3323	2006	8874
瑞典	-0.143	-0.149	36039	58205	43.70	40.94	11061	21675	24873	47914
土耳其	-0.083	-0.181	20082	70316	47.63	34.50	4186	19548	7916	63454
中国台湾	-0.223	-0.191	57661	119944	41.09	41.04	18679	57021	58257	132097
美国	0.084	0.011	354745	566309	60.86	54.03	126499	192466	72129	177434
其他地区	-0.235	-0.168	238300	601178	37.29	33.18	52125	188779	227107	570239

资料来源：笔者计算，括号中数据为中国相应指标在样本经济体中的排名（除其他地区）。

将表 7-2 中的数据进行对比可以发现，从整体层面看，中国制造业在全球价值链中的国际竞争力指数排名在样本观察期间内，已经从 2000 年的全球第 9 位攀升到了 2014 年的全球第六位。2014 年以全球要素分工地位为表征的制造业国际竞争力指数排名前五的分别为俄罗斯（0.142）、美国（0.011）、德国（-0.059）、巴西（-0.061）和日本（-0.061）。而且俄罗斯和美国也是制造业国际竞争力指数大于零的仅有的两个国家。出现这种情况与前文对解释的公式（7-1）测算原理有关。客观而言，俄罗斯和巴西并算不上是制造业强国，但是这两个国家作为资源出口型国家，其国内丰富的能源矿产资源使其国内制造业可以不需要大量进口国外资源用于投入生产，因而基于前述公式（7-1）测算出的指标值相对就会较高。至于美国，虽然人均资源丰富度低于俄罗斯，但在高技术制造业领域，美国凭借其常年的技术积累，在全球价值链的高技术领域中多以中间品提供者的角色主导着全球价值链，与此同时，美国劳动力结构在发达国家中也相对年轻，不需要依赖大量的国外劳动服务投入，由此决定了其以价值链分工地位表征的制造业国际竞争力指数值就会相对较高。德国和日本的情况也较为类似。由此可以看出，资源和高端中间产品的研发投入是决定全球要素分工地位乃至国际竞争力的关键因素。而抛开自然资源禀赋这一特殊情形不论，专业化于全球价值链中高端环节中间产品的生产和供给，对于国际竞争力的决定和提升具有极为关键的意义。相对而言，中国制造业虽然处于全球价值链的中低端，但我们的惯常认识主要是基于与美国等制造业强国相比，形成了中国制造业国际竞争力"大而不强"的"基本共识"。实际上，当前全球要素分工体系主要是由少数发达国家跨国公司主导的，而被纳入其分工网络的其他国家和地区，多数均以"被整合者"的身份参与其中，由此所决定的分工地位差异性可能并不是太大。因此，从更为宽泛的范围进行比较来看，如果排除美国、德国等少数制造业强国不论，依据上述测算结果可以发现，中国制造业在全球要素分工中的国际竞争力还是相对比较高的。这不仅得益于中国在融入全球要素分工体系中实现了规模的快速扩张，体量之大下的工业部门门类齐全也是决定竞争力的重要因素，因为产业配套能力不仅具有外部规模经济的重要作用，而且在投入产出关系中对中间投入品的需求也会相对弱化对外部市场的依赖。

犹如前文所述，分工环节和附加值创造能力是全球要素分工条件下决定制造业国际竞争力的两个关键因素。因此，对于上述分析结果，我们还可以从附加值创造能力角度给予进一步分析和提供佐证。附加值创造能力是出口国内内容，主要是指一国出口中包含的国内增加值含量，是衡量一国全球要素分工地位的另一个重要指标，该指数越高出口中包含的本国增加值越多，全球要素分工地位也越高从而意味着在全球价值链中的竞争能力就越强。观察表7-2中的制造业出口中的国内内容和国内内容占比指标可以发现,从绝对量的角度看,中国制造业出口中的国内内容总量已经从2000年的全球第四位上升到了2014年的全球第一位,表明附加值创造能力确实在不断提升,在全球价值链中的竞争能力越来越强;然而,从相对角度看,中国制造业出口中的国内内容占比却从2000年的排名第四下降到了2014年的排名第六。变化虽然不大,但从相对角度看,制造业国际竞争力似乎有弱化趋势。进一步观察可以发现,导致出口国内内容总量上升但占比下降的原因主要在于,伴随总规模不断扩大的同时,中国制造业生产中使用的国外中间品投入(FV)增长过快,2000~2014年该指标增长了9倍,增速全球第七,同期的出口国内内容仅增长8倍。实际上,从表7-2所示的其他样本国变化情况来看,这种变化趋势并非中国特有现象,而是许多国家和地区所经历的共同现象。之所以出现这一现象,可能是与全球价值链的不断分解有关,即犹如联合国贸发会议的一项调研报告指出(UNCTAD,2013①),分工细化导致全球价值链长度在不断变长,从而每个国家(地区)专业化的链条比重都会越来越短。因此这种变化表面上似乎说明制造业国际竞争呈弱化迹象,然而其实不然,从比较的角度看可能说明制造业国际竞争力有进一步提升。这一判断可以从另外一个值得庆幸的发现中得以说明。即伴随中国制造业生产中大量使用国外中间品进口的同时,国外出口中包含的中国中间品(IV)增长也呈现快速增长之势,2000~2014年增长了9.4倍,增速仅次于保加利亚(15.5倍),位列全球第二。因此,综合来看,出口国内内容占比下降的变化趋势,并没有在本质上影响到中国全球要素分工地位的提升,在价值链条不断分解的情况下反而意味着国际竞争力的进一步提升。

第五节 简要结论及启示

在全球要素分工条件下,传统衡量制造业国际竞争力的测度方法面临较大局限性。考虑到分工环节和附加值创造能力是价值链分工条件下决定制造业国际竞

---

① Global Value Chains and Development: Investment and Value Added Trade in the Global Economy [J]. United Nations Conference on Trade and Development, 2013.

争力的两个关键因素,本书借鉴 Koopman 等(2010)提出的全球要素分工地位测度原理和方法,利用世界投入产出数据库(WIOD)最新发布的投入产出表,分别在整体层面和细分产业层面,测算了全球 44 个国家(地区)2000~2014 年制造业部门全球要素分工地位指数,以此作为制造业国际竞争力指数的替代变量。基于测算结果,本书分别从绝对变化角度以及国际比较角度,对中国制造业国际竞争力进行再评估。研究发现:①从整体层面看,中国制造业国际竞争力在样本期间内大体呈现先下降后上升的"V"形变化趋势,尤其是在 2008 年全球金融危机冲击后,中国制造业国际竞争力提升有加速态势。②从细分产业层面看,"V"形变化趋势在各细分产业层面基本都是存在的,但不同要素密集度特征的产业领域表现的国际竞争力状况不同。大体而言,对比各产业的测度结果,中国制造业国际竞争力最强的产业领域仍然集中在劳动密集型产业,其次是资本密集型产业领域,最后是技术密集型产业领域。而从国际竞争力提升速度即制造业转型升级的优化趋势角度看,技术密集型产业领域变化尤甚。③从国际比较结果看,中国制造业国际竞争力指数除了低于少数制造业强国外,在样本国家中排名较为靠前,表明中国制造业国际竞争力并非简单的如同传统认为的所谓"大而不强"。而且从附加值创造能力,尤其是从国外出口中包含的中国中间品增长的变化趋势角度看,中国制造业国际竞争力在样本国家(地区)中不仅排名较为靠前,且呈现较为明显的提升趋势。

  上述研究发现对于重新认识中国制造业国际竞争力有着极为重要的启发意义。长期以来,中国制造业以低端切入全球价值链的方式获得发展是不争的事实,由此带来了所谓"低端锁定""大而不强"等诸多诟病。然而,从中国制造业国际竞争力指数在全球主要国家(地区)的排名和变化趋势看,除了作为制造业强国的少数发达国家外,中国制造业竞争力在全球要素分工体系中还是位居前列的,而且竞争力呈现日益提升的发展态势。客观而论,就自身要素禀赋而言,中国制造业在当前主要是由少数发达国家跨国公司主导的全球要素分工体系中,获得如此国际竞争力已实属不易,无论是在规模扩张方面还是在结构升级方面,均已取得了优异成绩。不可否认,与少数制造业强国相比,我们确实还处于"大而不强"的发展阶段,但不能因此而对中国制造业发展充满悲观情绪。尤其是在当前面临全球经济深度调整背景下,一些代表性的观点认为由于中国劳动力成本等不断上升、缺乏核心技术创新能力,中国制造业面临着衰退乃至崩溃的巨大风险。应该说,以占据全球价值链高端的国家(地区)为标杆而始终保持

"大而不强"的忧患意识，能够为中国进一步融入全球价值链提升国际竞争力而激发奋斗图强精神，但由此唱衰中国制造业发展就不免有夸大问题之嫌了。在全球要素分工体系中，中国制造业发展的确面临着一定的挑战和问题，但这些问题并非中国独有，而是大部分国家（地区）所面临的共同现象。从现实禀赋和发展阶段看，中国制造业国际竞争力仍然可以算得上是"优等生"。当然，从长远发展的角度看，无论是基于进一步提升国际分工地位的需要，还是提升获取开放发展利益的需要，抑或是应对面临的挑战和问题的需要，依托制造业转型升级，实现全球价值链攀升，无疑是中国制造业发展的重要目标方向。

第八章　要素分工下中国高质量开放型经济特征、要素及路径

改革开放40多年来，中国开放型经济取得了高速增长的伟大成就，但也带来了"不平衡"和"不充分"问题。从高速增长转向高质量发展的新时代，开放型经济发展的基本特征就是与以往相比将在横向维度和纵向维度上趋于更加"平衡"和"充分"发展。如果我们将可计入生产成本的传统要素定义为狭义生产要素，而将影响狭义生产要素作用发挥的外部条件定义为广义生产要素的话，那么，从要素质量匹配性基本原理出发，实现开放型经济高质量发展，不仅意味着我们融入经济全球化所依托的狭义优势要素，要从以往诸如"人口"等初级要素向诸如"人才"等创新型高级要素转型，而且在保障狭义优势要素作用得以发挥的广义优势要素上，也要从以往的优惠政策向更加完善的制度环境转型。为此，唯有全面深化改革和进一步扩大开放，才能同时在狭义和广义层面上推动要素高端化转型，从而将中国开放型经济引入高质量发展的新征程。

党的十九大报告做出了"我国经济已由高速增长阶段转向高质量发展阶段"的科学论断。改革开放40多年来，中国经济发展取得的"增长奇迹"在很大程度上是在开放引领下实现的。也就是说，开放型经济在中国经济高速增长中扮演着"牛鼻子"的重要角色和作用。因此，作为我国国民经济重要组成部分和内容的开放型经济，在我国经济转向高质量发展的新阶段，必须通过自身的转型从而继续发挥引领作用。换言之，率先推动我国开放型经济从以往高速增长转向高质量发展，对于适应和引领我国经济"转变发展方式、优化经济结构、转换增长动力"具有重要战略意义。那么，何为高质量开放型经济发展，或者说高质量开放型经济具有哪些基本特征？发展高质量开放型经济需要具备什么要素条件？怎样才能发展高质量的开放型经济？这是值得我们认真思考和深入探讨的大课题。

第八章 要素分工下中国高质量开放型经济特征、要素及路径

第一节 平衡和充分：发展高质量开放型经济的基本特征

"高速增长"是40年来中国开放型经济发展的重要特征之一，也正因如此，中国才能够在短短几十年内，从"国际经济学"意义上的一个"小国"快速成长为一个"巨型"开放经济体。各种"体量"指标目前均位居世界前列：全球第二大经济体、第一大货物出口国、第二大货物进口国、第一大外汇储备国、第二大利用外资国以及第二大对外投资国。从以往的高速增长转变为高质量发展，首先需要明晰的是何为高质量开放型经济？因为从经济学理论意义上来说，虽然高速增长容易理解而且在统计上也比较容易把握和核算，但是对于何为"高质量"却是一个看似简单但不易准确界定的概念。目前，虽然有关高质量发展的讨论较多，甚至有文献专门从经济学角度解读了高质量发展问题（金碚，2018①），但理论和实践工作部门对包括开放型经济高质量发展尚没有给出一个统一的界定。但是从发展变化的阶段性特征看，对高质量开放型经济的内涵解读和特征描述，可以结合党的十九大报告中的相关表述加以理解。

党的十九大报告提出："中国特色社会主义进入新时代，我国社会主要矛盾已经转化为人民日益增长的美好生活需要和不平衡不充分的发展之间的矛盾。"对社会主要矛盾转化的科学判断，意味着经过40年改革开放带来的持续多年的高速经济增长，中国已经甩掉了"落后的社会生产"这顶帽子。但矛盾在于，当前阶段的不平衡不充分的发展并不能满足人民日益增长的美好生活需要。因此，如果说人民日益增长的美好生活需要高质量需求层面体现的话，那么，高质量发展则是顺应需求升级在供给层面必须做出的调整和变革，而发展的方向无疑就是朝着更加平衡和更加充分的目标迈进。从中国开放型经济发展角度看，虽然与特定发展阶段相适应的开放战略，持续推动开放型经济几十年的高速发展，但由此也带来了不平衡和不充分问题。在不平衡方面，突出表现在外部市场失衡、区域发展失衡、产业结构失衡、开放方式失衡以及开放领域失衡；在不充分方

---

① 金碚. 关于"高质量发展"的经济学研究 [J]. 中国工业经济，2018（4）：5-18.

面,主要表现为开放型经济发展的效益不够高、创新能力比较弱、话语体系不够强等方面。因此,与以往主要以高速增长为主要特征的开放型经济发展相比,新时代高质量开放型经济发展将呈现如下几方面的主要特征。

一是外部市场更加多元。多年来,在南北发展存在巨大差距背景下,全球经济重心和主要消费市场集中在发达经济体时,中国作为一个发展中国家融入经济全球化,依托强劲的国际市场需求拉动国内经济增长,倚靠传统的欧美日三大发达经济体,具有一定的合理性和必然性。但市场的过度集中和对部分外部市场的过度依赖,必然带来风险加剧等问题。在外部环境相对宽松、稳定以及和平的条件下,不会发生显著的风险和冲击。然而,一旦发展的外部环境趋紧或者恶化,国内经济就会遭遇较大的冲击。比如,2008年发端于美国的全球金融危机,在发达经济体成为"重灾区"的情况下,作为长期拉动中国经济增长三驾马车之一的出口贸易遭受巨大冲击,从而造成了经济增长的巨大缺口。而在主要发端于发达国家的日益严重的逆经济全球化浪潮冲击下,中国经济发展同样面临着巨大的压力。所幸的是,随着一大批新兴经济体的崛起,全球经济格局正在发生"东升西降"的变化,这无疑为中国实施市场多元化战略奠定了重要基础,从外部市场角度看未来的开放型经济发展,必将趋于更加多元化的发展格局。

二是区域发展更加协调。在经济底子薄、生产要素缺乏等条件下,中国发展开放型经济只能走"集中力量办大事"的渐进道路。这一开放发展战略促进资源和人口不断向更加具有承接加工贸易的沿海地区流动和集聚。东部沿海地区通过打造低成本"洼地"效应从而成功地实现开放型经济巨大发展的同时,中西部地区则成为开放发展的"坍塌区",导致中国经济增长在东、中西部之间呈现显著的落差,收入分配差距呈现不断扩大之势。不同区域之间形成的开放型经济发展巨大落差,不仅有悖于中国实施改革开放的初衷,即开放发展的成果还没有惠及所有地区和人民,而且在开放型经济发展到一定程度后,也成为制约开放型经济竞争力提升的重要制约因素。换言之,区域间缺乏有效的分工和协调机制,既是导致区域间发展出现巨大差距的原因,同时也阻断了通过区域间的分工和合作而提升整体竞争力的途径。近年来,面临着国内外环境的深刻变化,国内区域间更加需要协调发展以培育开放发展竞争新优势。为此,中央决定重点实施"一带一路"、京津冀协同发展、长江经济带三大战略。而这三大战略的共同特点就是跨越行政区划促进区域协调发展。

三是产业结构更加合理。中国前一轮开放主要发生在制造业领域,而且主要

第八章 要素分工下中国高质量开放型经济特征、要素及路径

是以"低端嵌入"的方式融入全球价值链分工体系,服务业领域开放相对不足。这一开放模式所推动的我国制造业快速发展,主要表现在中低端制造业产业领域的规模扩张上取得了显著成就,而在高端和先进制造业领域发展方面则相对滞后。因此,产业结构呈现明显的不合理布局,从产业间看突出表现为制造业和服务业发展的不协调;从产业内看主要表现为中低端制造业和高端先进制造业发展的不协调;从产品质量上看主要表现为高品质产品的优势依然缺失。促进我国产业迈向全球价值链中高端,是未来一段时期内开放发展的重要战略目标。促进产业迈向全球价值链中高端,不仅要在制造业产业内实现价值链攀升,还要在制造业和服务业之间实现产业链升级,更要在产品品质链上实现攀升。换言之,制造业产业要从传统的中低端劳动密集型向资本和技术密集型的中高端攀升;服务业将进一通过融入全球价值链分工体系,从而在开放竞争中反向拉动服务业发展尤其是高端服务业发展;出口产品品质的逐步提升,最终在产业结构上实现更加合理的发展布局。

四是开放模式更加均衡。在全球价值链分工条件下,通过"引进来"以及大力发展加工贸易的方式,快速融入全球价值链分工体系而实现开放型经济的快速发展,在特定背景和发展阶段下具有历史必然性和合理性。但是开放型经济原本是一个既有"引进来"又有"走出去"的双向循环系统。因此,高质量的开放型经济发展绝不能仅仅满足于"引进来"而忽视了"走出去",而应该是"引进来"和"走出去"的开放发展模式。近年来,随着"走出去"战略的实施,中国企业"走出去"的步伐正在加快。国家统计的有关统计数据表明,我国在继续保持着利用全球对外直接投资的大国地位同时,已经于2016年成为全球第二大对外投资国,初步显示中国开放型经济正在朝着"引进来"和"走出去"更加均衡的发展模式方向演进。可以预期的是,随着中国本土企业的不断成长、国内产业结构的不断调整,以及比较优势的动态变迁,中国企业将会更加大踏步地"走出去",将中国开放型经济发展推向既有"引进来"又有"走出去"的高质量双向循环开放发展模式。

五是开放领域更加宽泛。如前所述,中国前一轮开放主要发生在制造业领域,具有"单兵突进"的特点,服务业领域开放则相对不足。虽然在制造业领域的开放相对较快且相对全面,但某些先进制造业领域我们仍然有所保留,比如新能源汽车领域、航空发动机的生产和维修领域,以及高端船舶制造业领域和设计研发环节等,其开放力度仍然不够。进一步扩大制造业领域对外开放,尤其是

· 155 ·

先进制造业对外开放,以及进一步加大服务业对外开放,是新时期中国扩大开放的重要战略取向。正如习近平总书记指出:"过去40年中国经济发展是在开放条件下取得的,未来中国经济实现高质量发展也必须在更加开放条件下进行。中国开放的大门不会关闭,只会越开越大"①,而其中"大幅度放宽市场准入"正是扩大开放所采取的重大举措之一。中国开放领域必将从传统制造业领域不断向先进制造业和服务业领域拓展、深化。这不仅是顺应经济全球化深入发展大势的需要,也是中国发展高质量开放型经济的必然要求。

六是开放动力更趋创新。在全球价值链分工条件下,由于生产环节和阶段的全球分解,以及生产要素跨国流动性的增强,国与国之间的分工界限随之从传统的以产品为界限的分工模式,转变为以要素为界限的分工模式,即学术界所谓的要素分工(方勇等,2012②)。以要素为边界的国际分工意味着各国依托优势要素而非产品生产的比较优势参与国际分工,因为要素的跨国流动性会改变一国要素禀赋结构从而改变比较优势。从中国前一轮开放发展的实践看,所依托的优势要素就是丰富而廉价的劳动力等初级要素禀赋优势。通过发挥低成本要素优势,吸引了发达国家跨国公司的资本和技术的流入和集聚,从而形成了庞大的制造业生产能力和出口能力,是中国前一轮开放型经济发展的典型表现。这种增长方式本质上看属于要素驱动型。但是伴随包括劳动力在内的各种初级要素成本的不断提高,要素驱动的发展模式面临可持续难题,转向创新驱动是必然方向和选择。一方面,伴随经济发展阶段的变化,要素禀赋结构自身在不断朝着高级化方向演化,为创新驱动发展奠定了要素基础;另一方面,发展环境的变化倒逼企业必须转向创新驱动。

七是开放制度更加完善。中国开放型经济发展40多年取得的伟大成就,不仅与中国实施的开放战略有关,同时还与为适应开放发展的需要而进行的一系列国内改革有关,即所谓开放倒逼改革。而改革的实质就是制度变迁。伴随开放型经济发展阶段的变化,需要有与之相适应的更为完善的制度环境和条件。尤其是在经济全球化格局和形势出现重要改变的背景下,全球经济规则也正在朝着高标准方向发展。为适应开放发展的新阶段和新变化,中国开放型经济发展必然进一步从政策开放转向制度性开放,开放发展的制度环境将更加趋于完善。比如,中

---

① 习近平. 开放共创繁荣 创新引领未来[N]. 人民日报,2018-04-11(003).
② 方勇,戴翔,张二震. 要素分工论[J]. 江海学刊,2012(4):88-96.

共中央在客观判断当前我国开放型经济发展面临的新形势、新挑战和新任务的基础上，毅然提出要统筹开放型经济顶层设计，通过加快构建开放型经济新体制以进一步破除体制机制障碍，并于2015年9发布了《中共中央国务院关于构建开放型经济新体制的若干意见》，以进一步完善我国开放型经济发展的制度环境。

八是开放实力更为自主可控。中国前一轮开放型经济发展，主要是被动融入发达国家跨国公司主导的国际分工体系，因而在发展过程中既没有自主能力，也缺乏控制能力。所谓自主，主要是指自己能够做主而不受他人支配；所谓可控，就是指事物的发展能够控制在我们的预期和把握范围以内。中国前一轮开放型经济发展缺乏自主可控能力，是由特定发展阶段和由此形成的分工地位所决定的。当需求不对等从而产业发展的"需求支撑"更多地依赖于和集中于部分发达经济体市场时，产业发展在需求层面就会丧失自主可控能力；当我们在全球价值链分工体系中主要专业化于通用和一般性生产环节和阶段，缺乏核心部件的生产能力以及未能掌握关键和核心技术时，产业发展从供给层面同样会丧失自主可控能力。高质量开放型经济发展绝非是一种"受制于人"的发展模式，一定是自主可控的发展模式。伴随本土市场规模的不断扩大以及外部市场多元化发展；伴随国内技术进步加快和研发创新能力的提升，无论是从需求层面看还是从供给层面看，中国开放型经济正在朝着更加自主可控的高质量方向演进。

第二节 匹配性升级：发展高质量开放型经济的要素条件

在开放型经济发展的不同阶段，所依托的支撑要素不同。在追求高速增长的发展阶段，主要依托大量的要素投入所形成的要素驱动；而在转向高质量的发展阶段后，要素投入的重要性依然不容否认，因为即便是创新要素的形成也需要投资支撑，但所依托的侧重点将发生本质变化，即更加注重于要素质量和层次，从而形成创新驱动的发展模式。应该说，开放型经济发展只有转向以创新为主要驱动力后，才能解决以往"不平衡"和"不充分"问题。因为这不仅意味着驱动力发生了质的变化，而且对协调区域发展、打造开放的双向循环系统等都至关重要。比如，东部沿海地区只有加快实施创新驱动、实现转型升级，才能延长国内价值链，推动产业和产品生产环节向中西部梯度转移，从而形成更好的区域分工协作体系；只有以创新驱动为动力，企业才能培养出真正的"走出去"能力和竞争优势等。而要正确理解和把握高质量开放型经济所需要的实现条件，仅仅知道需要传统意义上的高级和创新要素支撑是不够的，还必须明晰全球要素分工条件下一国发展开放型经济核心竞争优势的主要来源。换言之，处于不同发展阶段的国家和地区，在参与全球合作和竞争中所依托的优势要素是不同的，以及使得优势要素真正转化为现实竞争优势的条件是不同的。因此，从理论上阐释要素分工条件下竞争优势的要素及其作用发挥条件问题，并据此总结中国过去开放型经济发展取得高速增长的有效经验，有助于寻求新时代开放型经济高质量发展所需的真实要素条件。

虽然有关要素分工的研究指出，在全球要素分工背景下，由于各国参与国际分工的界限是"要素"，因此，各国拥有什么样的优势要素是核心竞争优势的来源，具体而言，主要表现为各个国家或地区依据各自的优势要素，在要素分工中选择和发展合适的工种和层次[①]。但现有研究对生产要素的关注还只是侧重于"生产层面"，即着重对生产要素优势的分析，而忽略了对非生产要素的分析。实际上，从宏观角度探讨开放型经济发展问题，采用传统生产要素的概念无疑是必要的，但同时也面临着较大的局限性，因为影响一国竞争优势来源的不仅在于能够计入生产成本的各种资源，同时还取决于影响投资和经营的且难以计入生产成本的外部因素。由于这些因素对于企业来说往往是自身无法掌控从而具有外生性特征，因此适合微观分析的要素范畴在进行宏观分析时就显得远远不够。因为要素的使用确实要具体到企业的生产经营层面，但是影响要素使用的经营环境却难以具体到企业的生产经营层面，但却影响着要素的使用和作用的发挥。比如，一国的制度环境等显然对要素配置及其使用效率等产生重要影响，并且不同类型和不同层次的生产要素，对制度环境的要求和敏感性也不尽相同。总之，当我们从宏观角度来探讨一国开放型经济竞争优势时，尤其是承认优势要素是一国开放发展的核心竞争优势主要来源和依托时，对生产要素本身的分析及其相互作用关系（比如要素组合形成的生产函数），就不能仅仅局限在对传统生产要素范畴的分析，而必须对生产要素的范畴和外延进行拓展分析。

从经济学发展的历史脉络和实践演变来看，随着时间的推移，生产要素的范

---

① 张二震. 全球化、要素分工与中国的战略 [J]. 经济界，2005（5）：18-19.

畴和外延确实经历了不断拓展的发展过程。比如,经济学开山鼻祖亚当·斯密遵循劳动价值论,认为一切产物都是生产性劳动的结果,因此在本质上属于单一生产要素观。之后,关于生产要素的范围不断向两种、三种乃至更多种类方向和范围拓展。比如庞巴维克就认为一切生产都是土地和劳动两种生产要素的作用结果;萨伊则认为效用是劳动、资本和土地三种生产要素共同作用的结果。马歇尔则在肯定上述三种生产要素的基础上,认为企业家的经营管理同样能够创造价值。此后,经济学对生产要素范畴和外延进一步扩展至包括管理、技术和人力资本等。在国家竞争优势理论中,克尔·波特甚至将生产要素划分为人力资源、天然资源、知识资源、资本资源和基础设施。可以说,正是对生产要素的范畴和外延进行了不断地扩张,许多经济理论才得以更加完整地提出和不断完善,并更具有了现实意义。科斯曾经指出:"我们会说某人拥有土地,并把它当作生产要素,但土地所有制实际上所拥有的是实施一定行为的权利。"这一表述意味着生产不仅是"生产要素"的投入问题,同时也是使用生产要素的权力和条件问题。因此宏观层面的分析不仅应涉及直接投入生产过程的生产要素,还应当考虑到会影响生产要素投入和使用的各种因素。沿着上述方向和思路进行拓展出来的生产要素范畴和外延,可以称为广义生产要素。因此,为了分析方便,我们不妨将包括资本、劳动、土地、技术等直接投入生产的要素称为传统狭义生产要素,而将包括影响要素投入和使用的制度因素、市场规模因素、生产配套能力因素、区位因素以及开放度因素等称为广义生产要素。

如前所述,在全球要素分工条件下,狭义上的生产要素质量层次和水平,通常是决定开放型经济核心竞争优势和发展质量的根本因素,但优势要素的相对丰裕度只是必要条件而非充分条件,因为其作用的发挥还要受到广义层面上其他生产要素的影响。一个典型的特征事实就是,40多年来中国开放型经济获得了巨大的"人口红利",其实不仅是低成本劳动力优势带来的,同时还与发挥低成本劳动力优势所需其他支撑要素密切相关。试想,在中国开放型经济实现快速增长之前,丰富廉价的劳动力禀赋优势已经存在,但为何未能转化为"人口红利"?真正的高速增长和"人口红利"的收获为什么发生在改革开放之后,尤其是自上海浦东开放开发以及中国加入WTO之后?答案是显然的,那就是"改革"和"开放"为发挥劳动力要素禀赋优势提供了必要的要素支撑。这一点从中国开放型经济发展的基本特征中也可略见一斑。40多年来中国开放型经济发展的基本特征可概括为:在各级地方政府主导下,以优惠政策和差别待遇为基础,通过非均衡的发展战略,将丰富而廉价的劳动力等低成本优势发挥到极致,在大量利用外资和国际市场强劲的需求拉动力中,借助开发区等各种发展平台和载体,快速形成了庞大制造业生产能力和大进大出的循环格局。从中可以看出,发挥劳动力要素禀赋优势实际上是伴随其他一系列支撑条件的到位才得以实现的。比如,非均衡的区域发展战略使得东部沿海等地区的区位优势得以充分发挥,尤其是在承接对"冰山成本"较为敏感的加工贸易中,沿海的区位优势就特别重要;城乡二元体制松动的改革确保了农村闲置的大量乃至接近于"无限供给"的劳动力源源不断地流向城市尤其是东部沿海城市;依托各种开发区、加工园区等各种平台实施的优惠政策等制度安排,不仅为初级要素集聚提供了载体,而且也进一步夯实了低成本优势的基础;不断扩大开放尤其是大力引进外资,使低成本劳动力等初级要素能够真正进入生产领域从而转化为现实比较优势,等等。由此可见,市场经济取向的"改革"和积极融入经济全球化的"开放",是确保优势要素能够将"优势"真正得以发挥的关键所在,或者说,"改革"和"开放"从更为宽泛的生产函数角度说,就是在培育和创造生产过程中所必须具备的某种或某些广义上的生产要素。原有狭义上的"生产要素"即所谓的优势要素,也只有在与这些广义上的"生产要素"进行组合形成新的生产函数时,才会真正形成参与经济全球化的核心竞争优势。应该看到,优惠政策、差别待遇、非均衡的区域战略以及渐进的开放政策、外需拉动等,既契合了低成本比较优势的现实需要,也迎合了全球制造业中低端生产环节国际梯段转移的需要。即广义生产要素和狭义优势生产要素的适宜性匹配,是过去40多年中国开放型经济实现高速增长的根本原因所在。在充分肯定40多年开放型经济发展的巨大成就同时,也要冷静地看到这一特殊发展模式所带来的诸如前文所述的"不平衡"和"不充分"问题。新时代对开放型经济提出了高质量发展的新诉求,而要实现这一新诉求,需要有与高质量发展相适应的要素支撑体系。概括而言,发展高质量开放型经济所需要的支撑要素,不仅包括高端的狭义上的生产要素,更需要打造与之相适应的高水平的狭义上的生产要素。

从传统的狭义生产要素角度看。犹如前文所述,在全球要素分工条件下,要素的质量和层次决定着国际分工的地位。高质量开放型经济发展显然需要有与之相应的高质量生产要素。与高速增长所依赖的一般劳动等初级要素不同,高质量发展更加依赖于技术、知识和人力资本等高级生产要素。与初级生产要素不同的是,处于较高层次上的诸如技术、知识和高端人才等高级生产要素,同一种生产要素上的横向差别会变得越来越大,比如不同生产领域的专业技术人员的异质性会越发明显,不同行业领域的技术和知识的专用性也会越发突出。因此,即便是对于同一种生产要素而言,其异质性和专业化程度都会逐步增强。专业化的人才、技术和知识,在分工中的重要性以及所能获取分工收益的能力都会日益显著。与之相伴随的是,此类高级生产要素的职能由于日益专业化而逐渐演变为专用性资产。因此,与初级要素所具有的通用性特征不同,依托高级要素而参与的国际分工层次,会存在较高的"进入壁垒"和"退出壁垒",因此,无论是从竞争优势的获取还是从稀缺要素所决定的要素收益能力来看,由此推动的开放型经济发展都更加具有高质量特征。就高级生产要素在开放型经济发展中的具体作用而言,新古典经济增长理论认为经济稳定增长的唯一源泉就是技术进步,而新增长理论则进一步将技术内生化并认为技术进步或创新是经济长期增长的关键因素。而技术进步或者说技术创新的核心,显然又依赖于高级人力资本。无论是创新的发现和把握,还是从事相应的研究与开发活动,无论是将研发成果转化为具体的生产力,还是创新企业组织管理与协调,都需要高素质的人力资本。高素质的人力资本属于知识型劳动力,与一般性劳动力不同,这一特殊生产要素所从事的工作往往都是创造性劳动。与主要依托初级生产要素发展开放型经济会产生"不平衡"和"不充分"的内在缺陷不同,依托高级生产要素更加有利于推动开放型经济朝着均衡和充分层面发展。比如,高级生产要素本身就具有创新特征,因此,以此为依托的开放型经济发展必将更具创新驱动特征;高级生产要素是推动产业结构升级的基本力量,因而有利于促进产业结构的优化;高级生产要素由于有助于专业化与更高层次的国际分工,因而更有能力拓展和延长价值链,从而形成区域间的协调发展;依托于高级生产要素的企业更加具有难以模仿的竞争优势和垄断优势,从而更有实力"走出去",在国家层面上则意味着更加有利于发展双向循环的开放型经济,等等。总之,发展高质量的开放型经济需要高级生产要素作为基本的支撑条件。

从广义生产要素角度看,高质量开放型经济发展不仅需要有与之相适应的高级生产要素,同样还需要有与之相匹配的高级广义生产要素。换言之,需要有能够将优势高级生产要素转化为现实比较优势的条件。与高级优势生产要素本身相比,在开放型经济进入高质量发展阶段后,高级广义生产要素的作用将更加重要。这是因为,开放型经济转向高质量发展,不仅使经济增长方式和增长的路径发生了转变,而且更是一个体制改革和机制转换过程。开放型经济由高速增长转变为高质量发展,必须基于新发展理念进行新的制度安排。比如,在原有的政策优惠空间已经消耗殆尽之际,尤其是对于只适用于成本敏感型生产要素的政策优惠,对于成本变化不太敏感的高级生产要素来说,其吸引力和作用力都将大大弱化,因此,必须通过新的制度安排以释放高级生产要素的活力和动力。此时,更加完善的制度安排,更加国际化、法制化和市场化的营商环境,更具有规模优势的本土市场等,对于高级生产要素的培育、集聚乃至发挥其应有的积极作用和激发其创新性活动,具有关键的决定性作用。全球要素分工的一个突出特征就是要素跨国流动性日益增强,但不同生产要素的跨国流动性仍然有强弱之别。相比而言,诸如技术、知识、信息以及高端人才等高级生产要素的跨国流动性,要比诸如一般劳动力等初级生产要素的跨国流动性更强。在初级生产要素中,有些生产要素比如土地甚至不具备流动性。什么层次的生产要素流向什么地区,则主要取决于要素流入地的自身条件,即流入地是否拥有能够让流入生产要素有效发挥作用的条件。已有研究表明,最优生产要素的组合不仅表现为微观经济学所揭示的数量方面,同样还表现为质量层次的匹配性,即存在着要素质量匹配性原理(戴翔等,2018)①。因此,当要素流入地主要依托初级要素所形成的低成本优势而参与国际分工时,所能吸引到的全球要素自然也就是以资本为纽带的一揽子中低端生产要素的流动,比如已经处于边缘的生产技术、知识和信息等。这一原理与传统国际经济理论中的产品生命周期理论所揭示的作用机制并无二致。但与传统国际经济理论分析不同的是,在全球要素分工条件下,创新性活动和生产要素同样可以实现跨国转移,并不用遵循产品生命周期的阶梯性原理。但要吸引和集聚高级和创新生产要素,不仅要求本地自身拥有与高级生产要素相匹配的生产要素,同时还要具备高级生产要素生存的土壤与环境,这也是由要素质量匹配性原理所决定的。比如,经济理论研究表明,竞争最有利于技术进步,因此打造更具竞争性的市场环境对于培育和集聚创新性要素就至关重要;而对于诸如高端人才等创新性要素来说,虽然优惠政策仍然具有一定的吸引力,但严格的知识产权保护制度会更加重要。总之,在以要素分工为主要特征的开放型经济条件下,哪个国家能够在制度安排和政策制定上做得更好,哪个国家对全球生产要素尤其是高级生产要素的吸引和集聚能力就越强,也更加有利于发挥高级生产要素的创新性

---

① 戴翔,刘梦.人才何以成为红利——源于价值链攀升的证据[J].中国工业经济,2018(4):98–116.

作用。

综上分析,由于高质量开放型经济是一种更高层次的经济形态,这种经济形态不仅意味着与以往高速增长阶段具有不同的发展方式、结构和动力状态,从而在要素投入上需要从依托初级要素优势转向依托高级要素优势融入经济全球化;与此同时,由于依托的狭义生产要素质量层次的提升和转型,从而在与狭义生产要素相匹配的广义生产要素上,同样需要实现转型和升级,具体表现为体制改革和机制转换,营造更加有利于生产要素尤其是高级生产要素的流动、培育、集聚和创新的制度环境和市场环境。即同时实现狭义层面生产要素质量和广义层面生产要素质量转型,是开放型经济转型高质量发展的基本理论逻辑。

第三节 改革和开放:发展高质量开放型经济的实现路径

40多年高速增长的中国开放型经济,其成功经验可以概括为四个字:改革开放。正如金碚(2018)研究指出:"改革开放如同一个'阿基米德支点',支撑着步步深入的各项重大举措,产生强有力的'杠杆'作用,有效地撬动了中国这个超大规模经济体。"[①] 以往的改革和开放举措虽然主要契合发挥低成本优势要素的需要,从而在推动开放型经济高速增长的特定阶段发挥了重要作用,但对于当前高质量发展而言,显然是远远不够的。然而,犹如刘志彪(2018)所指出的,改革开放的精神内涵是中国过去取得世界经济奇迹的有效经验,而新时代继续保持和发扬这种精神,同样能够为新时代高质量发展注入不可战胜的精神力量[②]。只不过,在中国开放型经济进入高质量发展的今天,需要有新的理念引领新的征程,即进一步扩大开放和全面深化改革,是实现高质量开放型经济发展的有效且唯一的路径,因为唯有进一步扩大开放和全面深化改革,才能为培育、吸引和集聚高质量生产要素提供必要的土壤和环境,也才能打造出更适宜释放高质量生产要素动力和活力的制度环境和市场环境。虽然说改革与开放就好比是一枚

---

① 金碚. 中国改革开放40年的制度逻辑与治理思维[J]. 经济管理,2018,40(6):5-16.
② 刘志彪. 中国改革开放的核心逻辑、精神和取向——为纪念改革开放40周年而作[J]. 东南学术,2018(4):60-66.

硬币的两面，是同一个理论逻辑在现实制度安排和政策制定上的不同表现，因而并不存在严格的界限和区分，但二者的侧重点仍然有所不同。改革的侧重点在于建立社会主义市场经济体制，因此，为适应高质量开放型经济发展的现实需要，下一步全面深化改革所要坚持的仍然是市场取向的改革，即"发挥市场在资源配置中的决定性作用"；开放的侧重点就是融入经济全球化，因此，下一步扩大开放，就是要贯彻落实习近平总书记在博鳌亚洲论坛2018年年会开幕式主旨演讲中提出的中国扩大开放将采取"四个重大举措"。概括而言，推动中国开放型经济走向高质量发展道路，着重要在建立公平开放透明的市场规则、正确处理政府和市场的关系、加强知识产权保护、大幅度放宽市场准入、创造更有吸引力的投资环境、主动扩大进口六个方面做好功课。

第一，市场取向的改革要注重建立竞争有序的市场体系。建设统一开放、竞争有序的市场体系，是使市场在资源配置中起决定性作用的基础，是发挥价格在商品市场化配置和要素市场化配置的关键所在，尤其是要素市场化配置，是未来市场化改革的主要取向。过去的改革措施在推动商品市场化配置方面取得了巨大成就，换言之，在商品市场化配置方面，基本上形成了"凡是能由市场形成价格的都交给市场"。但是，在要素市场配置方面，中国经济转轨的任务还远远没有完成，突出表现为资本市场发育不完善，劳动力市场功能还存在较大缺陷，价格刚性的现象较为明显。如果市场作用机制不能在资源配置中起决定作用，那么生产要素的配置就会出现结构性失衡，就无法保证生产要素会从低效率部门向高效率部门的自由流动，从而造成生产要素的低效率利用。"僵尸企业"的存在正是生产要素无法自由流动的典型表现，从而严重制约了高质量发展。唯有建立起竞争有序的市场体系，才能为生产要素"松绑"，从而激活生产要素的潜力，释放生产要素的活力和动力。这一点，对于高级创新型要素而言，尤为重要。为此，必须加快形成企业自主经营、公平竞争、商品和要素自由流动、平等交换的现代市场体系，着力清除市场壁垒，提高资源配置效率和公平性。

第二，市场取向的改革要正确处理政府和市场的关系。党的十八届三中全会报告指出，中国经济改革的核心逻辑就是正确地处理政府和市场之间的关系。下一步进行的全面深化改革，就是要加快简政放权的步伐和加大简政放权的力度，最大限度减少政府对微观事务的管理。只要是市场机制能有效调节的经济活动都应该交由市场解决。通过简政放权，把大量集中在政府的权利，分散到微观经济主体中去，比如个人、企业、企业家、家庭、行业协会以及其他社会组织等。当然，简政放权并非等于甩手不管，政府通过简政放权，可以把有限的资源集中在做最有效的事情上，比如发展战略、规划、政策、标准等制定和实施等事务和活动中；加强市场活动监管，纠正市场失灵；在非营利性的社会发展和民生发展领域中发挥政府作用，为市场发展提供充足的外部经济性。如此形成一个具有强大市场功能和强大的政府服务功能的"双强"发展格局，理应成为未来正确处理政府和市场关系的重要改革方向。在经济全球化条件下，这样的市场治理格局才是具有竞争力的，也才会对全球优质要素产生足够的吸引力。因此，只有走上这样的道路，才有可能成为未来国际竞争中的赢家。

第三，进一步扩大开放需要大幅度放宽市场准入。高质量开放型经济必须在扩大开放的条件下进行，或者说，越是高质量的开放越是不惧怕开放，也越是不惧怕竞争。出于产业安全等方面的考虑，中国开放型经济发展中，对市场准入有着严厉的限制。但是，伴随国内经济实力的不断增强，很多产业逐步成熟甚至具有较强的国际竞争力，而尚不具备国际竞争力的产业部门也需要通过开放来提升产业竞争力。实际上，实行较为严厉市场限制的产业和部门，往往是高端要素密集型的产业部门。比如在一般制造业领域的开放程度相对比较高，但是在诸如汽车、飞机和船舶等先进制造业领域，则存在明显的保留限制，而这些部门对先进要素的需求程度显然更为强烈。相比于制造业而言，服务业尤其是高端服务业领域的市场准入限制更为严厉，而诸如金融、建筑设计、医疗、电信等领域显然也是技术和知识要素密集型部门，其产业发展高度依赖于高端生产要素供给。因此，大幅度放宽市场准入，更加有利于全球先进和高级生产要素流入相应的产业和生产部门，也更加有利于产生经济竞争效应。如此，能够让国内外高级要素在亟待发展的产业部门集聚、竞争、碰撞、创新，从而推动产业高质量发展。

第四，进一步扩大开放需要创造更有吸引力的投资环境。利用外资是中国发展开放型经济的重要方式和内容，利用外资的质量和水平层次关乎到开放型经济发展的质量和水平。过去，中国依托丰富廉价的劳动力以及优惠政策等创造的低成本优势吸引了大量外商直接投资。但是单纯依靠政策优惠和靠让利形成的低成本竞争优势吸引不来高端要素。尤其是在全球展开"招商引资"的激烈竞争态势下，由政府制定优惠政策吸引外商直接投资，要逐步转向为外资企业创造更有吸引力的投资环境，更能创造竞争力和吸引力，以此吸引高质量外资。随着贸易和投资自由化的不断发展，尤其是新型国际分工的深度演进，为了适应经济全球化发展的新需要，全球经贸和投资规则正在朝着高标准方向发展。因此，打造更加具有吸引力的投资环境，同时也是顺应全球经济规则调整和不断高标准化发展的需要，已经成为发展新态势下继续利用外资的必备条件。创造更有吸引力的投资环境，既包括对接国际经贸规则、增强政策透明度、降低制度性交易成本、严惩违法失信，也包括完善基础设施、健全市场体系、加强产权保护等方面。

第五，进一步扩大开放，需要加强知识产权保护。在早期的中国开放型经济发展过程中，由于国内企业与发达国家跨国公司存在较大的技术差距，因此，开放发展过程中虽然也有技术创新特征，但主要是模仿式创新。受现实要素禀赋制约从而缺乏真正自主创新能力条件下，走"模仿创新"的开放发展道路不仅可以避免研发投入带来的风险以及与发达国家跨国公司技术差距进一步扩大的风险，而且在存在较大技术差距条件下模仿创新也存在较大的发展空间。这种创新驱动的发展道路虽然在起步阶段具有较大的优势，但其内在缺陷也是明显的，一方面，跨国公司出于对自身核心技术优势的保护，不会将先进和前沿生产技术带入；另一方面，"模仿创新"在成熟技术的发展道路上进步较快，从而技术差距的缩小会限制模仿空间。在中国开放型经济进入高质量发展的新阶段后，实施创新驱动的开放型经济发展战略，要求我们必须执行最严厉的产权保护制度。加强知识产权保护不仅是激励创新要素进行创新活动的必要制度保障，也是据此吸引和集聚全球创新型要素的重要竞争政策。

第六，进一步扩大开放应该利用好主动扩大进口的战略机遇。过去，在中国本土市场规模有限的条件下，发展开放型经济从需求拉动层面看，主要依托强劲的国际需求市场。这种发展模式虽然在早期能够收获开放发展红利，但在当前经济全球化新形势下，已经表现出明显的不足和显著的约束。一是这种发展模式带来了长期贸易顺差，从而使中国成为全球经济失衡中的焦点；二是伴随2008年金融危机后全球经济进入深度调整期，以及当前逆全球化思潮的兴起，依托这一发展模式收获"经济全球化红利"基本已经丧失了发展空间。在新形势下主动扩大进口，不仅有利于中国在世界经济再平衡中发挥应有的作用，而且还能够利用扩大进口的战略机遇，依托本土市场规模优势，产生进口竞争效应，从而促进开放型经济的高质量发展。尤为重要的是，依托庞大的国内市场需求，在主动扩大进口中强化竞争效应，不仅有利于激励包括本土企业在内的企业加快技术进步，而且也更加有利于吸引全球优质生产要素的流入。已有研究表明，伴随一国市场需求规模的不断扩大，出于更加接近市场和提升竞争力的需要，跨国公司会不断将研发创新等高端环节和阶段转移到该国（Jones，2011）[1]。因此，在中国已经成为全球第二大经济体的背景下，依托本土市场规模优势，主动扩大进口有利于充分利用内需而撬动外部世界的先进生产要素，促进中国开放型经济高质量发展。

总之，开放型经济转向高质量发展后，根本上需要有与以往不同的驱动力，即形成创新驱动的发展模式，以提高开放发展的效益和效率，也是实现开放型经济更加平衡和充分发展的基本前提和条件。而实现开放型经济创新驱动发展，不仅意味着我们参与国际分工所依托的狭义层面的优势要素必须实现转型升级，即从以往依托"人口红利"等初级要素的低成本竞争优势，转向依托"人才红利"等高级要素的创新竞争优势，而且在广义生产要素层面上，还必须创造出能够与狭义高级生产要素相匹配的制度环境和政策条件。因为，作为广义层面意义上的生产要素，诸如完善的制度环境、国际化、法制化和市场化的营商环境，更加开放的政策环境等，不仅是培育、吸引和集聚高级要素尤其是创新要素的必要条件，也是释放和激励创新要素进行创新活动的根本制度保障；不仅是实现国家治理体系和治理能力现代化从而成为国际竞争赢家的需要，也是提升国际经贸体制建设话语权和影响力从而为开放发展改善外部环境的需要。为此，需要汲取过去40多年改革开放的成功经验，并在新时代继续保持和弘扬改革开放的精神，通过全面深化改革和进一步扩大开放，为实现开放型经济高质量发展开拓出一条光明大道。目前，全面深化改革已经启动，进一步扩大开放的重要举措也正在快速落实[2]，中国开放型经济高质量发展已初见曙光。

---

① Jones, C. Intermediate Goods and Weak Links in the Theory of Economic Development [J]. American Economic Journal, 2011, 3 (4).

② 习近平. 顺应时代潮流　实现共同发展 [N]. 人民日报, 2018 - 07 - 26 (002).

第九章　中国制造业能否摘取全球要素分工中"高悬的果实"

传统意义的"人口红利"式微,多指因劳动力年龄结构老龄化加重社会抚养比而导致的传统比较优势丧失,迫使摘取全球价值链"低垂的果实"难以为继。当前中国人口结构转型不仅体现为数量结构变化,也包括质量结构调整,并就此形成推动制造业攀升全球价值链高端的两种动力源:一是劳动力年龄结构优势丧失产生的"倒逼"效应,二是劳动力质量结构优化创造的"推进"动能。与单纯依托低成本劳动力数量优势形成的"要素驱动"不同,这种依托劳动力质量优势而形成的新动力机制在本质上属于"创新驱动",必将有利于中国制造业在全面摘取全球产业和技术"高悬的果实"中创造新的红利。在中国人口结构转型的关键时期,加快推进中国制造业在全球要素分工体系中摘取"高悬的果实",实现党的十九大报告提出的"促进我国产业迈向全球价值链中高端"战略目标,需要科学施策以确保作为构筑新型比较优势核心要素的"人才"转化为真正意义上的"红利"。

第一节　问题提出

改革开放40多年来,中国制造业取得了巨大惊人的发展成就:在500多种主要工业产品中,有220多种产量位居世界第一,从规模上看成为名副其实的全球制造业第一大国。进入新时代,党的十九大做出了中国已经"由高速增长阶段转向高质量发展阶段"的科学判断。这种从"做大经济规模"向"提升生产质量"的转变,体现到制造业的层面上,就是要实现制造业由传统价值链低端平铺式推进的"体量之大",进化为价值链高端引领式跃升的"筋骨之强"。如果说,中国制造业在上一轮开放中实现的"体量之大",正是成功摘取全球价值链"低垂的果实"的话,那么发展新阶段所要打造的"筋骨之强",就是要进一步摘取全球价值链"高悬的果实",促进制造业脱胎换骨式的产业升级。而如何实现这一战略目标,成为摆在理论和实践部门面前的重要课题。

众所周知,中国制造业的起步很大程度建立在传统低成本竞争优势的基础之上。在快速而全面地融入发达国家跨国公司主导的全球要素分工体系中,中国制造业抓住了西方产业和全球技术扩散带来的战略机遇,全面摘取了全球产业和技术"低垂的果实"(金碚,2017),实现了经济增长奇迹,成功跃居全球制造业第一大国。在制造业规模扩张的初期发展阶段,中国充沛而廉价的劳动力禀赋优势为经济增长提供了重要的要素支撑。所谓"人口红利"就是对中国制造业融入全球价值链实现快速发展这一初级产业模式的最好概括。而依托低成本劳动力优势支撑起的中国制造业,在全球要素分工体系中从此难以摆脱"低端嵌入"的特征性标签和烙印。虽然这种发展模式在特定阶段具有其合理性和必然性,但是伴随"人口红利"的逐步消弭,支撑制造业传统发展路径的比较优势难以为继,甚至由此引发了有关中国制造业衰退乃至崩溃的担忧和论断(姚美雄,2016)。当然,也有学者对此持有较为积极的态度(黄群慧,2017)。我们不拟对上述争论进行过多的讨论,但争论本身在某种程度上也确乎证明,"大而不强"日益凸显为中国制造业"成长的烦恼"。这正是十九大报告明确提出"努力促进我国产业迈向全球价值链中高端"战略目标的现实背景,也是适应乃至引领我国经济由高速增长向高质量发展转型升级的现实需要。

为实现中国制造业高质量发展,重要的路径之一就是从全面摘取全球价值链"低垂的果实"向"高悬的果实"转型升级。然而,如何才能摘取全球价值链"高悬的果实",首先需要明晰的问题是,"高悬的果实"能否摘取或者说中国是否具备了摘取全球价值链"高悬的果实"的内部和外部条件。为此,至少需要从理论上对两个方面进行深入研究。一是目前全球产业和技术重要组成部分的"高悬的果实",是否已经呈现国际梯度转移的趋势,从而为中国摘取全球价值链"高悬的果实"带来了新的战略机遇?换句话说,制造业全球价值链中高端环节是否有向中国梯度转移的愿望和动力?二是作为全球产业和技术扩散的承接者,中国是否已经具备摘取全球价值链"高悬的果实"的基本工具和条件,或者说,中国是否具备承接并推进制造业向价值链高端攀升的能力。更确切地说,从劳动力这一生产要素角度来看,伴随人口结构转型以及由此导致的传统低成本优势不断弱化,能否在劳动力比较优势演进过程中,推动人口红利向人才红利转型升级,在全球要素分工体系中构筑中国制造业价值链攀升新动能。进一步地,能否据此培育出以"人才"为核心要素的新型比较优势,则是关系到中国能否摘取全球价值链"高悬的果实"的关键所在。

第二节 中国制造业是否面临摘取"高悬的果实"的新机遇

综观中国制造业的发展经历,不难看出,全球要素分工演进是中国能够全面摘取全球产业技术"低垂的果实"的重要现实背景。换言之,快速而全面地融入全球要素分工体系,虽然是中国充分发挥劳动力等初级要素低成本比较优势的结果,但这无疑与发达国家跨国公司主导的产业技术的国际转移和全球扩散的外部机遇密不可分。实际上,经济全球化开启,尤其是20世纪以来,大部分国家的制造业发展和崛起历程无不与产业的国际梯度转移有关,或者说借助产业国际梯度转移而实现了制造业大发展。比如在世界制造业第一次大转移中,美国凭借其制造流程创新而率先承接了英国工业革命后大规模集中性的产业和技术外移,实现了其制造业的突破性发展;在世界制造业第二次大转移中,日本和德国以协作体系创新成功对接了美国制造业的国际梯度转移;在世界制造业第三次大转移中,亚洲"四小龙"则是凭借产业链整合创新进一步承接了日本和德国的制造业转移。而中国制造业的发展主要是在全球要素分工深度演进背景下,依托低成本竞争优势嵌入并以综合体系实力为支撑,成功承接了前三次的全球制造业特别是加工组装等生产环节的国际梯度转移。可见,对于后发国家而言,产业和产品生产环节的国际梯度转移通常是一种重要的战略机遇,而这种产业转移的质量及其层次,显然也会制约和影响承接方制造业的发展程度。因此,现在的关键问题是,中国在成功抓住前一轮产业和产品国际梯度转移的战略机遇,或者说在承接了以劳动密集型为主的加工制造环节,从而全面摘取价值链"低垂的果实"之后,是否依然有幸面临由全球要素分工演进新趋势引致的新战略机遇,从而实现进一步摘取全球价值链"高悬的果实"的发展目标。

我们知道,无论是产业的国际梯度转移,还是产品生产环节的国际梯度转移,实质上都是产品和技术生命周期落实到不同国家与其不同比较优势相契合的表现和结果。换言之,从产业和产品国际梯度转移的历史经验和发展脉络看,之所以发生上述有规律的梯次转移和变化,主要是因为不同类型的国家,在产品生命周期各阶段的比较优势存在差异,而这种比较优势的差异又恰恰是与新产品生命周期各阶段产品的要素密集度联系在一起的。对此,传统国际经济理论中的产品生命周期理论已经做出了较为经典的阐释。产品生命周期理论认为,任何产品的生产都具有涵盖自身特征的生命周期,但从一般意义上理解,大体都会经历萌芽、成长、成熟再到衰退的发展阶段。在产品生命周期的不同阶段,由于要素密集度的特征不同,比较优势会在不同国家之间发生依次梯度转移。在全球价值链的分工背景下,结合具体生产过程中所需的要素禀赋条件,这种发展周期被切分到不同国家和地区,并由此决定了不同生产水平国家的国际分工地位和生命周期时间。如果说起初生产分工是由各国的历史因素外在掌控的话,那么发展中经济体所能主导的就是,在发展的动态历程中通过提升和优化要素结构,在不断承接和发展高端环节的梯度转移过程中,构筑核心竞争力以加快推进产业发展进程。总之,不论在何种分工形态下,当产品或产品生产环节的技术和生命周期在一国或地区走到尽头后,或者说失去比较优势后,就会随全球价值链演化被转移到具有比较优势的国家和地区。

从上述意义上看,当前全球要素分工演进正为中国进一步摘取全球价值链"高悬的果实"带来新的战略机遇。对此,我们可以从下述两个方面加以分析和理解。一方面,全球价值链中高端部分将会大规模发生国际梯度转移。2008年全球金融危机爆发后,全球经济增长进入深度调整期,近年来更是兴起了所谓"逆全球化"思潮,经济全球化发展似乎步入十字路口。这确实为中国制造业的发展带来了空前挑战。但是,正如习近平总书记在2017年达沃斯世界经济论坛演讲中指出,经济全球化是社会生产力发展的客观要求和科技进步的必然结果,让世界经济的大海退回到一个一个孤立的小湖泊、小河流是不可能的,也是不符合历史潮流的。所以,经济全球化进程可能会因为暂时的贸易保护主义而放缓步伐,但也绝不会逆转。这就意味着国际分工进一步深度演进和深化发展的总体趋势不仅不会逆转,反而即将进行新一轮的国际梯度转移,特别地,相较于此前全球价值链中劳动密集型制造业环节和阶段的转移,新一轮梯度转移将会加速推动资本和技术密集型环节的转移。这一推论的主要依据是建立在产业生命周期发展的客观规律之上的。2008年全球金融危机爆发,至今历经10年尚未彻底走出危机阴霾。对此,越来越多的学者认识到,这是世界经济长周期作用的结果。即前一轮产业和技术革命所形成的动能基本衰竭,而新的动能尚未出现和普及。众所周知,第二次世界大战以后经济全球化的迅猛发展主要是由发达国家推动的,而基本的动力正是源自发达国家的产业和技术革命。目前,推动经济全球化发展的动力衰减,根本原因就在于源自发达国家的前一轮产业和技术革命的生命周期已经走到了尽头和尾声。但是正如产品生命周期理论所揭示,具有不同要素禀赋的国家在产品生命周期各阶段的比较优势不同。对于前一轮产业和技术革命的创新国来说,现有成熟技术的生命周期确实几近走完,但对发展中国家来说,对前一轮产业和技术革命所创造的成果,尚没有完全摘取。在全球要素分工体系中,中国制造业目前仍然处于中低端的特征事实,就是明证。

因此,从产品和技术生命周期以及由此推动的产业国际梯度转移的内在规律看,现有成熟产业和技术中的中高端部分进一步从发达国家向发展中国家转移是必然趋势。犹如前一轮劳动密集型环节的规模转移一样,在新的发展阶段,资本和技术密集型制造业环节也将发生大规模的国际转移。这种转移的大势所趋,从当前逆全球化思潮的兴起中也可见一斑。本轮逆全球化思潮的实践特征与以往传统贸易保护主义不同,发达国家成为逆全球化潮流的主要力量。而究其原因,根本上就在于前一轮产业和技术革命动能基本衰竭,但新一轮产业和技术革命尚未集中爆发并形成有效的生产力。发达国家为解决国内面临的经济发展不景气的周期性问题,进而人为阻碍开放经济条件下生命周期和比较优势动态规律作用下的产业自发梯度转移趋势。这种逆全球化潮流趋势的行为和举措尽管会对经济全球化发展增添不少羁绊,但终究无法阻挡历史的车轮。工业化和市场化的理论逻辑和内在动力,不会因此而发生扭转。正如习近平总书记指出:"世界经济的大海,你要还是不要,都在那儿,是回避不了的。各国经济的资金流、技术流、产品流、产业流、人员流,不会被人为切断。"由此可见,继中低端环节和阶段的转移之后,全球要素分工的深度演进尤其是产品生命周期规律的作用,价值链的中高端部分会进一步向具有比较优势的国家和地区转移。这无疑为经过40多年改革开放并奠定了一定产业基础的中国带来了新的发展机遇。

另一方面,在国内已经丧失比较优势的价值链低端部分的加速外移,也为中国产业迈向全球价值链中高端腾出了资源和空间。在前一轮的开放发展中,中国

第九章 中国制造业能否摘取全球要素分工中"高悬的果实"

依托低成本优势,在全面而快速地融入全球要素分工体系中,大规模承接了劳动密集型制造业的生产环节和阶段,并由此推动了制造业大发展。这是中国充分发挥自身比较优势,顺应以及抓住产业和产品生产环节国际梯度转移规律的结果。在同样的规律作用下,伴随中国廉价劳动力等形成的传统低成本优势逐步丧失,即所谓的"人口红利"式微,在国内已经丧失比较优势的部分劳动密集型生产环节,正加速向更具有低成本优势的其他发展中国家转移,例如当下的"孔雀东南飞"现象。与印度、越南、柬埔寨等国家相比,中国的低成本劳动优势已然成为历史,这是导致部分外资企业加速撤离中国的主要原因,也是近几年中国本土跨国公司加速开展对外直接投资的重要原因之一。部分劳动密集型制造业向其他发展中国家转移,虽然带来了产业空心化的担忧,但从积极的方面看,也确为产业转型升级的必由之路,是在为承接全球价值链中高端腾出资源和发展空间。总之,全球价值链不同生产环节和阶段的全球流转,为中国摘取全球价值链"高悬的果实"带来了新的战略机遇。

第三节 中国制造业可否形成摘取"高悬的果实"的新优势

全球价值链不同生产环节和阶段的国际梯度转移规律,虽然为中国攀升全球价值链、摘取全球价值链"高悬的果实"带来了重要战略机遇,但能否抓住这种机遇,并将发展机遇转变为发展的现实黄金期,还要看中国自身是否具有抓住这一机遇的基础和条件。其中,能否培育出与承接高端环节和阶段梯度转移相契合的新优势,是能否成功摘取"高悬的果实"的关键所在。如果说,在承接以劳动密集型为主的产业和产品生产环节从而全面摘取全球价值链"低垂的果实"中,中国主要依托的是劳动力成本优势的话,那么在承接以技术密集型为主的产业和产品生产环节从而摘取全球价值链"高悬的果实"中,中国主要依托的必将转变为劳动力质量优势。因此,从劳动力成本变化角度看,现在需要进一步明晰的问题是,既然伴随低成本劳动力优势的丧失即"人口红利"的终结,原有凭借要素驱动摘取全球价值链"低垂的果实"的动力机制已经衰竭,那么中国目前是否具有培育摘取全球价值链"高悬的果实"这一创新动力机制的基础?

实际上，传统意义上"人口红利"消弭，多是指因劳动力年龄结构优势弱化导致传统比较优势丧失，致使摘取全球价值链"低垂的果实"难以为继。低劳动力成本优势的丧失主要源于人口年龄数量结构的变化。而当前中国人口结构转型不仅体现为数量结构的变化，也包括质量结构的调整。因此，我们认为，当前中国人口结构转型会推动形成制造业攀升全球价值链高端的两种动力源：一是劳动力年龄结构优势丧失产生的"倒逼"效应，二是劳动力质量结构优化创造的"推进"动能。与单纯依托低成本劳动力优势形成的"要素驱动"力不同，这种新的动力机制本质上属于"创新驱动"，必将有利于中国制造业一步步迈向全球价值链中高端，在全面摘取全球产业和技术"高悬的果实"中创造新的红利。

首先，从倒逼效应看，创新驱动的动力机制正在形成。依托低成本劳动力比较优势，中国制造业一直延续"低端嵌入"的全球价值链发展之路，主要从事低附加值的生产阶段和环节。借助长期以来廉价劳动力充足甚至无限供给的绝对优势条件，尽管位居价值链低端环节，但这种"平推式"规模化扩张实质上全面摘取了全球产业和技术"低垂的果实"，从而构筑起由于价值链分工而引致的巨大利益模式（裴长洪和郑文，2012）。在这种相对容易地获取订单并保证仍然有利可图的条件下，企业没有足够动力去从事诸如研发等有助于价值链攀升的经营活动，攀升意愿将是消极的和被动的，最终有可能会跌入比较优势陷阱，陷入价值链低端锁定（张少军和刘志彪，2009）。如果这种过度依托低成本的劳动力比较优势是可以持续的，那么不仅无益于中国制造业攀升全球价值链，反而会进一步恶化分工地位。但随着全球价值链的不断演进，摘取"低垂的果实"积累的效益在推进经济增长的同时，也加速了劳动力成本的提升。在中国日渐步入老龄化社会、社会抚养比激增等人口问题的催化下，"人口红利"的枯竭趋势在所难免，也从根本上撼动了中国制造业的传统发展模式，迫使其深刻认识到"低垂的果实"终将无果可取，不得不转向价值链"高悬的果实"，从而倒逼制造业通过调整产业结构、倚重劳动力技能、重塑新型比较优势等方式实现产业升级。

由劳动力成本上升可能产生的倒逼效应，现有的理论和经验研究均提供了一定的支撑。例如，20世纪90年代提出的波特假说（Porter Hypothesis），即包括环境管制等在内的促进企业生产要素成本提高的措施，会促使企业进行技术创新，这一理论在一定程度上暗含了劳动成本变化与企业创新之间的关系。而以Romer（1986）为代表的内生增长理论也认为，企业创新能力与劳动报酬之间呈正相关，劳动报酬下降会挫伤企业创新的积极性，而高工资则对创新具有极为重要的激励作用。针对中国经验数据的实证研究也发现，劳动力成本上升对倒逼企业转型升级具有积极的促进作用（任志成等，2012）。据此可见，正是在人口年龄结构发生变化等因素的作用下，劳动力成本的不断上升会对创新产生一定的倒逼效应，从而为中国攀升全球价值链中高端、摘取"高悬的果实"奠定新型比较优势基础。

其次，从劳动力质量结构优化角度看，"人才红利"的新型优势正在构筑。"人才红利"是劳动力要素随价值链演进到一定程度后，对产业发展的作用由量变转为质变的核心标志，主流经济学研究均支持将"人才红利"作为"人口红利"的替代要素。对此需要着重关注的两大问题是，中国是否具备足够数量和足够质量的"人才"工具，可以实现对制造业"高悬的果实"的摘取；以及"人才"是否具有可持续性，能在较长期的时间内为摘取"高悬的果实"提供有力而稳定的动能。改革开放以来，中国劳动力技能结构不断优化，劳动力素质不断上升，既与中国劳动力融入全球分工以及在"干中学"中不断提升技能有关，也与我国对教育及人才的重视有关。对于前者而言，虽然中国在融入全球价值链过程中主要依托的是非技能劳动力，但价值链演进使得中国普通劳动力通过学习效应，在长期深入全球要素分工体系的过程中积累了大量的生产经验和技能，价值链的这种演进过程本身就对"人口红利"向"人才红利"的结构转型具有方向性的引导作用。对于后者而言，"千人计划"、教育体制改革等一系列措施也使得人才培养和储备机制不断完善，虽然从整体上看，劳动力技能水平与发达国家相比尚有差距，但人才红利的起步已经具备了一定的基础。以我国高等教育的发展以及每年毕业的大学生数量为例，国家统计局统计数据显示，自2011年以来，全国毕业生人数以2%~5%的同比增长率逐年增加，近7年间累计毕业生人数达5075万人。仅2017年全国高校毕业生人数就高达795万人。

已有相当数量的研究指出，劳动力技能实质是内生化的生产技术，是决定出口价值链攀升方向和攀升程度的关键。而人才队伍规模的不断扩大，以及人才质量层次的不断提高，都将是中国未来一段时期内人口结构转型的突出特征和变化趋势。这种变化趋势为持续性收获"人才红利"奠定了坚实的基础。更为重要的是，与传统"人口红利"的作用不同，"人才红利"不单单是推进经济体量增长的生产性要素，更是决定产业价值链攀升的引导性要素，其可持续性特征体现为，在全面摘取"高悬的果实"的过程中，"人才"不仅可以通过学习机制顺应全球价值链演进而不断自我升级以适应生产需求，也将反过来牵引和主导价值链的攀升方向。最新的一项针对人口红利是否在促进价值链攀升中发挥作用的实证研究表明,人才因素尤其是与制度质量和技术水平相适宜的匹配人才,对制造业攀升全球价值链高端具有显著的正向促进作用(戴翔等,2018)。总之,无论是劳动力成本上升所产生的创新倒逼效应,还是人口结构转型中高素质劳动力数量的扩大和质量层次的提升,都将推动着中国比较优势的动态变化和升级。中国制造业据此可形成摘取"高悬的果实"的新优势。

第四节 中国制造业如何走上摘取"高悬的果实"的新途径

仅具有摘取全球价值链"高悬的果实"的机遇,以及培育和构筑新兴比较优势的基础条件,并不意味着一定能够摘取到"高悬的果实"。如同大量劳动力在改革开放之前就存在,但"人口红利"的获取却在改革开放之后一样并不能够保证一定能够获得"人才红利"。只有将依托人才所可能构筑的潜在比较优势转化为现实比较优势时,才能真正抓住机遇,摘取果实。

从近代工业革命到世界各主要国家产业发展的工业化与再工业化进程上看,所谓实现中国制造业全面摘取价值链"高悬的果实",实质上是制造业价值链演进过程中创新性和革命性的自发彰显(金碚,2014),而生产要素的不断升级以及与产品生命周期的协调和适应,就是生产要素内在创新能力不断释放的过程。"人才红利"作为"人口红利"式微后推进中国制造业在价值链演进中实现高质量发展的重要动力来源,是制造业能否顺利摘取全球价值链"高悬的果实"的关键因素。这种人口结构转型过程中体现出的新旧动能承接,从本质上看,其实是创新驱动在劳动力要素层面上的深化和发展。正是由于创新驱动的作用,传统以数量规模为单一衡量指标的"人口红利",在价值链的演进过程中逐步具备了质量特征,不断分化为不同技能等级的人力资本,并析出高于传统单位数量劳动力的作用边际,这种劳动力的生产效率差异不断锐化进而形成"人才红利"。但值得注意的是,就目前中国制造业所处的战略转型阶段而言,人口结构转型基础尚没有显著地推动比较优势的转型。为全面摘取价值链"高悬的果实",首要工作是在强化人才培育的过程中有序推进"人口红利"向"人才红利"的结构性

第九章　中国制造业能否摘取全球要素分工中"高悬的果实"

转型,实现新旧动能之间的平稳承接,如此,中国制造业才能走上摘取"高悬的果实"的新途径。在"人口红利"向"人才红利"的转型过程中,至少应重视以下三个方面的工作。

其一,重视劳动力的协同性建设。在推动"人口红利"向"人才红利"转型的动能承接进程中,要素升级与产业升级是相辅相成的,正如 DNA 双螺旋结构的两支,劳动力结构转型与制造业结构转型之间不存在谁先谁后的问题。无论是率先促进产业发展,试图借助产业升级的压力"倒逼"要素升级,抑或是率先提升要素质量,希望通过要素升级的动力"牵引"产业升级,对制造业与劳动力而言都属于被动转型。而被动转型的脆弱性与依赖性特征,对于"人口红利"向"人才红利"的动能过渡与承接是非常不利的。在新旧动能承接的过程中,无论是产业发展还是要素转型都极具不确定性,因此,要素与要素之间、要素与产业之间乃至产业与产业之间的协同发展在这一阶段显得尤为重要,必须扭转这种"被动发展"的传统思路,将产业发展与劳动力培育有机结合起来,发挥二者协同发展模式的创新驱动力。当下,中国劳动力市场出现了"供不应求"与"供过于求"并存的矛盾现象,既非劳动力技能水平较低难以达到企业需求所致,也非企业工资待遇不匹配相应职位所致,核心问题在于,企业难以找到适合、胜任且匹配该项职位工作及待遇的员工,致使企业"无工可招",劳动力"无主可找",社会存在大量的摩擦性失业。这正是劳动力培育与其他要素水平以及产业发展之间的协同性不足所导致的。因此,在新旧动能对接的关键阶段,必须将劳动力的专业化培训与其他要素及产业转型的劳动力需求恰当对接、协同发展、共同创新,尽可能降低新旧动能对接过程中的不稳定性。

其二,强化劳动力的动态性培育。虽然强化人才培育是为实现摘取"高悬的果实"而始终贯彻的方针,但在中国制造业发展从"人口红利"向"人才红利"转型的特定过渡阶段,具备足量的高技能劳动力并非可以解决全部的发展问题,更具时代意义的是,是否具备一定数量的"学习型"劳动力,他们或许不完全具备和达到"人才红利"标准下的生产技能,但这一部分劳动力具有显著的学习型特征,能够顺应产业升级和价值链演进的发展趋势,逐步提升和完善自身的技能水平。这类劳动力的存在正如"引渠之水",是制造业转型和劳动力新旧动能承接过程中的重要媒介。当下,中国或许并不缺乏具备一定技能水平的高级劳动力,但对这种"学习型"劳动力的培育机制明显落后于发达国家。在中国,一次充电终身放电的教育体制模式依然占据主导地位,以教育程度划分技能水平是最具公认的评判标准。劳动力缺乏终身学习的动力和意愿，这明显不利于制造业由"低垂的果实"向"高悬的果实"的动态性平稳过渡。因此，必须强化劳动力技能水平的动态性培育和评价标准，重视成人教育、专项教育及再教育的相关教育体制建设，培育更多的"学习型"劳动力，为"人口红利"向"人才红利"的平稳对接提供充足的要素保障。

其三，鼓励劳动力的创新性发展。大力发挥创新驱动在新旧动能对接过程中的作用，尽可能利用创新改造现有劳动力和制造业，有步骤、有方向地引导人口及产业结构转型。在上一轮产业技术革命的生命周期逐渐圆满，而新一轮创新发展尚未全面开展之际，提高社会创新度，将为中国的错位发展带来巨大的时代机遇。在"人口红利"向"人才红利"的过渡阶段，按照一般性逻辑，制造业的低附加值环节或被淘汰或被转移，一旦处理不好，不仅会形成产业空洞化，被淘汰转移的劳动力和产业剩余还将成为社会进步的巨大负担。但实际上，这些被清理的要素和产业资源并非一无是处，其对经济增长的剩余红利仍然有待挖掘，而创新是使之重见天日的关键力量。因此，国家应解放和鼓励劳动力的创新和创造能力，并适时适度地提供适当援助，为具备特色技能的劳动力培育相关的扶助性产业。例如大力发展和扶持特色民俗手工业、文化性产业以及精准扶贫性产业等。与此同时，有引导性地培育新兴产业和再就业人口，提高资产清算重组的效率和再利用能力，完善再就业教育及再就业市场，借助创新动力充分利用好被替换产业及劳动力的剩余红利。这不仅可以减轻由于经济动能转型而引致淘汰人口的社会抚养压力，甚至可以在万众创业、全民创新的社会创新机制下，构筑新型优势产业和发展红利。

第五节　结论性评述

在全球要素分工条件下，一国拥有的优势要素质量和层次，决定了其融入全球分工体系的地位及获益能力，在所有生产要素中，"人"的作用无疑居于首位。在 20 世纪 90 年代以来的经济全球化发展过程中，中国依托低成本劳动力这一优势要素，抓住了全球要素分工带来的重要战略机遇，以低端嵌入的方式快速而全面地融入全球价值链，实现了制造业"平推式"规模化扩张，收获了全面

第九章 中国制造业能否摘取全球要素分工中"高悬的果实"

摘取全球产业和技术水平"低垂的果实"的巨大"人口红利"。在这一进程中,"人口"因素对中国制造业参与全球价值链的作用,本质上属于"要素驱动",为制造业简单融入全球要素分工体系提供了动力基础。伴随着国内外环境发生的一系列深刻变化,尤其是劳动力年龄结构优势的丧失,传统意义上的"人口红利"逐渐消失,但与此同时,人口结构转型作为促进制造业攀升全球价值链高端的动力已初步显现,从而在迈向全球价值链中高端摘取全球产业和技术"高悬的果实"创造出新的"人才红利"。由前文可知,中国制造业摘取"高悬的果实"已经有了一定的现实基础和条件,至少已经迈在了摘取"高悬的果实"的路上。当前中国人口结构转型不仅体现在数量结构变化上,同时也包括质量结构的调整。这种变化可能会形成两种动力源,从而推动着中国制造业攀升全球价值链高端。一是劳动力年龄结构优势丧失产生的"倒逼"效应,二是劳动力质量结构优化创造的"牵引"动能。这种新的动力机制本质上是"创新驱动"在劳动力要素上的内生化,必将有利于中国制造业一步步迈向全球价值链中高端,在全面摘取全球产业和技术"高悬的果实"中创造新的红利。

在中国人口结构转型的关键时期,中国制造业虽然遭遇严峻挑战,但同时面临的机遇更大,前景十分光明。通过攀升全球价值链高端摘取"高悬的果实",可以创造出新的人口红利以弥补传统人口红利的消失。当然,这一美好前景和目标并非敲锣打鼓、三言两语就能实现。在此进程中,一方面需要抓紧传统劳动力成本优势丧失产生"倒逼"机制的重要机遇,促使企业从以往的"要素驱动"向"创新驱动"转变。比如,鼓励和支持企业加大研发创新、营造有利于研发创新的商业环境和氛围,从而通过研发新技术、利用新技术、推广新技术来推动产业结构高度化发展。另一方面需要大力实施人才强国战略,通过培育、引进、集聚高端和具有创新能力的人才,构建中国制造业竞争新优势乃至实现对全球价值链的重塑和主导。无疑将成为新时代中国顺应人口结构转型、促进制造业价值链攀升和可持续发展的重要举措。而与此同时,在人口红利转型升级的关键时期,重视劳动力的协同性建设、强化劳动力的动态性培育、鼓励劳动力的创新性发展,无疑是确保作为构筑新型比较优势的"人才"转化为现实比较优势的重要途径。如此,中国制造业发展才能在顺应新趋势、抓住新机遇、构筑新优势中,顺利摘取全球价值链"高悬的果实",实现"促进我国产业迈向全球价值链中高端"的重要战略目标。

第十章　全球要素分工新趋势下中国应对全球化的战略转变

以要素流动为本质特征的新一轮经济全球化，更加有利于条件具备、战略得当的发展中国家。改革开放以来，中国抓住了全球化带来的机遇，积极融入全球化，取得了经济发展的巨大成就，世界经济格局发生了转折性变化。发达经济体逆全球化思潮泛滥，纷纷转向保护主义，以中国为代表的发展中国家倡导自由贸易，建立开放型世界经济。从融入全球化到推动全球化，中国实现了应对全球化的战略转变。中国在全球经济治理变革中，越来越发挥着引领和推动作用。中国也将在不断扩大对外开放中开创、开放、发展新局面。改革开放40多年来，中国获得了举世公认的巨大发展成就。中国的成功经验概括起来实际上就是四个字：改革开放。改革，就是将计划经济转变为社会主义市场经济；开放，就是积极融入全球化，在扩大开放中实现发展。随着以中国为代表的新兴经济体的崛起，世界经济格局发生了转折性变化。发达经济体逆全球化思潮泛滥，纷纷转向保护主义，以中国为代表的发展中国家倡导自由贸易，建立开放型世界经济。从融入全球化到推动全球化，中国实现了应对全球化的战略转变。

第一节　融入全球化：中国在扩大开放中获得巨大发展成就

一、本轮经济全球化基本特征及蕴含的战略机遇

经济全球化的浪潮自1500年前后新航路开辟以来一直在持续。随着英法第

第十章 全球要素分工新趋势下中国应对全球化的战略转变

一次工业革命的完成和 19 世纪中后期美国内战结束、德意志统一、俄国废除农奴制改革、日本明治维新的完成，资本主义列强纷纷登上历史舞台，在蒸汽机、内燃机、电力、电报电话等两次工业革命成果的推动下，到 19 世纪中后期，资本主义列强主导的世界市场初步形成。从 19 世纪中后期到"一战"之前的四五十年中，全球化浪潮迅速席卷世界。但人类特别是资本主义列强没有管控和治理好这轮全球化，不平衡激化的矛盾在短短 30 年间连续引发两场世界大战，浩劫空前。落后国家更是遭到列强的殖民和挤压，没有获得发展的机会。在此期间，中国虽然先后经历了洋务运动、戊戌变法、君主立宪改革和辛亥革命等多次救亡图存的尝试，但都未能摆脱半殖民地半封建社会的历史困境，更没能实现国家的繁荣和富强。

"二战"结束后特别是"冷战"以来，兴起了新一轮经济全球化浪潮。这一轮经济全球化呈现两个方面的重要特征，并为具备基本条件的发展中国家和地区提供了难得的历史性发展机遇。

一是和平与发展成为时代主题。与以往具有列强侵略和殖民战争特征的经济全球化不同，本轮经济全球化进程中体现出明显的和平与发展特征。第二次世界大战结束后，世界各国经历了两次世界大战的空前浩劫，因此比以往任何时候都更加渴望和平与发展。根据战争期间形成的基本原则和战后的世界格局，在以美国为首的主要国家主导下，建立了新的世界政治经济秩序。新的政治秩序以新组建的联合国为核心，确立了美、苏、英、法、中五个常任理事的大国协调机制，每个常任理事国都拥有一票否决权，大大降低了大国之间出现战争特别是引发新一轮世界大战的风险。新的世界经济秩序包括世界贸易秩序和货币金融秩序。世界贸易秩序以关税贸易总协定（后来的世界贸易组织）为基础，反对以邻为壑的关税制度，确立自由主义的贸易原则，包括非歧视原则、互惠原则、对发展中国家和最不发达国家优惠待遇原则、在对等协议基础上公平公正处理争端的原则等。世界货币金融秩序则以国际货币基金组织和世界银行为基础，建立起以美元为中心的国际货币体系，其目的在于维护国际汇率稳定，促进国际贸易发展，并通过贷款等方式为发展中国家的发展提供资金支持。虽然"二战"后的国际经济秩序是在美国等发达国家主导下构建的，从而更多地体现了发达国家的利益要求，但总体而言，这仍不失为一个有利于和平、发展的国际政治经济秩序。历史也证明，这一国际经济秩序在之后数十年中确实起到了促进和平与发展的积极作用。

二是国际分工出现了新特征。随着国际生产分割技术的突飞猛进,以及贸易和投资自由化的深入发展,世界出现了以原子能、电子计算机、空间技术、生物工程技术为标志的第三次工业革命,特别是国际生产分割技术的发展促成了国际分工格局的深刻演变,国际分工从传统的产品分工向要素分工发展。"这种分工的边界是生产要素,是价值链上具有劳动要素密集、资本要素密集、技术要素密集或其他要素密集性质的各个环节之间的分工。要素分工是跨国公司在全球范围内进行投资和贸易活动的必然结果,其实质是跨国公司在全球范围内进行的资源整合。在要素分工条件下,各国的优势更多地体现为价值链上某一特定环节上的优势,国际分工利益不再取决于进口什么、出口什么,而是取决于以什么样的要素参与什么层次的国际分工,对整个价值链的控制能力有多少。"① 这种分工模式为发展中国家利用本国有比较优势的要素嵌入全球价值链提供了可能。产品价值链的全球分解,不仅可以降低发展中国家融入国际分工体系的门槛,也有利于发展中国家吸引发达国家现有成熟技术和资本,通过优势要素的组合从而激发乃至创造着发展中国家的比较优势。因为更本质地看,全球要素分工实际上就是以劳动密集型产业或产品生产环节的国际梯度转移为载体,发达国家的成熟和边缘产业和技术向发展中国家不断扩散和转移的过程。

总之,"二战"后形成的和平与发展的时代主题,为发展中国家融入经济全球化和国际分工体系提供了重要的外部环境,而以技术变革、贸易和投资自由化为主要动力推动全球要素分工深入演进,为诸如中国等发展中国家参与国际分工、推动开放发展提供了难得的历史机遇。

二、以改革构建对外开放的制度基础和条件并实施正确的开放战略

第一,中国市场化导向的经济体制改革为融入全球化提供了制度基础。1978年党的十一届三中全会做出了改革开放的重要战略抉择,这是我国能够把握这次经济全球化机遇的前提。邓小平同志指出,"再不实行改革,我们的现代化事业和社会主义事业就会被葬送"。1984年10月,党的十二届三中全会提出"社会主义经济是有计划的商品经济",这是对社会主义经济是计划经济的重大突破。1987年10月,党的十三大提出了社会主义初级阶段的理论和"一个中心,两个基本点"的基本路线,既将改革开放作为"基本点",又为改革开放中"大胆地

---

① 方勇,戴翔,张二震. 要素分工论 [J]. 江海学刊,2012 (4): 88.

第十章 全球要素分工新趋势下中国应对全球化的战略转变

闯"提供政治保障。1992年，邓小平发表南方讲话，当年召开的党的十四大明确提出我国经济体制改革的目标是建立社会主义市场经济体制。次年《中共中央关于建立社会主义市场经济体制若干问题的决定》提出建立现代企业制度，明确了国企改革的市场化方向。中国在坚持社会主义基本经济制度的同时，推动经济体制改革，实现了由计划经济体制向社会主义市场经济体制的转变，成功地将社会主义与市场经济体制结合起来，为与国际经贸规则"对接"提供了制度基础。既坚持发展道路的自主性，又积极融入全球化发展体系。

第二，政治稳定和有效管控改革风险为顺利推动开放提供了必要保障。改革既是解放生产力和发展生产力，同时也是一场深刻的利益调整。美国学者亨廷顿认为："现代性孕育着稳定，而现代化过程却滋生着动乱。"① 在改革的初期，通常是所有改革的参与者都能实现利益的增长或至少不受损失，因此能得到广泛支持。随着改革的深入，改革中的利益受损者、既得利益者都有可能成为改革的阻碍，影响社会稳定。我国在改革开放过程中，始终保持了政治的稳定。姚洋教授认为②，这是由于中国有一个以"无偏的利益、有偏的政府"为特征的"中性政府"，即这个政府并不确定代表某一特定团体的利益，但也因此可以在不同阶段有不同的发展侧重点，从而最终促进全局的发展。而究其根本，在我国的制度背景下，这是由于有中国共产党这样一支代表最广大人民群众的根本利益的政治力量的坚强领导。从思想认识上看，中国共产党始终高度重视政治、经济和社会的稳定，始终注意处理好改革发展与稳定的关系。我国改革开放前期始终遵循循序渐进的原则，在经济改革的同时进行配套的社会改革，有效化解经济改革带来的社会矛盾。毫无疑问，政治稳定是融入经济全球化和发展开放型经济的前提。

第三，充分尊重和利用既有国际规则，降低我国融入经济全球化的制度成本。美国等西方发达国家主导制定的全球经济治理体系和国际经贸规则，虽然更加有利于美国等西方发达国家，但这些规则体系在一定程度上也反映了市场经济运行的一般规律，对世界经济的发展起着积极的推动作用，对于维持国际经济的运行提供了重要制度保障③。从本质上看，全球经济规则同样属于全球公共产品的一种，其提供、运行和维护同样是需要成本的。尤其是其制定的过程实质上是各国实力角逐的过程，最终结果取决于各博弈国的实力。在实力不够的条件

---

① [美]亨廷顿. 变化社会中的政治秩序 [M]. 上海：上海世纪出版社，2008：31.
② 姚洋. 中性政府：对转型期中国经济成功的一个解释 [J]. 经济评论，2009 (3)：5-13.
③ 宋泓. 对外开放与中国经济发展经验探析 [J]. 国际贸易，2012 (5)：19-27.

下,接受现行经济规则相比参与规则的制定、运行和维护,其成本要小得多,可以降低融入经济全球化的制度成本,直接分享现行公共产品带来的利益。通过对美国建立关贸总协定(WTO前身)和中国加入WTO两个具体案例的比较研究可以发现,直接"参加"国际公共产品的国家同样可以获取国际公共产品本身具有的软权力,而且相比于"研发和提供"国际公共产品,其制度成本要小得多①。

对外开放之初,理论界还是有不少疑虑的。传统政治经济学理论认为,现有的国际经济规则和秩序是由发达国家主导的,对发展中国家是不公正、不合理的,因此,在资本主义强国占主导地位的国际经济体系下,中国能不能从对外开放中获益,理论界和实际部门都是存在疑虑的。实践总是走在理论前面。我们大胆地试,大胆地闯。地域开放,从举办经济特区到沿海开放、沿江开放,从沿边开放、内陆开放到全国开放;产业开放,我们充分发挥比较优势,顺应要素跨国自由流动为本质特征全球化,大力引进外资,充分利用丰富的低端要素优势,从产业低端融入全球价值链分工体系,把人口负担化为"人口红利",并且成功地对接国际高端产业,把引进先进技术与自主创新结合起来,短短几十年就使中国成为世界性的先进制造业中心,并且在高铁、新能源、高端装备等领域实现跨越式发展,达到了世界先进水平。

理论界一直有这样的观点:我们融入的是低端产业、低端产业链,被低端锁定了,利润都被跨国公司赚去了。我们虽然是贸易顺差,但是外汇储备很大部分买了美国国债,流向美国去了,留下的是污染和血汗工资。不能说这些质疑没有道理,在一定程度上也存在这些问题。但是,算账要算大账。我们不能光看贸易投资的直接利益(即所谓静态利益,当然这些利益也是巨大的)。本书认为,以附加价值来衡量我们的开放利益,以价值链的地位来衡量中国的开放水平,存在严重的缺陷,大大低估了中国对外开放对中国发展进步的作用。对外开放的最大利益是开放的间接利益(即动态利益,虽然很难度量)。对外开放对中国经济、政治、社会发展和思想观念的解放的作用是不可估量的。理论界、实际部门对这方面的开放利益的研究是很不够的。比如,随着对外开放的扩大和国际先进要素的源源流入,促进了我国农村巨额剩余劳动力的转移,激发了闲置要素的潜在生产力,优化了资源配置,带来了先进的市场经济观念和制度体系。开放带动了基

---

① 吴晓萍.论国际公共产品的供给困境[J].中南民族大学学报(人文社会科学版),2011(3).

第十章 全球要素分工新趋势下中国应对全球化的战略转变

础设施和相关产业的发展,促进了新产业的兴起,也带动了城市化进程。总之,对外开放对全面小康社会建设和开启中国现代化进程的积极作用,怎么估计都不会过高。经过40多年的改革开放,我国在世界经济分量迅速上升,成为世界第二经济大国、最大货物出口国、第二大货物进口国、第二大对外直接投资国、最大外汇储备国、最大旅游市场。中国已经成为影响世界政治经济版图变化的一个主要因素,中国改变了世界。通过改革开放,中国成为现行国际体系的参与者、建设者、贡献者,同时也是全球化的受益者。

第二节 全球化新格局:中国面临的新挑战新机遇

一、全球经济格局发生新变化

在本轮全球化浪潮中,随着中国等新兴市场和发展中经济体的崛起,世界经济格局在近40多年出现重大变化。从经济增速上看,20世纪90年代中后期以来,新兴市场和发展中国家经济体的GDP实际增速一直高于发达经济体的增速;从经济体量上看,新兴市场和发展中国家经济体GDP占发达国家经济体的比例,从20世纪80年代中期的20%,30年间迅速上升到60%,上升幅度达到3倍;从对世界经济增长的贡献上看,根据世界货币基金组织的统计,近十余年来新兴市场和发展中经济体的贡献一直大于发达经济体,特别是在2008年全球金融危机期间,相比发达国家,新兴市场和发展中经济体对全球经济贡献更加凸显,发达经济体严重"拖累"全球经济,新兴经济体却发挥着强劲的拉动作用。全球经济实力朝着更加均衡的方向发展。由于世界经济秩序通常是由国家经济等实力对比和博弈的结果,比如"二战"后的世界经济秩序就是以美国经济的巨大领先优势为重要条件的,因此由美国主导。同理,随着新兴市场和发展中经济体的崛起,全球经济新格局对原有治理体系也必将产生重要影响。

二、全球经济失衡加重

由于生产要素的跨国流动性不断增强,尤其是资本要素的跨国流动性不断增强,产品价值链的全球分解日益深化,不同生产环节和阶段被配置到具有不同要素禀赋优势的国家和地区。大大推动了产业和产品生产环节的国际梯度转移，特别是从发达国家向发展中国家的转移。在全球财富主要集中在发达经济从而消费主要倚重于发达经济体市场时，生产基地不断向发展中国家的转移和消费市场对发达经济体市场的倾向，必然促成以贸易为表现的所谓全球经济失衡。虽然全球经济失衡本质上是全球经济资源的优化配置和动态均衡，但确实在虚拟经济层面造成了发达国家和发展中国家的不平衡。在此背景下，部分发达国家出现巨额贸易赤字而部分发展中国家出现巨额贸易盈余，引发利益之争，导致贸易摩擦不断，保护主义抬头。在这种新国际分工条件下，现行全球经济治理的局限性日益显现，纠正国际收支失衡尤其是贸易失衡的传统手段已经显得无能为力。全球经济的持续和长期失衡对当前的全球经济质量体系显然也是一个巨大挑战。

三、全球收入不平等程度加大

世界银行研究报告显示，1998~2013年的15年，全球不平等程度（基尼系数）一直保持在60%以上。其中，全球不平等程度的60%~80%源自国家间收入的不平等，仅有20%~40%是由国内收入不平等引起的。近几年，随着发展中国家经济的快速发展，国家间收入差距不断缩小，对全球收入不平等的影响逐渐减弱，而国内收入不平等对世界不平等的影响随之逐渐加深。国家间收入不平等对世界不平等的影响从1988年的80%下降到2013年的65%，而同期国内收入不平等对世界收入不平等的影响则迅速从20%上升到35%。此外，根据安东尼·阿特金森对部分国家不平等程度的研究发现，2010年中国和印度的基尼系数将近50%，几乎比瑞典、挪威、冰岛等北欧国家高出1倍，秘鲁、哥伦比亚、巴西、墨西哥、乌拉圭等拉美国家的基尼系数亦均超过40%。① 英美两国20世纪80年代以来个人工资差距一直呈上升趋势。可见，当今世界各国的国内收入不平等程度依然较深，且发展中国家的不平等程度比发达国家更甚。不同国家及其国内的不同阶层没有合理分享到世界经济发展的成果，考验着当前的全球经济治理体系。

---

① 安东尼·阿特金森. 不平等，我们能做什么 [M]. 北京：中信出版社，2016.

四、逆全球化因素增多

特朗普当选美国总统和英国以全民公投的形式脱离欧盟,被认为是逆全球化的代表性事件。从全球治理体系的演进历史来看,这也绝不仅仅是出于偶然,它实际上可以看作全球经济治理体系不完善的具体表现。现有全球经济治理体系一方面提供了经济全球化所必需的规则和秩序,具有适应社会生产力向全球化发展的积极作用,但另一方面,这些规则和秩序主要是在美国等发达资本主义国家的主导下制定的,主要代表的是垄断资本和跨国公司的利益。当美国赫然发现它在世界经济中的"领头羊"地位受到削弱时,声称"让美国重新伟大""退出TPP"、退出北美贸易协定、增加关税的特朗普就得到了支持,"意外"当选美国总统。他的支持者大多是全球化中处境相对恶化的美国普通民众,因为垄断资本、跨国公司的利益可以从超越国界的全球价值链中得到保障,但普通民众并不能。出于类似的情形,英国民众认为欧盟对于英国负担更多,帮助更少。欧盟的危机此前也一直存在,还没有从欧债危机中脱困,又疲于应付中东难民问题,英国脱欧更是雪上加霜,在是否提高对外贸易壁垒的问题上争论不断,时左时右。

世界经济格局的重大变化也为中国发展带来发展的机遇。正如党的十九大报告指出的,我国发展仍处于重要战略机遇期。

第一,"错位发展"的战略机遇。前一轮技术革命和产业革命已经进入生命周期的尾声,推动经济全球化发展的动力机制基本衰竭。但是基于传统国际经济学理论可知,开放经济条件下不同发展水平的国家,在技术和产业生命周期中所处的位置也不同。前一轮技术革命和产业革命主要源于发达国家,现在所谓生命周期基本走到"尽头"也主要是针对发达国家而言的。但是对于诸如中国等发展中国家而言,全球成熟技术和产业的生命周期显然尚未走完。中国位于全球产业链中低端的事实就是明证。而且从产业和产品生产环节国际梯度转移的客观规律来看,通过进一步向诸如中国等发展中国家转移现有成熟技术和产业的中高端部分,是延长其生命周期的必然选择。因此,在经济全球化中继续实施"错位发展"战略,对于中国迈向全球产业链中高端,促进产业高质量发展,仍然蕴含着巨大的发展机遇。

第二,重构价值链的战略机遇。从分工演进角度看,当前经济全球化进程受阻、逆全球化因素增多,意味着全球价值链分工推进速度放缓、定格乃至出现一定程度的收缩,同时也意味着全球价值链亟待重塑。这无疑为力图在全球价值链分工中寻求地位突破的中国,带来了一定的战略机遇。比如在经济全球化处于十字路口的关键期,中国提出的"一带一路"倡议,对于重构价值链有着重要作用①。从微观层面看,依据权变理论,随着贸易保护主义抬头、逆全球化潮流涌现以及国际经贸规则的变迁,技术升级和市场定价权被发达国家压制的中国企业,在"一带一路"沿线国家寻找价值洼地以获取技术租金、品牌租金和贸易政策租金等,构成了价值链重构的微观动力;从宏观层面看,随着"一带一路"倡议的纵深推进,政府动能形成的战略对接效应、改革动能形成的内外联动效应、合作动能形成的共建效应,构成了价值链重构的宏观动力。从能力角度看,中国领先企业具备"链主"能力在沿线国家构建包容性的全球价值链,依托资金和技术优势,形成以中国企业为枢纽、联动发达经济体与欠发达经济体的双向嵌套型全球价值链体系,进而促使中国企业在探索性创新和应用性创新的平衡配置中提升全球价值链位势。

第三,提升话语权的战略机遇。全球经济治理体系和规则通常是世界各国国家经济实力博弈的结果。因此,作为全球公共产品的一种,其提供固然需要成本,但同时也代表着一定的利益诉求。伴随全球经济格局的变化,尤其是新兴发展中国家的群体性崛起,全球各国经济实力对比发生明显变化。在现行全球经济治理体系和规则下,需要根据经济全球化新形势做出调整和完善之际,作为其构建者和主导者的美国等发达国家,却没有足够的意愿,甚至在某种程度上否定现行全球经济秩序中的合理部分。因此,在全球经济治理体系和规则需要进一步向合理化和公正化方向演进的关键时期,伴随经济实力的日益提高并日益走向世界舞台中央,为完善全球经济治理贡献中国理念、中国智慧和中国方案,不失为提升全球经济治理话语权以及为自己和其他发展中国家争取更多合理利益的重要战略机遇。

---

① 刘志彪. 攀升全球价值链与培育世界级先进制造业集群[J]. 南京社会科学,2018(1).

第三节 推动全球化：中国对外开放的战略转变

一、中国发展为推动经济全球化贡献新动力

改革开放40多年来，中国走完了发达国家几百年走过的发展道路，经济总量跃升到全球第二位，GDP占全球的份额由1978年的2.3%上升到2016年的14.8%，7亿多贫困人口摆脱贫困，人均国民总收入从190美元增长到约8000美元，从低收入国家跨入上中等收入国家行列，13亿多中国人的生活水平实现了质的飞跃。① 2009年以来，中国连续多年成为世界货物贸易的第一大出口国和第二大进口国，中国成为拉动世界经济增长的最大引擎，近年来对世界经济增长的贡献率接近30%，超过美国居全球第一位。毫无疑问，中国经济发展的巨大成就和中国在世界经济体系中的重要影响力，是中国推动全球化的重要前提。在改革开放以来的很长一段时期内，中国主要作为全球经济中的"因变量"，中国的发展主要看世界。但随着中国的迅速崛起和经济体量的逐渐增加，世界的发展也开始看中国。中国已经从全球化受益者的身份，逐步向经济全球化受益者、贡献者和推动者的身份转变。中国经济的强大已经成为推动经济全球化的内在动力，也必将对全球经济治理体系带来积极影响。

二、中国道路为推动经济全球化贡献新选择

中国开放发展40多年的经验表明，中国始终坚持开放发展的理念，坚持走合乎世界潮流、符合本国实际的开放道路，把对外开放与建立我国现代产业体系结合起来，在融入全球化过程中获得了巨大的发展利益。回顾世界500年来的历史可以看到，每一个新兴大国的崛起，都莫不与殖民扩张和战争密切相关，从葡萄牙、西班牙、荷兰、英国、法国至德国、日本、俄国和美国，概莫能外，以至于有每一个新兴大国的崛起都必然会改变世界秩序并引起战争的"论断"。目

---

① 充分认识当今国情新变化——把握大时代大趋势展开新理念新长征·国情篇 [N]．人民日报，2017-01-04．

前,伴随全球经济格局的调整和国际经济力量的对比变化,发达国家之所以呈"内顾"倾向和贸易保护主义抬头,不乏有这种担忧。但中国崛起的过程中没有对外殖民,也没有发动战争。中国坚持走和平发展的道路,并且永远不谋求称霸。正如习近平同志在党的十九大报告中指出的:"中国的发展道路和成就,给世界上那些既希望加快发展又希望保持自身独立性的国家和民族提供了全新选择。"① 更为重要的是,这种和平发展的道路选择可以以榜样的力量,向世界表明经济全球化发展进程完全可以是和平的进程,因为担忧在经济全球化过程中崛起的大国会走殖民扩张乃至战争的道路,进而采取抵制经济全球化措施的传统思维和做法是完全没有必要的。

三、中国态度为推动经济全球化贡献新力量

"贸易和投资自由化便利化为代表的经济全球化,促进了世界和平、稳定和繁荣,符合世界各国的共同利益,代表了人类文明的发展方向。"② 但随着中国等新兴经济体的崛起,西方发达资本主义国家转向"逆全球化",而社会主义中国则成了经济全球化的坚定推动者,成为贸易和投资自由化的忠实倡导者和维护者。习近平总书记在各种场合明确表态,"反对各种形式的保护主义","要维护自由、开放、非歧视的多边贸易体制,不搞排他性贸易标准、规则、体系,避免造成全球市场分割和贸易体系分化。要探讨完善全球投资规则,引导全球发展资本合理流动,更加有效地配置发展资源",并在十九大报告中再次强调"中国开放的大门不会关闭,只会越开越大"。中国推动经济全球化深入发展,一方面表现为尊重和维护现有国际经济秩序中合理的成分,即现有国际经济秩序中能够反映社会生产力发展的客观规律和要求、适应经济全球化发展的多边贸易体系和规则。另一方面表现在为推动全球经济治理体系进一步完善正在贡献中国智慧、中国理念和中国方案。作为全球经济中的重要一员,中国坚定拥护和倡导以贸易和投资自由化为主要表现的经济全球化,无疑成为推动经济全球化的一支新生力量。

---

① 习近平. 决胜全面建成小康社会,夺取新时代中国特色社会主义伟大胜利——在中国共产党第十九次全国代表大会上的报告[M]. 北京:人民出版社,2017.

② 汪洋. 推动形成全面开放新格局,党的十九大报告辅导读本[M]. 北京:人民出版社,2017.

四、中国智慧为推动经济全球化贡献新理念

全球化面临的诸多挑战，以至于当前兴起了逆全球化思潮，其根源在于现有的经济治理体系未能从根本上解决"不平衡"的问题，既不能解决发达国家与发展中国家的平衡，也不能解决发达国家内部贫富分化引起的不平衡。这是资本主义基本矛盾在全球进入要素分工时代的具体表现。全球化推进了全球经济的增长，但并没妥善解决好经济利益的分配。在经济全球化处于十字路口的关键时期，2017年1月18日，国家主席习近平在联合国日内瓦总部作了题为《共同构建人类命运共同体》的主旨演讲，提出中国关于全球治理的"人类命运共同体"新理念，为推动全球化提供了新思路，贡献了中国智慧。这与以往西方资本主义强国不顾一切地逐利、整个世界成为跨国公司和少数利益集团投资场所，崇尚"优胜劣汰""适者生存""弱肉强食""赢者通吃"有着根本的不同。"人类命运共同体"的新理念实质上就是让各国都能平等参与其中，让各国经济有更加平衡、协调、联动的发展，通过共同发展、共享发展让普通百姓有更多、更广的参与感、获得感和幸福感。应该说，这是经济全球化发展到现阶段后的内在需求，反映的是对全球经济治理规律的正确认识，既是对当代世界经济发展实践的理论总结，也是对当代经济全球化发展方向的正确的理论指引。目前，这一理念已经被写入联合国文件，说明得到了全世界的赞同，必将成为推动世界经济治理体系变革和完善以及推动经济全球化发展的重要理念。

五、中国实践为推动经济全球化打造新平台

如果说作为推动经济全球化所需的内生力量的中国经济实力的提升和经济体量的增大，体现的是推动的能力；积极倡导贸易和投资自由化以及为经济全球化贡献"人类命运共同体"新理念，体现的是推动的意愿；那么，中国倡导和实施的"一带一路"倡议，则是积极推动经济全球化的具体实践，标志着我国应对经济全球化已经从以往的"融入"向"推动"实施了重大战略转变，已经落实到实践层面上。具体表现为发起创办亚洲基础设施投资银行，设立丝路基金，举办"一带一路"国际合作高峰论坛等。有关统计数据显示[①]，仅2017年一年，中国在"一带一路"沿线的61个国家新签对外承包工程项目合同7217份，新签

---

① http：//www.bhi.com.cn/ydyl/index.html.

合同额 1443 亿美元,完成营业额 855 亿美元。"一带一路"倡议的实施和项目工作的开展,秉持的正是"人类命运共同体"新理念。在项目实施的过程中,本着"坚持对话协商、坚持共建共享、坚持合作共赢、坚持交流互鉴"的基本原则,对当前全球经济治理体系的不足之处有着较强的针对性,能够通过"不平衡"的相关方的利益协调机制,在做大蛋糕的同时更要分好蛋糕,着力解决公平公正问题。这一倡议的实施反映了社会主义中国"兼济天下"的宏大抱负,有助于消除由于发展水平、意识形态、制度差异、国家实力不同而产生的不平等、不公正、不公平现象,能够让经济全球化发展的成果惠及所有国家和所有人民。通过共同发展、共享发展让普通百姓有更多、更广的参与感、获得感和幸福感。这正是在中国开放发展进入新阶段和经济全球化面临新形势下,兼顾自身与世界两个大局,在开放战略上做出的重大战略转变。中国从此从全球化的积极融入者,已然转变为全球化的大力推动者。

参考文献

[1] 安东尼·阿特金森. 不平等,我们能做什么[M]. 北京:中信出版社,2016:21.

[2] 安礼伟,张二震. 对外开放与产业结构转型升级:昆山的经验与启示[J]. 财贸经济,2010(9):70-74.

[3] 安同良,周绍东,皮建才. R&D 补贴对中国企业自主创新的激励效应[J]. 经济研究,2019(10).

[4] 包群,许和连,赖明勇. 贸易开放度与经济增长:理论及中国的经验研究[J]. 世界经济,2003(2):10-18.

[5] 陈立敏,王璇,饶思源. 中美制造业国际竞争力比较:基于产业竞争力层次观点的实证分析[J]. 中国工业经济,2009(6):57-66.

[6] 陈勇兵,李燕,周世民. 中国企业出口持续时间及其决定因素[J]. 经济研究,2012(7):48-61.

[7] 程大中. 中国生产性服务业的水平、结构及影响——基于投入—产出法的国际比较研究[J]. 经济研究,2008(1).

[8] 戴翔,刘梦. 人才何以成为红利——源于价值链攀升的证据[J]. 中国工业经济,2018(4):98-116.

[9] 戴翔. 中国制造业国际竞争力——基于贸易附加值的测算[J]. 中国工业经济,2015(1):78-88.

[10] 戴翔. 中国出口贸易利益究竟有多大——基于附加值贸易的估算[J]. 当代经济科学,2015(3):80-88+127.

[11] 杜修立,王维国. 中国出口贸易的技术结构及其变迁:1980-2003[J]. 经济研究,2007(7).

[12] 樊纲, 关志雄, 姚枝仲. 国际贸易结构分析: 贸易品的技术分布[J]. 经济研究, 2006 (8): 70-80.

[13] 樊秀峰, 程文先. 中国制造业出口附加值估算与影响机制分析[J]. 中国工业经济, 2015 (6): 81-93.

[14] 范剑勇, 冯猛. 中国制造业出口企业生产率悖论之谜: 基于出口密度差别上的检验[J]. 管理世界, 2013 (8): 16-29.

[15] 方勇, 戴翔, 张二震. 要素分工论[J]. 江海学刊, 2012 (4): 88-96.

[16] 方勇. 分工演进与贸易投资一体化[M]. 北京: 社会科学文献出版社, 2011: 243.

[17] 傅京燕, 李丽莎. 环境规制、要素禀赋与产业国际竞争力的实证研究——基于中国制造业的面板数据[J]. 管理世界, 2010 (10): 87-98+187.

[18] 管爱国, 路军, 张二震. 率先现代化的昆山之路[M]. 北京: 人民出版社, 2012.

[19] 郝凤霞, 张璘. 低端锁定对全球要素分工中本土产业升级的影响[J]. 科研管理, 2016, 37 (S1): 131-141.

[20] 洪银兴. 经济全球化条件下的比较优势和竞争优势[J]. 经济学动态, 2002 (12): 8-14.

[21] 华民. 我们究竟应当怎样来看待中国对外开放的效应[J]. 国际经济评论, 2006 (1).

[22] 黄群慧. 中国制造业有能力创造新辉煌[J]. 中国领导科学, 2017 (5): 17.

[23] 江静, 刘志彪. 世界工厂的定位能促进中国生产性服务业发展吗[J]. 经济理论与经济管理, 2010 (3).

[24] 金碚. 中国产业发展的道路和战略选择[J]. 中国工业经济, 2004 (7): 5-13.

[25] 金碚, 李鹏飞, 廖建辉. 中国产业国际竞争力现状及演变趋势[J]. 中国工业经济, 2013 (5): 5-17.

[26] 金碚. 循序渐进推动经济转型升级[N]. 人民日报, 2016-03-07 (007).

[27] 金碚. 牢牢把握发展实体经济这一坚实基础[J]. 求是, 2012 (7).

[28] 金碚. 工业的使命和价值——中国产业转型升级的理论逻辑[J]. 中国

工业经济，2014（9）：51-64.

[29] 金碚．关于"高质量发展"的经济学研究[J]．中国工业经济，2018（4）：5-18.

[30] 金碚．中国改革开放40年的制度逻辑与治理思维[J]．经济管理，2018，40（6）：5-16.

[31] 金祥荣，茹玉骢，吴宏．制度、企业生产效率与中国地区间出口差异[J]．管理世界，2008（11）．

[32] 科斯．社会成本问题［A］//陈昕．财产权利与制度变迁——产权学派与新制度学派译文集［M］．上海：上海三联书店，上海人民出版社，1994：51.

[33] 赖宾斯坦．经济落后与经济成长［M］．赵凤培译．台北：中华台北台湾银行，1970：15.

[34] 李钢，刘吉超．入世十年中国产业国际竞争力的实证分析[J]．财贸经济，2012，（8）．

[35] 李惠娟，蔡伟宏．中国服务业在全球价值链的国际分工地位评估[J]．国际商务（对外经济贸易大学学报），2016（5）：28-40.

[36] 李晓华．垂直解体和网络范式下的企业成长［J］．南开管理评论，2006（9）．

[37] 林毅夫，李永军．出口与中国的经济增长：需求导向的分析[J]．经济学（季刊），2003（3）：779-794.

[38] 刘林青，谭力文．产业国际竞争力的二维评价——全球价值链背景下的思考[J]．中国工业经济，2006（12）：37-44.

[39] 刘渝林，尹兴明．社会抚养比对资本积累和经济增长的影响研究[J]．财经理论与实践，2016，37（2）：80-86.

[40] 刘志彪，张杰．全球代工体系下发展中国家俘获型网络的形成、突破与对策——基于GVC与NVC的对比视角［J］．中国工业经济，2007（5）：39-47.

[41] 刘志彪，吴福象．贸易一体化与生产非一体化：基于经济全球化两个重要假说的实证研究［J］．中国社会科学，2006（2）．

[42] 刘志彪，吴福象．全球化经济中的生产非一体化［J］．中国工业经济，2007（7）．

[43] 刘志彪, 张杰. 从融入全球价值链到构建国家价值链: 中国产业升级的战略思考 [J]. 学术月刊, 2009 (9): 59-68.

[44] 刘志彪. 中国贸易量增长与本土产业的升级——基于全球价值链的治理视角 [J]. 学术月刊, 2007 (2): 80-86.

[45] 刘志彪. 攀升全球价值链与培育世界级先进制造业集群 [J]. 南京社会科学, 2018 (1).

[46] 刘志彪. 中国改革开放的核心逻辑、精神和取向——为纪念改革开放40周年而作[J]. 东南学术, 2018 (4): 60-66.

[47] 卢锋. 产品内分工 [J]. 经济学 (季刊), 2004, 4 (1).

[48] 明特. 国际贸易的"古典理论"和欠发达国家 [J]. 经济杂志, 1958, 68 (6): 320.

[49] 聂辉华, 邹肇芸. 中国应从"人口红利"转向"制度红利" [J]. 国际经济评论, 2012 (6).

[50] 裴长洪, 郑文. 我国制成品出口规模的理论分析: 1985~2030 [J]. 经济研究, 2012, 47 (11): 18-33.

[51] 彭国华. 我国地区全要素生产率与人力资本构成 [J]. 中国工业经济, 2007 (2): 54-61.

[52] 平新乔. 产业内贸易理论与中美贸易关系[J]. 国际经济评论, 2005 (5).

[53] 钱学锋, 熊平. 中国出口增长的二元边际及其因素决定: 经验研究 [J]. 经济研究, 2010 (1): 65-79.

[54] 邱爱莲, 崔日明, 逄红梅. 生产性服务进口贸易前向溢出效应对中国制造业TFP的影响——基于制造业行业要素密集度差异的角度[J]. 国际商务 (对外经济贸易大学学报), 2016 (5): 41-51.

[55] 任志成, 戴翔. 劳动力成本上升对出口企业转型升级的倒逼作用——基于中国工业企业数据的实证研究[J]. 中国人口科学, 2015 (1): 48-58.

[56] 尚涛. 全球价值链与我国制造业国际分工地位研究——基于增加值贸易与Koopman分工地位指数的比较分析[J]. 经济学家, 2015 (4): 91-100.

[57] 沈程翔. 中国出口导向型经济增长的实证分析: 1977~1998 [J]. 世界经济, 1999 (12): 26-30.

[58] 盛洪. 分工与交易——一个一般理论及其对中国非专业化问题的应用分析 [M]. 上海: 上海三联书店, 上海人民出版社, 1994: 51-52.

[59] 施炳展．中国出口产品的国际分工地位研究——基于产品内分工的视角[J]．世界经济研究，2010（1）．

[60] 宋泓．对外开放与中国经济发展经验探析[J]．国际贸易，2012（5）：19-27．

[61] 苏庆义，高凌云．全球价值链分工位置及其演进规律[J]．统计研究，2015，32（12）：38-45．

[62] 孙焱林．我国出口与经济增长的实证分析[J]．国际贸易问题，2000（2）：38-42．

[63] 唐东波．贸易开放、垂直专业化分工与产业升级[J]．世界经济，2013（4）．

[64] 汪洋．推动形成全面开放新格局，党的十九大报告辅导读本［M］．北京：人民出版社，2017：57．

[65] 王碧珺．被误读的官方数据——揭示真实的中国对外直接投资模式[J]．国际经济评论，2013（1）．

[66] 王厚双，李艳秀，朱奕绮．我国服务业在全球要素分工中的地位研究[J]．世界经济研究，2015（8）：11-18．

[67] 王岚．融入全球价值链对中国制造业国际分工地位的影响[J]．统计研究，2014（5）：17-23．

[68] 王小鲁，樊纲．中国地区差异的变动趋势和影响因素［J］．经济研究，2004（1）．

[69] 王永进，盛丹，施炳展，李坤望．基础设施如何提升了出口技术复杂度？[J]．经济研究，2010（7）．

[70] 魏杰．关于我国目前保经济增长的几个争议问题［J］．经济学动态，2009（5）：8-14．

[71] 巫强，刘志彪．中国沿海地区出口奇迹的发生机制分析[J]．经济研究，2009（6）：83-93．

[72] 吴晓萍．论国际公共产品的供给困境［J］．中南民族大学学报（人文社会科学版），2011（3）．

[73] 习近平．共担时代责任　共促全球发展[N]．人民日报，2017-01-18（003）．

[74] 习近平．构建创新、活力、联动、包容的世界经济[N]．人民日报，2016-09-05（003）．

[75] 习近平. 开放共创繁荣 创新引领未来[N]. 人民日报, 2018-04-11 (003).

[76] 习近平. 顺应时代潮流 实现共同发展[N]. 人民日报, 2018-07-26 (002).

[77] 习近平. 决胜全面建成小康社会, 夺取新时代中国特色社会主义伟大胜利——在中国共产党第十九次全国代表大会上的报告[M]. 北京: 人民出版社, 2017.

[78] 谢建国, 周昭露. 进口贸易、吸收能力与国际R&D技术溢出: 中国省区面板数据的研究[J]. 世界经济, 2009 (9): 68-81.

[79] 亚当·斯密. 国民财富的性质和原因的研究[M]. 郭大力, 王亚南译. 北京: 商务印书馆, 1972.

[80] 杨全发. 中国地区出口贸易的产出效应分析[J]. 经济研究, 1998 (7): 23-27.

[81] 杨迤. 外商直接投资对中国进出口影响的相关分析[J]. 世界经济, 2000 (2): 44-49.

[82] 杨友仁, 夏铸九. 跨界生产网络的组织治理模式——以苏州地区信息电子业台商为例[J]. 地理研究, 2005 (2): 253-264.

[83] 姚美雄. 人口结构严重失调或影响中国经济增速[N]. 第一财经日报, 2016-07-15 (A11).

[84] 姚洋, 张晔. 中国出口品国内技术含量升级的动态研究——来自全国及江苏省、广东省的证据[J]. 中国社会科学, 2008 (2).

[85] 姚洋. 中性政府: 对转型期中国经济成功的一个解释[J]. 经济评论, 2009 (3): 5-13.

[86] 于明超, 刘志彪, 江静. 外来资本主导代工生产模式下当地企业升级困境与突破[J]. 中国工业经济, 2006 (1): 108-116.

[87] 余永定. 见证失衡——双顺差、人民币汇率和美元陷阱[J]. 国际经济评论, 2010 (5): 7-44.

[88] 袁冬梅, 魏后凯. 对外开放促进产业集聚的机理及效应研究——基于中国的理论分析与实证检验[J]. 财贸经济, 2011 (12).

[89] 张二震, 戴翔. 开放利益与国民福利水平互动: 以转型为基点[J]. 改革, 2011 (8).

[90] 张二震,马野青,方勇. 贸易投资一体化与中国的战略[M]. 北京:人民出版社,2004.

[91] 张二震,马野青. 贸易投资一体化与国际贸易理论创新[J]. 福建论坛,2002(1).

[92] 张二震. 外贸对经济增长是"负贡献"吗[N]. 人民日报,2013-01-29(007).

[93] 张二震. 全球化、全球要素分工与中国的战略[J]. 新华文摘,2005(22).

[94] 张二震. 全球化、要素分工与中国的战略[J]. 经济界,2005(5):18-19.

[95] 张二震. 全球化与中国发展道路的理论思考[J]. 南京大学学报,2007(1).

[96] 张二震. 条件具备,战略正确,全球化对发展中国家更加有利[J]. 世界经济研究,2018(3):23-24.

[97] 张国华,张二震. 全球要素分工条件下的昆山自主创新之路[M]. 北京:人民出版社,2007.

[98] 张海燕. 基于附加值贸易测算法对中国出口地位的重新分析[J]. 国际贸易问题,2013(10):65-76.

[99] 张辉. 全球价值链下地方产业集群升级模式研究[J]. 中国工业经济,2005(9):11-18.

[100] 张杰,刘志彪,郑江淮. 中国制造业企业创新活动的关键影响因素研究[J]. 管理世界,2007(6):64-74.

[101] 张杰,李勇,刘志彪. 制度对中国地区间出口差异的影响:来自中国省际层面4分位行业的经验证据[J]. 世界经济,2010(2).

[102] 张杰,张培丽,黄泰岩. 市场分割推动了中国企业出口吗?[J]. 经济研究,2010(8).

[103] 张明志,李敏. 国际垂直专业化分工下的中国制造业产业升级及实证分析[J]. 国际贸易问题,2011(1):118-128.

[104] 张少军,刘志彪. 全球价值链模式的产业转移——动力、影响与对中国产业升级和区域协调发展的启示[J]. 中国工业经济,2009(11):5-15.

[105] 张小蒂,孙景蔚. 基于垂直专业化分工的中国产业国际竞争力分析

[J]. 世界经济, 2006 (5): 12 – 21.

[106] 张晔. 苏州模式的反思及区域发展道路的选择[J]. 上海经济研究, 2005 (5): 35 – 41.

[107] 张幼文. 从开放战略向国际战略的升级——金融危机后中国的对外经济关系[J]. 国际经济评论, 2010 (4).

[108] 张幼文. 从廉价劳动力优势到稀缺要素优势——论"新开放观"的理论基础[J]. 南开学报, 2005 (11).

[109] 张幼文. 经济全球化的核心与走向[J]. 世界经济与政治论坛, 2008 (3).

[110] 赵陵, 宋少华, 宋泓明. 中国出口导向型经济增长的经验分析[J]. 世界经济, 2001 (8): 14 – 20.

[111] 郑江淮, 高彦彦, 胡小文. 企业"扎堆"、技术升级与经济绩效——开发区集聚效应的实证分析[J]. 经济研究, 2008 (5): 33 – 46.

[112] 周升起, 兰珍先, 付华. 中国制造业在全球价值链国际分工地位再考察——基于 Koopman 等的"GVC 地位指数"[J]. 国际贸易问题, 2014 (2): 3 – 12.

[113] 朱希伟, 金祥荣, 罗德明. 国内市场分割与中国对外贸易扩张[J]. 经济研究, 2005 (12).

[114] 朱玉杰, 于董. 外商直接投资对中国对外贸易影响的实证分析[J]. 财经问题研究, 2004 (10): 13 – 18.

[115] Bernard, Andrew B., J. Bradford Jensen, Stephen J. Redding and Peter K. Schott, The Margins of US Trade [J]. American Economic Review: Papers & Proceedings, 2009, 99 (2): 487 – 493.

[116] Chad P. Bown. Taking Stock of Antidumping, Safeguards, and Countervailing Duties, 1990 – 2009 [R]. The World Bank Policy Research Working Paper, No. 5436, 2010.

[117] Dedrick J., K. L. Kraemer and G. Linden. Who Profits From Innovation in Global Value Chains?: A Study of the iPod And Notebook PCs [J]. Industrial and Corporate Change, 2010, 19 (1): 81 – 116.

[118] Eaton, Jonathan, Sam Kortum, Brent Neiman and John Romalis. Trade and the Global Recession [R]. NBER Working Paper, No. 16666, January 2011.

[119] Frankel, Jeffrey A. and Romer, David. Does Trade Cause Growth? [J]. The American Economic Review, 1999, 89 (3): 379 – 399.

[120] Global Value Chains and Development: Investment and Value Added Trade in the Global Economy [M]. United Nations Conference on Trade and Development, 2013.

[121] Group W. B. Poverty and shared prosperity [M]. World Bank Publications, 2016.

[122] Johnson R. C., Noguera G. Accounting for intermediates: Production sharing and trade in value added [J]. Journal of international Economics, 2012, 86 (2): 224 – 236.

[123] Jones C. Intermediate Goods and Weak Links in the Theory of Economic Development [J]. American Economic Journal, 2011, 3 (4).

[124] Kishore Gawande, Bernard Hoekman, Yue Cui. Determinants of Trade Policy Responses to the 2008 Financial Crisis [R]. The World Bank Policy Research Working Paper, No. 5862, 2011.

[125] Acemoglu D., S. Johnson and J. A. Robinson. The Colonial Origins of Comparative Development: An Empirical Investigation [J]. American Economic Review, 2001, 91 (5): 1369 – 1400.

[126] Anderson J. E. and M. Douglas. Insecurity And The PatternOf Trade: An Empirical Investigation [J]. The Review of Economics and Statistics, 2002, 84 (2): 546 – 579.

[127] Antràs, P. and E. Helpman, Global Sourcing [J]. Journal of Political Economy, 2004, 112 (3): 552 – 580.

[128] Antras, Chor D. Organizing the Global Value Chain [J]. Econometrica, 2013, 81 (2): 2127 – 2204.

[129] Antràs P., Chor D., Fally T. Measuring the Upstreamness of Production and Trade Flows [J]. American Economic Review, 2012, 102 (3): 412 – 416.

[130] Antràs Pol, Chor Davin, Fally Thibault, et al. Measuring the Upstreamness of Production and Trade Flows [J]. American Economic Review, 2012, 102 (3): 412 – 416.

[131] Antràs, P., Chor D., T. Fally and R. Hillberry. Measuring the Upstre-

amness of Production and Trade Flows [EB/OL] . NBER Working Paper, No. 17819, 2012.

[132] Antweiler, Werner and Daniel Trefler. Increasing Returns and all that: A View from Trade. [J]. American Economic Review, 2002, 92 (1): 93 – 119.

[133] Arellano, Manuel, and O. Bover. Another Look at the Instrumental Variables Estimation of Error Components Models [J]. Journal of Econometrics, 1995, 68 (1): 29 – 51.

[134] Balassa, B. Exports and Economic Growth : Further Evidence [J]. Journal of Development Economics, 1978 (5): 181 – 189.

[135] Baldwin, J. Yan, B. Global Value Chains and the Productivity of Canadian Manufacturing Firms, Economic Analysis. Statistics Canada Economic Analysis Research Paper Series, No. 090, 2014.

[136] Baldwin, R. and J. Lopez – Gonzalez. Supply – Chain Trade: A Portrait of Global Patterns and Several Testable Hypotheses [EB] . NBER Working Paper No. 18957, 2013.

[137] Baumgardner, J. R. The Division of Labor, Local Markets, and Worker Organization [J]. Journal of Political Economy, 1988, 96 (3) .

[138] Bazan, L. , Navas – Aleman, L. The Underground Revolution in the Sinos Valley : A Comparison of Upgrading in Global and National Value Chain, Paper for Workshop Local Upgrading in Global Chains, Held at the Institute of Development Studies, University of Sussex, 14 – 17 February, 2001.

[139] Beck, T. , D. K. Asli, L. Laeven and R. Levine. Finance, Firm Size, and Growth [R] . BER Working Paper No. 10983, 2004.

[140] Bernard and Jensen, Exporters, Jobs and Wages in US Manufacturing: 1976 ~ 1987, Brookings Papers on Economic Activity : Microeconomics, 1995.

[141] Bernard, A. , Jensen, J. Exporters, Skill Upgrading and the Wage Gap [J]. Journal of International Economics, 1997, 42 (1): 365 – 378.

[142] Campa, Jose and Linda Goldberg. The Evolving External Orientation of Manufacturing: Evidence from Four Countries [J] . Economic Policy Review, 1997, 3 (2): 53 – 81.

[143] Daudin, G. , C. Rifflart and D. Schweisguth. Who Produces for Whom in

the World Economy [J]. Canadian Journal of Economics, 2011, 44 (4): 1403 – 1437.

[144] David R. How to do xtabond: An Introduction to Difference and System GMM [R]. Center for Global Development, Working Paper Number, No. 103, 2007.

[145] Deardorff, A. Fragmentation in Simple Trade Models [R]. Research Seminar in International Economics Working Paper No. 422, January 1998.

[146] Defever, Fabrice and F. Toubal. Productivity and the Sourcing Modes of Multinational Firms: Evidence from French Firm – Level Data. Centre for Economic Performance, Discussion Paper 0842, 2007.

[147] Dedrick, J., K. L. Kraemer and G. Linden. Who Profits From Innovation in Global Value Chains?: A Study of the iPod And Notebook PCs [J]. Industrial and Corporate Change, 2010, 19 (1): 81 – 116.

[148] Eaton, Jonathan, Sam Kortum, Brent Neiman and John Romalis. Trade and the Global Recession [R]. NBER Working Paper, No. 16666, January 2011.

[149] Evenson, R. and L. Westphal. Technological Change and Technology Strategy, in T. N. Srinivasan and J. Behrman, eds [J]. Handbook of Development Economics, Amsterdam: North – Holland, 1995 (3).

[150] E. E. Learner. In Search of Stolper – Samulson Effect on U. S. Wages [R]. NBER Working Paper, No. 5427, January 1996.

[151] Fan C. C. China's Eleventh Five – Year Plan (2006 – 2010): From Getting Rich First to Common Prosperity [J]. Eurasian Geography and Economics, 2006, 47 (6).

[152] Feder G. On Exports and Economic Growth [J]. Journal of Development Economics, 1983, 12 (1): 59 – 73.

[153] Feenstra, R. C. and G. H. Hanson. Foreign Investment, Outsourcing and Relative Wages [A] //in R. C. Feenstra//G. M. Grossman and D. A. Irwin, eds., Political economy of trade policy: Essays in Honor of Jagdish Bhagwati [M]. Cambridge: MIT Press, 1996: 89 – 127.

[154] Frankel, Jeffrey A. and Romer, David. Does Trade Cause Growth [J]. The American Economic Review, 1999, 89 (3): 379 – 399.

[155] Galina Hale and Cheryl Long. What Determines Technological Spillovers of Foreign Direct Investment: Evidence from China [R]. Working Paper Series 2006 – 13, Federal Reserve Bank of San Francisco, 2006.

[156] Gereffi G. International Trade and Industrial Upgrading in the Apparel Commodity Chain [J]. Journal of International Economics, 1999 (48): 37 – 80.

[157] Gereffi G. K., Fernandez – Stark and P. Psilos. Skills for Upgrading: Workforce Development and Global Value Chains in Developing Countries [M]. CGGC, Duke University and RCI International, 2011.

[158] Glaeser E. L. Rafael La Porta, Florencio Lopez – de – Silanes and Andrei Shleifer, Do Institutions Cause Growth [J]. Journal of Economic Growth, 2004, 9 (3): 271 – 303.

[159] Global Value Chains and Development: Investment and Value Added Trade in the Global Economy [M]. United Nations Conference on Trade and Development, 2013.

[160] Gramer C. Can Africa Industrialize by Processing Primary Commodities? The Case of Mozambican Cashew nuts [J]. World Development, 1999, 27 (7): 1247 – 1266.

[161] Grossman G., Helpman E. Innovation and Growth in the Global Conomy [M]. London: MIT Press, 1993.

[162] Grossman G. M. and E. Helpman, Outsourcing in a Global Economy [J]. Review of Economic Studies, 2005, 72 (1): 135 – 59.

[163] Grunsven F., Smakman J. Competitive Adjustment and Advancement in Global Commodity Chains II: The Case of the Singapore Garment Industry [J]. Singapore Journal of Tropical Geography, 2005, 23 (1): 70 – 92.

[164] Hummels, David, J. Ishii and K. M. Yi. The Nature and Growth of Vertical Specialization in World Trade [J]. Journal of International Economics, 2001, 54 (6): 75 – 96.

[165] Humphrey, J. and H. Schmitz. How Does Insertion in Global Value Chains Affect Upgrading In Industrial Clusters? Regional Studies [J]. 2002, 36 (9).

[166] H. G. Grubel and M. A. Walker. Service Industry Growth: Causes and Effects [M]. Fraser Institute, 1989.

[167] Johnson, Robert C. and Guillermo Noguera. Accounting for Intermediates: Production Sharing and Trade in Value – Added, Manuscript [M]. Dartmouth College, 2009.

[168] Johnson, S., J. D. Ostry and A. Subramanian. The Prospects for Sustained Growth in Africa: Benchmarking the Constraints [R]. NBER Working Paper NO. 13120, 2007.

[169] Johnson, S., R. L. Porta, L. S. Florencio, A. Shleifer. Tunnelling [R]. NBER Working Papers 7523, 2000.

[170] Jones, C. Intermediate Goods and Weak Links in the Theory of Economic Development [J]. American Economic Journal, 2011, 3 (4).

[171] KELLY W. International Technology Diffusion [J]. Journal of Economic Literature, 2004, 42 (3): 752 – 782.

[172] Koopman R., Wang Z., WEI S. J. Estimating Domestic Content in Exports When Processing Trade is Pervasive [J]. Journal of Development Economics, 2012, 99 (1): 178 – 189.

[173] Koopman, R., Powers W., Wang Z., S. J. Wei. Tracing Value – added and Double Counting in Gross Exports [R]. NBER Working Paper, No. 18579, 2012.

[174] Koopman, R., Powers, W., Wang, Z. and Wei, S. J. Give Credit Where Credit Is Due: Tracing Value – added in Global Production Chains [R]. NBER Working Paper, No. 16426, 2010.

[175] Krugman and A. J. Venables. The Spatial Economy: Cities, Regions, and International Trade [M]. MIT Press, Cambridge, MA, 1999.

[176] Krugman, P. R. Increasing Returns and Economic Geography [J]. Journal of Political Economy, 1991, 99 (4).

[177] Lemoine, F. and Ünal, D. Rise of China and India in International Trade: From Textiles to New Technology [J]. China & World Economy, 2008, 16 (5).

[178] Memedovic. The Global Apparel Value Chain : What Prospects for Upgrading by Developing Countries ? [R]. UNIDO Working Paper, 2003.

[179] Michaely, M. Exports and Growth : An Empiri cal Investigation [J]. Journal of Development Economics, 1977 (4): 49 – 53.

[180] Myrdal, G. Development and Underdevelopment [M]. National Bank of

Egypt Fiftieth Commemoration Lectures, Cairo: National Bank of Egypt, 1956.

[181] Nunn, N. Relationship – Specity, Incomplete Contracts, and the Pattern of Trade [J]. The Quarterly Journal of Economics, 2007, 122 (2): 569 – 600.

[182] Nurkse R. Some Aspects of Capital Accumulation in Underdevelopmeng Countries [J]. Cairo: National Bnak of Egypt, 1952: 1 – 3.

[183] Organisation for Economic Co – operation and Development and World Trade Organization. OECD – WTO Database on Trade in Value – Added First Estimates [R]. Paris: OECD, 2013.

[184] Pavcnik, N. Trade Liberalization, Exit, and Productivity Improvements: Evidence from Chilean Plants [J]. Review of Economic Studies, 2002 (69): 245 – 2761.

[185] Porter, Michael. America's Green Strategy [J]. Scientific American, 1991, 264 (4): 96.

[186] Krugman, P. Growing World Trade: Causes and Consequences [J]. Brookings Papers on Economic Activity, 1995 (1): 327 – 377.

[187] Rhee Yung, Bruce Ross – Larson and Garry Pursell. Korea's competitive Edge: Managing the Entry into World Markets [M]. Baltimore: Johns Hopkins University Press, 1984.

[188] Robertson, D. Essay in Monetary Theory [M]. London PS King and Son, 1940.

[189] Romer, Paul M. Increasing Returns and Long – Run Growth [J]. Journal of Political Economy, 1986, 94 (10): 1002 – 1037.

[190] R. Hausmann, Y. Huang and D. Rodrik. What You Export Matters [DB]. NBER Working Paper No. 11905, 2005.

[191] R. Stehrer, N. Foster, G. de Vries. Value Added and Factors in Trade: A Comprehensive Approach [A]. WIOD Working Paper No. 7, 2012.

[192] Sarkar, H. W. Singer. Manufactured Exports of Developing Countries and Their Terms of Trade Since 1965: A comment [J]. World Development, 1991, 21 (4): 333 – 340.

[193] Scherer. Firm Size, Market Structure, Opportunity and the Output of Patented Inventions [J]. American Economic Review, 1965 (5): 1097 – 1126.

[194] Schott P. The Relative Sophistication of Chinese Exports [J]. Economic Policy, 2007, 23 (53): 5-49.

[195] Schott, P. K. The Relative Sophistication of Chinese Exports [J]. Economic Policy, 2008, 12 (8): 5-49.

[196] Sharma C. Imported intermediate inputs, R&D, and productivity at firm level: Evidence from Indian manufacturing industries [J]. The International Trade Journal, 2014, 28 (3): 246-263.

[197] Theodore H. Moran, Foreign Manufacturing Multinationals and the Transformation of the Chinese Economy: New Measurements, New Perspectives [D]. Peterson Institute for International Economics Working Paper Series WP11-11, 2011.

[198] Tybout, James R. and M. Daniel Westbrook. Trade Liberalization and the Dimensions of Efficiency Change in Mexican Manufacturing Industries [J]. Journal of International Economics, 1995, 39 (1-2): 53-78.

[199] United Nations Conference on Trade and Development. Global Value Chains and Development: 46 Investment and Value Added Trade in the Global Economy [R]. UNCTAD, 2013.

[200] Wang Z. and S. J. Wei. What Accounts for the Rising Sophistication of China's Exports? [R]. NBER Working Paper, No. 13771, 2008.

[201] Whittaker D. H., Z. Tianbiao, T. Sturgeon, T. Mon Han and O. Toshi. Compressed Development [J]. Studies in Comparative International Development, 2010, 45 (4).

[202] Williamson, O. E. The Economic Institutions of Capitalism [M]. New York: The Free Press, 1985.

[203] Xu, B. Measuring the Technology Content of China's Exports [R]. Working Paper at CEIBS, 2006.

[204] Yeaple, S. R. Offshoring, Foreign Direct Investment, and the Structure of U. S. Trade [J]. Journal of the European Economic Association, 2006, 4 (2): 602-611.

[205] Young, Allyn A. Increasing Returns and Economic Progress [J]. The Economic Journal, 1928 (38): 527-542.